博学而笃志,切问而近思。
（《论语·子张》）

博晓古今,可立一家之说；
学贯中西,或成经国之才。

复旦博学·复旦博学·复旦博学·复旦博学·复旦博学·复旦博学

经管案例库
ECONOMIC AND
MANAGEMENT CASE LIBRARY

公司金融案例（第二辑）

CORPORATE FINANCE
CASE STUDY

方先丽 沈红波 编著

复旦大学出版社

内容提要

　　本书的中国公司金融案例立足于中国当前的资本市场，多篇案例获得全国金融教学案例大赛优秀案例。做好案例研究需要很扎实的理论和实务功底。一方面需要选取有影响力、典型性的案例进行深入研究，揭示其背后蕴含的理论含义。另一方面需要有较长时间的实务经验，理解案例发生的背景、政策环境及其经济后果。本书中研究了格力电器、江南布衣、东方园林、阅文集团等典型案例。这些案例包含及时性、重大案例、理论深度这三个突出的案例要素。既是《公司金融》教材的有益补充，也有益于读者课余进一步研究。

序　言

公司金融(Corporate Finance)是以投资者的视角,分析以公司形式为主的企业如何运行、如何融资的学科。其涉及治理(Governance)、融资(Financing)、估值(Valuation)三个核心问题。随着中国经济和金融市场的发展,以公司金融为主流的金融学科不断发展和壮大。值得注意的是,公司金融不同于财务管理(Financial Management),前者主要是从大的宏观经济和投资者行为的角度研究股票市场的发展趋势和影响因素,而后者主要从企业内部出发研究如何管理资金。

公司金融的研究目前有两种分析方法:第一种是大样本实证研究(Empirical Study),主要是收集足够多的微观样本,从动机、行为和经济后果去分析重大事件对公司价值或投资者的影响;第二种是案例研究(Case Study),相比学术界从实践到理论的大样本实证研究,案例研究从教学的角度,具有举一反三、理论联系实际、学以致用等清晰的特点。从实务投资的角度,案例还具有更及时和更相关的突出特点,对企业、政府和投资者更有启发和意义。另外,有些最新的事件或政策,具有较大的典型性,对社会影响巨大,但由于其样本较少,不适宜采用大样本实证研究,因此更适宜采用案例研究的方法。

做好案例研究需要很扎实的理论和实务功底。一方面需要选取有影响力、典型性的案例进行深入研究,揭示其背后蕴含的理论含义;另一方面,需要有较长时间的实务经验,理解案例发生的背景、政策环境及其经济后果。本书作者方先丽博士和沈红波博士长期从事公司金融理论和实务研究,他们在本书中研究了格力电器、江南布衣、东方园林、阅文集团等典型案例,这些案例包含及时性、重大案例、理论深度这三个突出的案例要素。

《公司金融案例》自出版以来,得到了企业界、投资界和广大师生的密切关注。这次的第二辑更贴切2018年以来的中国资本市场新特点。我相信,《公司金融案例》(第二辑)的出版,对中国公司金融和证券估值的研究,特别是公司金融的案例教学将产生积极影响。

张 军

2019年10月

于复旦大学经济学院

前　言

　　本书的中国公司金融案例立足于中国当前的资本市场,其中多篇案例获得全国金融教学案例大赛优秀案例。做好案例研究需要很扎实的理论和实务功底。一方面,需要选取有影响力、典型性的案例进行深入研究,揭示其背后蕴含的理论含义;另一方面,需要有较长时间的实务经验,理解案例发生的背景、政策环境及其经济后果。本书研究了格力电器、江南布衣、东方园林等典型案例,包含及时性、重大案例、理论深度这三个突出的案例要素。本书既是《公司金融》教材的有益补充,也有益于读者课余进一步研究。

　　已出版的公司案例相关书籍主要有两大类:第一类是从企业出发的企业财务管理案例;另一类是从资本市场和投资者出发的公司金融案例。

　　在企业财务管理案例方面:立信会计出版社出版了配套教材《财务管理案例分析》,主要出发点是管理学的企业管理;北京大学出版社出版了翻译版的《财务案例》,同样立足于企业而非金融市场,其分析的案例并非最新的案例研究。

　　在公司金融案例领域:清华大学出版社出版了《转轨经济中的公司治理——基于中国上市公司的案例研究》。北京大学出版社出版的《中国公司财务案例》已经进行了第二次印刷。目前市场急需最新的针对中国资本市场的公司金融案例研究。

　　相比《公司金融案例》(第一辑),第二辑的案例主要集中在2018—

2019年,更加具有时代感,具有更好的市场前景和可读性。本书的特色之处在于:第一,立足于中国当前最新的案例,内容各有侧重,形成较为完善的体系,包括东方园林的隐性杠杆、美的集团的股票回购、格力电器的现金分红、利亚德的股票增持等;第二,本书的读者以金融市场的投资者为出发点,主要强调公司的内在价值及其变化逻辑。与复旦大学出版社出版的《公司金融》(沈红波,2017年)每章小案例不同,本书的案例更加完整,研究和讨论更加深入,更符合本科生课外配套以及研究生案例教学。

目　录

序言 ……………………………………………………………… 1

前言 ……………………………………………………………… 1

导　读　案例的宏观经济背景　1

　　公司金融的分析框架 ……………………………………… 1

　　2018 年资本市场发展状况及新特点 …………………… 5

　　选题思路以及代表性分析 ……………………………… 11

案例一　格力电器：现金分红与多元化的两难选择　14

　　理论分析：企业多元化 ………………………………… 14

　　案例研究：格力电器的现金分红困境 ………………… 24

　　思考题 …………………………………………………… 44

　　分析思路 ………………………………………………… 44

　　附件 ……………………………………………………… 45

案例二　江南布衣：线上线下融合的新零售　50

- 理论分析：线上线下融合 ⋯⋯ 50
- 案例研究：江南布衣的新零售战略 ⋯⋯ 54
- 思考题 ⋯⋯ 65
- 分析思路 ⋯⋯ 65
- 附件 ⋯⋯ 67

案例三　美的集团股票回购的双重目的：维护市值和激励员工　74

- 理论分析：股票回购 ⋯⋯ 74
- 案例研究：美的集团的股票回购 ⋯⋯ 75
- 思考题 ⋯⋯ 105
- 分析思路 ⋯⋯ 105
- 附件 ⋯⋯ 108

案例四　千山药机的商誉减值风险和大股东质押爆仓　114

- 理论分析：商誉及其风险 ⋯⋯ 114
- 案例研究：千山药机的并购商誉 ⋯⋯ 117
- 思考题 ⋯⋯ 133
- 分析思路 ⋯⋯ 134
- 附件 ⋯⋯ 136

案例五　新丽传媒：独立上市还是被腾讯并购　142

- 理论分析：股东退出的两种选择 ⋯⋯ 142

　　　　案例研究：新丽传媒的退出抉择 ·················· 144

　　　　思考题 ······························· 159

　　　　分析思路 ···························· 160

　　　　附件 ······························· 162

案例六　东方园林：控股股东股权质押与股权崩盘风险　　169

　　　　理论分析：股权质押 ···················· 169

　　　　案例研究：东方园林的股权质押 ············· 171

　　　　思考题 ······························· 206

　　　　分析思路 ···························· 206

　　　　附件 ······························· 209

案例七　利亚德董事长的兜底式增持　　213

　　　　理论分析：股票增持及其市场时机 ············· 213

　　　　案例研究：利亚德的增持计划 ··············· 215

　　　　思考题 ······························· 230

　　　　分析思路 ···························· 230

　　　　附件 ······························· 233

参考文献　　240

导 读

案例的宏观经济背景

 公司金融的分析框架

公司金融(Corporate Finance)是一门连接公司和投资者的学科,也是一门连接宏观经济和微观企业的学科。中国的金融学科以往是以国际金融和货币银行为主,但是随着中国金融市场和投资者的壮大,以公司金融为主流的金融学科的影响力不断壮大。其中,又衍生了以连接创业企业和风险资本的创业金融(Entrepreneurial Finance),以研究二级市场基本面和量化分析的量化金融(Quantitative Finance)等细分领域。但是,究竟如何对公司金融特别是企业的估值和价格波动进行研究,一直是困扰着政府、企业、投资者的难题。

在现实的金融市场,公司的估值受到三个领域的冲击。第一是政府的政策。在新兴市场国家,政府的政策制定并不连续,政府的产业政策以及金融政策的变化较大,企业的价值不可避免地受到政策的影响。第二是公司行为。在新兴市场国家,公司及其实际控

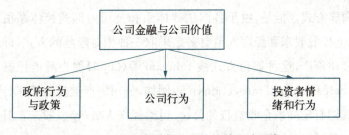

图 0-1 公司金融与公司价值的影响因素

制人的行为较为复杂,一方面,其面临着较多的投资机会;另一方面,又有着各种机会主义冲动。第三是投资者的情绪和行为,中国股票市场60%以上还是散户投资者,且其自带融资融券杠杆,情绪的波动冲击影响较大。

因此,在中国的制度环境下,需要在政府、公司、投资者三维来分析公司的内在价值及其价格波动。

一、公司行为

新兴市场国家的公司行为最突出的问题是代理冲突(Agency Costs)和信息不对称(Information Asymmetric)。所谓代理冲突,主要指委托人和受托人的利益函数并不一致,其具体有多种表现形式。在西方国家,当股东持有股份而公司被高管控制时,其内部人对外部投资者的利益侵占有主要有建造帝国(Empire Building)、隧道挖掘(Tunneling)以及壕沟防御(Entrenchment)这三种严重方式。

(一) 建造帝国

根据Jensen和Meckling(1976),经理滥用公司资源以建造个人帝国可以采取多种方式。其中,过度的在职消费(Consumption of Perquisites)引起最为广泛的关注。例如,豪华的办公场所、办公设备以及利用公款进行个人消费等都是其表现方式(Burrough和Helyar,1990)。另外,超过公司合理规模的盲目投资也是经理人员建立个人帝国的主要表现。很显然,个人帝国的建造行为往往对公司价值(即股东权益)造成损害,但可以给经理人员带来许多好处,这些好处就是Grossman和Hart(1988)所称的控制权收益。

在中国,建造帝国这种代理问题主要发生在早期的国有企业身上。国有企业由于激励机制的问题,很多高管追求的是企业的规模而非企业的效率。

(二) 隧道挖掘

当对公司资源具有足够的控制权但并不拥有完全的所有权时,公司控股股东或经理人员就会有足够的动机和能力窃取公司财产。其中,贪污(即将公司财产占为己有)是一种最为直接的偷窃方式。但是,由于各国法律体系和公司内部监控体系很容易对付这种贪污行为,实际上控股股东和经理人员更多是采取一种相对隐蔽的方式,即通过公司资源的交易来盗窃公司资产,这种盗窃方式被Johnson等(2000)称为隧道挖掘。隧道挖掘主要有自身交易(Self-Dealing Transactions)等,例如,公司资产被控股股东(或经理)以较低的价格出售给其拥有较高现金收益权的公司、付给经理人员(控股股东在其控制的企业中往往同时担任经理)较高的薪水。

(三) 壕沟防御

Grossman 和 Hart(1988)已经证明,剩余索取权是与剩余控制权相对应的,不拥有剩余控制权的剩余索取权是不可能实现的剩余索取权。因此,经理人员为了享有剩余索取权,必然极力抵制剥夺其控制权的解聘行为,而不称职经理人员对解聘行为的抵制可能是最为严重的代理问题(Jensen 和 Ruback,1983)。Shleifer 和 Vishny(1989)认为,不称职的经理人员通过特殊人力资本的投资防止自己被解聘的行为是其侵占股东权益的一种表现方式,并将经理人员的这种投资行为称为壕沟防御。Harris 和 Raviv(1988)以及 Stulz(1988)证明,经理人员为了防止公司被接管从而被解聘,往往将公司债务规模维持在较高的水平;在 Fluck(1999)的模型中,经理人员则将股份回购(Share Purchase)作为壕沟防御的一种手段。

公司的代理行为主要体现在股东和高管之间,中国的上市公司代理问题可能更加复杂,体现在其代理问题可能还有大股东和小股东之间的利益冲突、股东和高管之间的利益冲突以及审计师、投资者之间的复杂关系。

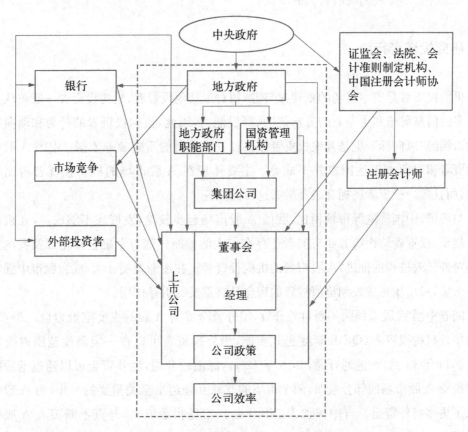

图 0-2　中国公司行为的理论分析框架

二、研究产业和金融政策

产业和金融政策对股票市场的估值影响巨大，中国目前还没有进入完全的市场经济，处于"市场＋计划"的转轨阶段。政府干预对企业的盈利以及金融市场的冲击较大。例如，2019年的金融行业去杠杆，直接带来的是银行对企业的抽贷、债券市场的违约，导致股票市场的估值下滑，股权质押风险频发。

在产业政策方面，2018年中国出台了影视行业整理方案、医药行业带量采购、光伏行业缩减补贴等多种产业政策，农业行业增加补贴，其背景是经济增速处于下滑背景，中央政府需要重新进行收入分配的大调整，而这样的行业政策无疑对所关联到的上市公司产生较大的政策冲击。

另外，在中美贸易战的背景下，中央政府需要进行制造业高质量发展，基建托底经济增速下滑，对出口企业进行出口退税保增长，稳住房地产等多种基于宏观经济和世界经济的产业调整。这些大趋势也对宏观经济预测和行业预测带来更高的要求。因此，在中国进行金融分析不能脱离政府行为的研究。

三、研究投资者行为

机构投资者是资本市场的重要参与者，相对于其他投资者，机构投资者一般被认为拥有更多的信息渠道和更专业的分析能力、择股能力，因此，机构投资者的行为和动向往往成为市场的"风向标"，也是其他投资者作出投资决策时的重要参考依据。中国A股市场的投资者相对西方发达国家并不成熟。主要体现在A股市场的散户投资者占比超过60％，而且散户投资者还拥有融资融券这样的杠杆。

与美国、中国香港等市场相比，我国A股市场起步较晚，发展还不够成熟，在机构投资者规模、投资者结构等方面与前者还存在较大的差距。随着金融全球化以及我国资本市场对外开放进程的推进，A股市场的机构投资者正在逐渐发展壮大，成为股市中强大的主导力量，对市场形成长期价值投资的理念具有重要的引导作用。

随着中国A股市场的不断对外开放，境外资金成为A股的主要定价力量。2002年，合格境外机构投资者（QFII）制度正式实施，境外投资者可以在一定额度范围内投资A股。2014年11月，沪港通开通，2016年12月，深港通开通，境外资金可以通过港股账户直接投资A股市场的部分股票，两个市场的互联互通迈出至关重要的一步，为A股市场引入了更多境外资金。自中国加入MSCI新兴市场指数以来，外资不断买入A股的股票，特别是在大跌期间还不断增持，这逐步改变了A股市场的投资环境和投资理念。

保险机构也是近年来股市主力增量资金的来源,随着保险机构的数量持续攀升,保险机构管理的资产总规模也在快速扩张。尤其是 2007 年,保险资产规模增速达到 44%,2009 年以来,保险资产规模年增速保持在 20% 左右。然而,随着"宝万之争"的升级,银保监会对万能险监管不断升级,2017 年 5 月,保监会下发《关于规范人身保险公司产品开发设计行为的通知》(以下简称《通知》),要求人身险产品的开发必须回归保障,保险公司不得以附加险的形式设计万能型保险产品或投资连结型保险产品。这就导致万能险的发行受限,保险的负债端规模收缩,保险资产规模进而下降。

2018 年资本市场发展状况及新特点

2018 年的中国资本市场遭遇两个突出的外部冲击,即国际上的中美贸易战和国内的去杠杆。

一、中美贸易战的过去、现在和未来

中国经济的第一个风险来源在于贸易战。自美国副总统彭斯发表"铁幕演讲"以来,原油期货的价格出现暴跌,这表明 2018 年 10 月后的中美贸易战不会很快缓解,甚至有可能在短期内进一步深化,这一经济趋势反映在原油期货的价格中,也会深刻影响未来的中国出口、消费和投资。贸易战的本质是一场没有硝烟的战争,源于美国经济结构的转型和制造业回归,在美国多年的产业转型升级中,美国的制造业占比越来越低,服务业占比越来越高。然而,美国的企业家发现,他们的银行、证券、保险、教育、医疗、互联网等服务业统统无法进入中国,而中国制造的产品却在"不断占美国的便宜"。西方世界对中国购买高技术产品和公司采取敌对的态度。贸易战的影响非常深远,不仅体现在中国最有价值的出口,产品没有了需求,而且中国的高科技企业进口的高科技芯片和原材料也受到美国等发达国家的限制。

不仅如此,贸易战恶化引发的出口企业财务恶化,带来的失业、破产、消费下滑、投资下滑会给经济带来"乘数效应"。目前,贸易战如果全面爆发,会给中国带来多大的"乘数效应",市场的各方并没有意识到风险,因为 2018 年的出口,已经被外资出口机构提前下了出口订单。仅仅是贸易战初露锋芒,根据 Wind 资讯金融终端的统计,中国规模以上的工业企业 2018 年 8 月利润增速在 8%,但是 10 月已经下降到 3.6%。展望 2019 年,如果

贸易战没有进一步和解,中国的GDP增速将会出现一个明显的大幅度下滑,这一现象会在2019年1季度出现,也会对消费和保健品消费带来较大的冲击。

值得注意的是,在世界财富的再分配中,中国经济由于体量过大,已经与世界经济融合一体,中国相当于中产阶级,美国相当于高收入群体,高收入群体因为中产阶级的壮大而更加富裕。因此,如果美国对中国的封锁或遏制过于激烈,则最终美国的企业和百姓也会受到重创。

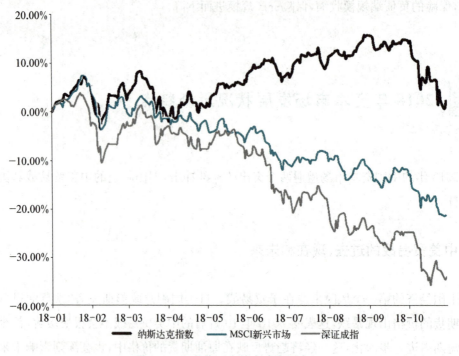

图0-3 贸易战以来的全球股票市场

2018年10月以来,美国股票市场大幅回调。众所周知,中国百姓的财富大多集中在房地产市场,而美国百姓主要集中在股票市场。因此,中美之间的贸易冲突,从美国百姓的财富价值角度,其在2019年将走向和解而非升级。

二、为何中央要去杠杆

经过多年的货币宽松,中国的货币乘数已经超过历史最高点的5倍,现在逐渐回归货币中性。因为货币政策也不是万能的,在货币紧缩或货币正常化周期下,经济增长率就会下来,根据中国人民银行研究局局长徐忠的观点,"中国经济高质量增长不能再依赖货币宽松,主要需要财政改革,在打好防范化解风险攻坚的背景下,货币政策宜稳健,财政政策宜相对积极有为,要下决心推动财税体制改革,即结构性减税"。同时,中国居民的杠杆率从2008年的30%增长到2018年的50%。

杠杆高启,带来可支配收入降低,消费低迷。经济急需转型,从房地产烟囱经济向创新驱动的新经济转型,建议征收房产税,使社会财富从房地产转向实业这样的去杠杆周期,经济增长的源泉不再是粗放的增长,而是依赖创新驱动。2018年发生了较多的P2P爆雷、债券违约、股权质押爆仓、房贷按揭违约等现象,这都是去杠杆背景下的正常现象,展望2019年,去杠杆的总节奏依然不会改变,中国经济GDP的增速会必然下滑。

去杠杆还有一个大的外部环境,即美联储缩表和加息。中国的地方政府、企业、居民关注央行的货币政策。但是,全球各个国家关注的是美联储的货币政策,因为美联储是各国央行的央行。美联储正在收缩基础货币,这也是中国进行货币紧缩的外部环境。

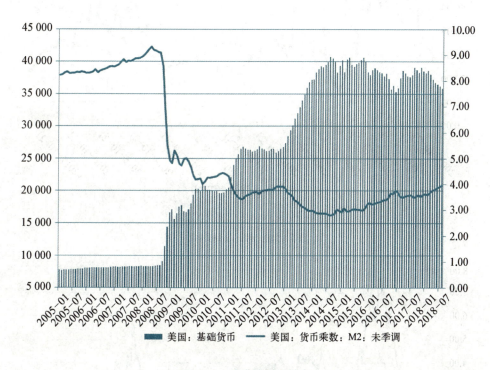

图0-4 美联储货币供应

三、有效市场理论和坏消息的后果

股票市场是经济的晴雨表,中国的经济由多个模块组成,既有传统的产业,也有朝阳产业;既有尚未改革的国有企业,也有高效的民营企业,有时仅仅从上证指数本身无法得出经济的未来预期,需要进行股票市场的分组比较。之所以选择深圳A股是因为其大多是民营企业,受大型国企干扰较少。

从深圳A股的市盈率来看,目前的股票市场估值是20倍,已经跌破2008年金融危机时期的估值水平。坏消息已经充分反应。从市净率的角度,A股目前接近历史最低点的1.9倍市净率,但是目前的净资产有一定的水分,即商誉。自2019年1月31日商誉爆雷之后,中国的股票市场将彻底透支一切坏消息。

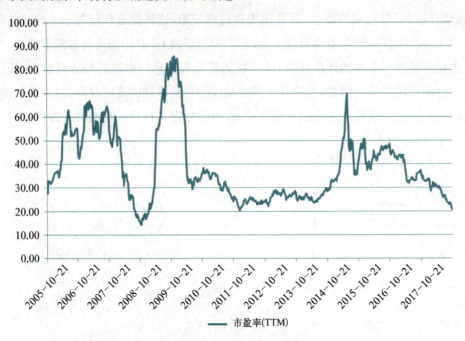

图0-5　深圳A股市盈率(TTM)

数据来源:Wind金融终端。

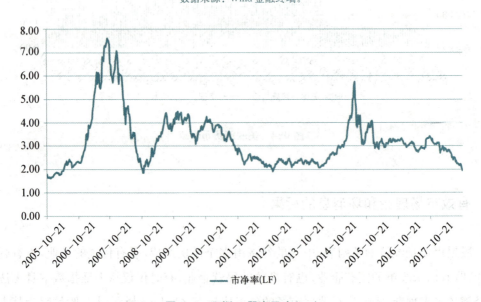

图0-6　深圳A股市盈率(LF)

数据来源:Wind金融终端。

股票市场是经济的晴雨表,还体现在股票市场将提前 3—6 个月反映经济的未来。我们相信,随着估值的充分透支和商誉爆雷,2019 年的中国股票市场将迎来重生。机会将出现在各行各业。特别值得关注的是两大类行业:第一是体现未来经济效率的高级生产要素行业,即人工智能和高科技制造行业。这一类公司由于研发壁垒高、经营利润高而税后利润少,不受经济增速下滑影响,反而是经济低迷期增长的引擎。第二类属于金融领域的困境反转,需要具备暴跌和高换手率出清。与我们金融理论相一致的有传媒、医药等出现过 2018 年黑天鹅事件的行业。

四、2018 年资本市场的新特点

2018 年的资本市场在总体的贸易战、去杠杆、充分暴跌的大背景下还出现了一些以往没有出现的新特点。具体有:

(一) 股权质押与纾困基金

股权质押是 2018 年中国资本市场的一个新特点,因为有相当数量的股票质押出现了爆仓。股票质押的本质就是企业用自身股票向金融机构融资的一种行为,一般来说,金融机构都会设定一个安全线,只要不跌破安全线,理论上借款方的资金就是安全的;如果跌破,可能就要面临追加或者强制平仓。在牛市和震荡市中,股权质押基本问题不大,因为毕竟有一个折扣,但如果是熊市,突发的连续下跌,高比例的股权质押就会成为悬在投资者头上的剑。

近期,千山药机就这样深陷股权质押平仓风险而连续下跌,其是 2015 年的十倍牛股,其大股东质押的股票在 2018 年爆仓。股权质押的本质是一种抵押品,与房产类似。但是由于股权质押这种抵押品价值波动大,风险系数很高。在股价上涨周期,股权质押—大股东资金宽松—支持上市公司业绩增长—上市公司市值增长—更多股权质押,但是在下跌周期,股权质押的爆仓风险就显露出来。

当前,中国 A 股的股权质押有接近 5 万亿元,一方面,国家需要对优质的上市公司股权进行展期,不能强制要求还款;另一方面,还需要动用纾困基金接盘(优质的公司),最重要的是降低股权这种高波动率资产的质押比例。很多人没有想到,企业的拥有者会因为股权质押的杠杆反过来威胁到自己的控制权。从这个角度来说,杠杆的副作用实在是大。连一个知道自己企业真实运作的情况的大股东,都可能因为二级市场的不确定性而到"平仓线",一个普通投资者又如何能大胆地用杠杆呢?

(二) 商誉爆雷和业绩洗澡

大批公司选择突然计提大笔商誉,源于 2018 年年底财政部会计准则委员会提议通过商誉摊销的方式来处理商誉问题。统计数据显示，目前 A 股 3 000 多家上市公司的商誉总额为 1.45 万亿元，如果全部按 10 年摊销，每年则会多出 1 450 亿元亏损；即便按 20 年摊销，每年也会多出约 725 亿元亏损。更大的问题是，在目前 A 股的退市制度下，改成商誉摊销可能会引发退市潮。

在《天龙八部》中，逍遥派掌门无崖子为了延续盖世神功，精心布下珍珑棋局选取接班人，众多英雄不得其解，唯有资质平平的虚竹和尚下出一步自断生路的死棋，结果全盘通透，反败为胜。

2019 年 1 月 30 日，A 股上市公司在 2018 年业绩预告中集体爆雷，巨亏企业无数，商誉减值成为最大"祸水"，其中，亏损冠军天神娱乐（002354.SZ）70 多亿元亏损金额中有 49 亿元源于商誉减值。如果商誉摊销施行，将对上市公司未来多年业绩产生重大影响，与其"钝刀割肉"，商誉问题严重的公司选择一次性计提，进行业绩"洗澡"，为未来翻身希望。

轻资产行业是相对容易产生商誉的板块，轻资产公司较少拥有厂房、设备、原材料等可见和直接衡量的有形资产，在估值时，更多地考虑未来盈利能力以及专利、品牌、技术等无形价值，因此溢价程度较高。数据显示，A 股商誉占净资产比重较高的行业集中在服务业、传媒、IT 和生物医药等领域，在银行、钢铁、地产等传统领域比重较少，因此，这也让本次商誉爆雷更多集中在中小板和创业板公司。在标的公司注入上市公司后，如果未来业绩被证实并未如收购时所预期，其当初估值必然大打折扣，溢价部分形成的商誉则将需要酌情进行减值，减值金额将作为损益严重影响当期净利润。

在中国的会计准则和审计实务中，只需要进行不断并购就可以实现"买增长"。通过某一年"大洗澡"进行大幅亏损并不会受到会计师事务所的否定意见。即"做多需谨慎，做空无成本"。因此，并不是现有的商誉会计准则出了问题，而是中国的上市公司会计处理出了问题，其长期不计提减值，而在某一年业绩支撑不下去后采用巨额计提。

（三）尴尬的股票回购

当一个公司的股票价格大幅下跌，跌破内在价值后，公司需要维护其内在的价值。通常可采用大股东增持或股票回购的方式。

股票回购起源于美国，著名的可口可乐公司在现金流不断增长的时候面临两难选择：是发放高额股利还是回购股票？由于发放现金股利有更大的交易成本，因此，可口可乐公司选择股票回购并注销的方式，提高了每股收益和每股股价。但是，2018 年中国股票市场出现大跌，在"贸易战＋去杠杆"的背景下，大股东已经由于股权资金紧张无法增持。政府鼓励上市公司回购支撑股价。

公司进行股票回购的目的之一，是向市场传递股价被低估的信号。股票回购有着与股票发行相反的作用。股票发行被认为是公司股票被高估的信号，如果公司管理层认为公司的股价被低估,通过股票回购,向市场传递了积极信息。股票回购的市场反应通常是提升股价,有利于稳定公司股票价格。如果回购以后股票仍被低估,剩余股东也可以从低价回购中获利。

尴尬的是,本轮股票回购的导火索是因为大股东已经无资金进行增持。如果上市公司都采用资金回购股票,则会出现与增发相反的效果,即上市公司的现金大幅减少,资金从实体流入资本市场,而不是从资本市场流入实体企业。如果没有强大的现金流作为支撑,实施股票回购计划将会消耗企业现金流,给企业带来更大压力。

(四)债券违约与稳杠杆

2018年有大量的债券出现违约,这源于去杠杆。在经济增速下滑的背景下,企业的内源利润下滑、如果银行银根收紧,企业一定会出现"资金荒"。如果此时银行授信额度减少,企业不能顺利进行债务展期,则必定会出现债券违约,同时引发上下游连锁反应。

债券违约事件进一步发展,在违约程度上,从无法支付当期利息,逐渐发展到本息皆不能偿还;在信用等级上,违约产品有逐步向信用评级水平高、股东背景较强的方向发展的趋势。但是,不能因为债券市场频频出现违约情况而感到惊恐,因为这既是实体经济基本面的反映,也是利率市场化过程中正常会遇到的问题。如果市场利率无法真实地反映债券风险,政府扮演救火队的角色,就容易出现一个扭曲的市场,虽然暂时缓解危机,但债务风险并没有消除且会给未来带来更大的危机。容忍更多违约事件的暴露,显示了中国政府积极地将金融体系向更为市场化方向推进以及建立风险信用定价的决心(席勒,2016)。打破刚性兑付,政府就不能再为信用债提供隐性担保,这需要降低政府干预的程度,使国有企业进行市场化转型。

货币紧缩与债券违约不能过度。毕竟,中国有相当数量的企业需要从银行和债券市场"借新还旧"。因此,在引导企业去杠杆之后,还需要进一步稳杠杆。通过利率来引导企业调整资本结构的方向将不可改变。企业需要认清现实,收缩战线回归主业,合理调整资源和资本结构。

选题思路以及代表性分析

公司金融研究一共有两种分析方法,第一种是大样本实证研究(Empirical Study),主要是收集足够多的微观样本,从动机、行为和经济后果去分析重大事件对公司价值或投资者的影响。第二种是案例研究(Case Study),案例研究具有更及时和更相关的突出特点、对企业、政府和投资者更有启发和意义。另外,有些最新的事件或政策,具有较大的典型性,对社会影响巨大,但由于其样本较少,不适宜采用大样本实证研究,因此更适宜采用案例研究的方法。

案例研究最重要的就是所研究的案例其影响力、典型性以及其背后蕴含的理论含义。做案例研究的难度也在于此。本书所研究的案例因此也需要包含及时性、重大案例、理论深度这三个突出的要素。从选题来看,本书的案例涉及公司金融的三个领域:国企改革、民营企业创新和公司金融中的异常行为或现象,包括大股东股权质押、债券违约等。

(1) 案例一聚焦公司金融中的特殊现象,分析格力电器的现金股利政策。格力电器是中国A股市场的优质成长股的典型代表。其自从1999年以来就不再依赖银行贷款和股权融资,仅仅依靠自身的内源现金流就足以不断滚动发展,是一个现金奶牛公司的典型代表。但是,当一个公司的主营业务发展遇到瓶颈之后,其是将多余的现金流作为股利分给股东还是将现金流用来多元化投资?投资者如何对待公司的多元化布局。格力电器这样的优质公司也出现了"股利相关论"的烦恼,这对中国大型上市公司的多元化布局具有相当的启发意义。

(2) 案例二聚焦民营企业的创新,采用江南布衣的线上-线下新零售案例。中国当前有较多的民营服装业上市公司,有些在A股上市,有些在香港上市,通过A股、H股市场的比较,我们可以发现投资者对这些服装企业以不同的定价。江南布衣的特色是线上-线下融合的OTO模式,同时其会员的重复购买率增加了企业的客户忠诚度。这也是当前企业商业模式的最新发展趋势,即线上-线下吸引流量,而优质的服务和会员制提供了增值服务和客户黏性。这种流量+附加值的模式还出现在天猫、亚马逊、京东等新兴的互联网企业身上,江南布衣的案例可以给其他企业提供借鉴思路。

(3) 案例三是民营企业股票回购制度创新。股票回购主要用来稳定股价或传递公司高增长的信号(类似高现金股利)。但是美的集团的股票回购主要用来激励员工。这种回购计划与以往的股票期权激励计划的股票来源不同,其主要来源于存量的二级市场股票。这一类公司的主要逻辑,源于公司是具有强大品牌的现金奶牛企业,企业的股票的内在价值高于股票的价格。当然并不是所有的股票回购计划都能这样稳定股票市场的投资者信心,但美的集团无疑给广大价值投资者树立了一个良好的典范。

(4) 案例四是一个负面的案例,千山药机这个并购明星公司,不断通过并购买增长,但其并购的整合成本非常高。失败的并购都有这三个共同的特征,即出价过高带来的商誉过高,并购不符合公司战略,并购整合成本过高。但中国式的并购还加上了第四个风险因子,即大股东股权质押并购,这样的并购财务风险叠加大股东股权质押风险,导致了千山药机的大股东爆仓。抵押物是金融危机的导火索,也给了广大民营企业家和投资者以警示,应该如何正确理解股权质押。

(5) 案例五也是民营企业的资本运作创新,主要靠外延并购的阅文集团收购新丽传媒。众所周知,腾讯为了激励子公司发展,将其子公司阅文集团分拆到香港上市,但是一个在线文学企业,如何将客户和IP转化为商业价值?这里的阅文集团提供了一个经典的案例,阅文集团将本身强大的IP植入到收购的新丽传媒中,形成了强大的自制电视剧,其电视剧又与腾讯视频强强联合,给腾讯的客户提供了更低价、更优质的服务。

(6) 案例六聚焦东方园林的股权质押风险。在金融风险中,国家最近多年一直强调的是地方债务风险、影子银行风险,但却较少关注股权质押风险。从本质上分析,股权质押是上市公司所在集团的一种隐性债务,这些股权质押的资金究竟去了哪里?能否及时归还?债务风险是否会引发爆仓危机?东方园林这个高负债的公司,其大股东进一步采用高比例股权质押,给企业带来较大的资金压力。从这个案例我们可以得出一些不一样的结论,即股权质押是一种隐性杠杆,用股权作为抵押品其风险较大。既然是抵押品,其价值最好相对稳定,例如房产。股权抵押这种新型融资工具的关键是需要对股权的内在价值进行谨慎评估,不宜在股价剧烈波动区间大比例抵押融资。

(7) 案例七是兜底式增持计划,聚焦利亚德董事长的兜底式增持计划。在股票市场的定价中,投资者和企业家需要关注企业的现金流和内在价值。需要更多的是敬畏市场、尊重投资者。上市公司的董事长处于内部信息对称的知情交易者模式,其发出的鼓动员工或投资者购买股票计划,是否值得重视?这是一个需要密切关注的问题,前有开能环保董事长的公开信,后有利亚德的兜底式增持。我们需要关注兜底式增持的信号,但更要警惕兜底式增持的风险,防止兜底式增持变为"忽悠式"增持。

案例一

格力电器：现金分红与多元化的两难选择

案例摘要

作为家电行业的龙头企业，以专业化战略发展的格力电器多年来坚持高现金股利政策，但随着行业天花板的临近，美的、海尔取得多元化硕果，公司对单种产品的营收依赖性过大，行业与技术新热点的出现，究竟是选择继续高派现还是使用盈余资金进行多元化投资，这成为格力电器董事长董明珠的艰难选择。本案例通过分析格力电器多年来高分红背后的逻辑与现阶段面临的困境，研究其多元化动机，剖析其"零分红"股利政策的深层逻辑与其市场影响机制，为投资者提供借鉴。

理论分析：企业多元化

一、高派现股利政策

到目前为止，关于高派现股利政策并没有统一的定义，根据国外现金股利政策中的总结，若上市公司现金股利分配比例高于公司盈利或远超于长期债券利率水平，就证明该公司具有高派现行为；如果上市公司每股分配现金股利大于0.3元，则也被视为具有明显的高派现行为；根据股利支付率指标来衡量公司是否具有高派现行为，把公司支付的股利平均约占当年净盈余的60%视为股利支付率的正常水平的临界点，高于60%的股利支付率就定义为高派现。我国学者一般采用两种标准来定义高派现：（1）每股派现金额大于每股经营现金流；（2）当年每股派现金额大于每股收益。

根据国内外学者对高派现的定义，结合我国资本市场环境以及证监会颁布的有关条例，本书把高派现股利政策定义为：若我国上市公司在满足三年以上现金分红，存在配股、增发新股的行为，并且该公司业绩优良、资金充沛，有明显的融资派现行为的，每10股派现金额大于3元，股利支付率高于股利支付率均值，则被称为实施高派现股利政策。格力电器的派现历史符合该定义。

二、股利政策相关理论

（一）MM股利无关论

MM股利无关论是由美国经济学家Franco Modigliani和财务学家Miller在1961年发表的《股利政策、增长和股票价格》中提出的，其认为在完全资本环境下，并且该环境下的市场经济是完善的，同时要以完善的竞争假设、信息完备假设、交易成本为零假设和理性投资者假设为前提，一个上市公司的股票价格只受公司的投资决策的获利能力以及风险组合的影响，不受股东利润分配的影响，从而股利政策不会导致公司的市场价值和股票价格的变化。并且该理论认为，股利变化所引起的股价的上下浮动并不是股利变化本身造成的，反而归因于股利变动所显现出企业未来经营状况的信息。也就是说，投资者并不关心公司的股利分配，更加关心的是公司未来发展前景以及投资决策所带来的利润，因而公司大量的利润投入用于企业的投资决策，会导致股票价格上升。该理论是根据不可实现的假设而提出的，所以该理论不具有现实意义，但在之后的股利政策理论发展进程中，MM理论起到不可小觑的促进作用。

（二）在手之鸟理论

在手之鸟理论经三位著名经济学家Williams、Lintner、Walter的发展，之后Gordon根据对投资者心理状态进行分析而提出的，该理论被认为是最流行、最为广泛和最持久的股利理论。其核心内容是以投资者心理出发，认为投资者对留存收益的偏好程度大于资本收益，留存收益的可靠性更高，所以，公司只有向股东定期支付较高的股利才能满足股东的利益需求。也就是说，把投资者留存收益比作手中的鸟，不易把握，更容易飞走，想要保留其收益，就需要付出更多的代价防止鸟儿飞走，因此，该理论实质就是投资者与其要面对这种高风险的留存收益，还不如选择相比之下风险较小的股利收入，所以，公司为满足投资者的利益，不得不向投资者支付相当的股利。

(三) 税差理论

税差理论是法拉和塞尔文提出的,该理论追求股东价值最大化,主张若资本利得税率低于股利的税率,投资者会提高股利收益率并要求较高的必要报酬率。因此,为了保证公司的价值最大化,并且使资金成本为最低值,需采取低股利政策,也就是说,股票价格与股利支付率成反比例函数,风险调整收益和股利收益率存在 U 型关系,即除了较低的股利支付股票外,风险调整收益率与股利收益率存在正比例关系。税差理论强调投资者对股票股利的偏好是由于避税需要,其中,要满足边际税率假说和完全公司假说,但这些假说并不能完全实现,所以说,税差理论存在假说缺陷。

(四) 客户效应理论

客户效应理论是在税差理论与"一鸟在手"理论基础上提出的,其核心是研究因投资者具有不同的税收等级而对待股利分配的态度再明显的差异。该理论主张,投资者所处边际税率的等级不同,再加上资本利得和鼓励收益偏好不同的影响,导致对企业股利政策的偏好也大不相同,比如大股东与小股东之间,就股利政策上持对立意见,大股东或高收入投资者更倾向于低股利支付率的股票,希望现金股利降到最低,而小股东或者低收入投资者更倾向于高股利支付率股票,可获得较高的现金股利。

(五) 信号传递理论

信号传递理论主要研究股利政策中现金股利支付水平的变化对股票价格的影响。巴恰塔亚构建了股利信号模型,发现了现金股利具有向市场传递企业未来预期盈利信息的作用,之后诞生了股利分配信息假说。鼓励信号的价值取决于股利变化的方向、信号的性质、信号的作用三个因素。当传递利好信息时,股利的减少会带来正的市场反应;而传递利空信息时,股利的增加会导致负的市场反应。从而得到启示:股利政策应多加关注现金股利的作用,实施股利政策需保持长期稳定的状态,处于不同发展状态的企业需实施相适应的股利政策,股利信号的作用在于股利政策的性质本身,而不是其变化方向。

(六) 代理成本理论

代理成本理论是在研究公司最佳资本结构时形成的,是指为了监督或者限制与公司具有契约关系的经理代理人的行为所需要付出的代价及成本。企业的初始投资者聘请外部经理管理企业,把所有权与经营权两权分离,从而提升企业的盈利能力和发展能力,当两者目标利益不一致时,将会导致代理问题的产生。其中最为主要的是存在信息不对称问题,造成管理者和股东之间、控股股东和中小股东之间的代理问题。现金股利政策对公司的价值、现金流量、股东投资回报都有直接影响,现金股利政策有助于缓解管理者和股东之间的代理问题,高派现股利政策则可能加剧控股股东和中小股东之间的利益冲突。

大量学术研究表明,现金分红是股东用来减轻代理成本的重要手段之一。上市公司主要面临两类代理问题:一是经理人与股东之间的代理问题;二是大股东与小股东之间的代理问题。英美等国对投资者保护较好,其资本市场中股权相当分散,公众公司主要由管理层主导,主要面临第一类代理问题。而我国大多数上市公司均存在控股股东,可以主导管理层的重要决策,最主要面临的是大股东和小股东之间的第二类代理问题。代理问题常体现为:内部人为了追求自身利益最大化,进行损害股东价值的投资或并购,比如实现更多的薪酬、更高的社会地位,或通过不公平的交易价格向关联方输送利益。现金分红能减少公司的留存现金,促使其在进行重大投资时更需要通过资本市场融资,从而迫使内部人的投资决策经历市场的审视,减少其滥用权力、损害股东利益的行为。

三、股利政策制定的影响因素

(一) 企业盈利能力

企业盈利能力是指企业具有获取利润的能力,从而使其资金或资本价值上升。股利政策是为满足投资者的利益需求而制定的分配利润的手段,而实施股利政策的前提条件是必须具有充足的资金或者是现金流量,所以,拥有良好的盈利能力是实施股利政策的必要条件。盈利能力通常表现在一定时期内企业收益数额的多少和水平的高低,与其相关的指标包括销售盈利能力、经营决策能力、股东获利能力。通常情况下,盈利水平较为稳定且具有规律性的公司才能保证盈利能力呈持续上升的发展趋势,并且所获利润能够满足股利分配,从而达到投资者的利益需求,提高股东和投资者对该公司的信心。上市公司也愿意通过提高股利支付率来向市场传递公司的利好信息。由此可见,盈利能力与股利支付率水平成正比例关系,盈利能力是影响股利政策的重要因素之一。

(二) 企业偿债能力

企业偿债能力是指企业是否具备支付现金账款的能力以及偿还债务的能力,这也是公司能否健康发展的关键点。偿债能力分为长期偿债和短期偿债能力两类。在实施股利政策时,不仅需要充足的现金流量以及资产收益,也要考虑偿债能力。公司若要保证债券能力水平,以免无法及时足额偿还债务带来有损公司形象和利益等事情的发生,则需保证偿债能力的强度。因此,偿债能力越强的公司,更倾向于实施现金股利政策。

(三) 企业营运能力

企业营运能力是指企业运用各项资产来赚取利润的能力,实际上就是企业在资产管理方面的效率研究。其中,应收账款周转率是公司应收账款周转速度的一项指标,若在一段时间内应收账款的周转次数越多,就是指该公司账款收回的速度越快,则表明企业的管理效率越高。存货周转率是表明该公司的销售能力和存货多少的指标,该指标越高,证明其销售能力以及存货周转速度强。流动资产周转率越高,证明流动资产的利用率就越高,以及固定资产周转率越高,则表示该公司的固定资产的利用率越高。这些比率直接影响公司对其经营能力的判断。总而言之,运营能力是监测公司经营状况的手段,当上市公司的经营能力不断提升,并且有较大的上升空间时,容易实施现金股利政策。

(四) 企业现金流量

企业现金流量是对公司在生产经营过程中产生的现金流入与现金流出以及最终现金汇总的总称,它也是现代财务管理学中的核心概念之一。现金流量是用来衡量公司的经营状况、偿还现金的能力、辨识项目投资准确度以及资产变现能力的重要指标。公司在实施现金股利政策过程中必须考虑现金出入汇总,保证现金流量为正数,为现金分红提供大量资金支撑。

(五) 企业成长能力

企业成长能力是指预测企业未来资产规模、盈利能力、市场占有率发展趋势以及发展速度的指标,反映企业未来的前景。公司实施高派现股利政策的本质目的,是吸引更多的投资者并满足股东权益,然而,真正影响投资者判断的是该公司未来前景,高派现股利政策是为市场传递公司未来良好发展的一种手段,所以,企业成长能力的强度是高派现股利政策的核心价值,也是公司经营的风向标。

(六) 企业股权结构

企业股权结构是企业治理结构的基础,不同的股权结构决定了企业组织结构的不同,从而决定了企业的经营状况、运作行为和绩效。股权结构具有两种含义:股权集中度和股权构成,在股权集中度的研究过程中,国内外学者持对立意见,国外相关研究大都支持股权集中度与现金股利支付水平成反比例关系,而国内相关研究大都支持股权集中度与现金股利支付水平成正比例关系,认为上市公司股权越集中,股东对公司的控制权越大,因此,为了达到监督管理层及降低代理成本的目的,更倾向于通过现金分红的形式向所有股东发放股利。格力电器体现出的则更像是反比关系。

(七) 企业资本结构

企业资本结构是指所有者权益和债权人权益的比例关系,它决定了企业的产权归属,这也从另一个角度诠释了股权结构,其主要涉及把利润用于再投资还是用于投资者收益。它与股权结构的本质区别在于,在公司实施股利政策时所考虑的目的不同,从资本结构角度出发更倾向于公司价值最大化,它是以维护、支持公司为宗旨,从股利政策角度来看是以平衡股东与代理人、大股东与小股东之间的利益冲突为宗旨。因此,在公司的资本结构中,债权资本的比例越大,公司的净收益可能越少,更倾向于留存收益,选择较低派现股利政策。

(八) 企业生命周期

企业生命周期是企业发展的动态轨迹,包括发展、成长、成熟、衰退四个阶段。当企业处于发展阶段时,其主要目标是扩大市场份额、改善经营状况、获得更多的投资机会,此时制定股利政策时,股东或投资者更倾向于留存收益,现金股利政策实施的可能性最低。当企业处于成长阶段时,以利益最大化、企业价值最大化和治理成本最低为主要目标,企业仍然有大量的投资机会,实施现金股利政策可能性虽有足够的现金流量支持,但股东以及投资者更看重留存收益,所以,实施现金股利政策的可能性高于发展阶段,但可能性仍然不高。到了企业的成熟阶段,具有经营状况稳定化、融资渠道多样化的特点,并且拥有较充裕的现金流量,此时是企业实施现金股利政策的最高点。处于衰退期的企业,由于自身经营状况和投资能力的下降,面临着经营生产管理等方面的转型,需要更多的资金支持,所以,实施高派现股利政策的可能性低于成熟期。因此,企业的生命周期是影响股利政策的一个重要因素。

(九) 股利信号传递效应

在当前资本市场不完善的情况下,每一个上市公司中都有该效应的存在,由此可见股利信号传递理论的重要性和实用性。股利信号传递理论的产生是由于存在管理层与企业外部的投资者之间存在着信息不对称问题。也就是说,企业内部管理层掌握大量的投资机会,对未来企业发展、盈利能力都有益的信息,但不能公开传递给企业外部的投资者,从而导致外部投资者对该企业信息掌握的缺失。然而,股利信号则是帮助企业管理层传递企业未来发展前景的有力手段。当股利支付率水平较高时,其股票价格上涨,给外部投资者传递盈利能力强、企业发展前景广阔的利好信息,从而吸引更多投资者对该企业的关注以及投资。所以,股利信号传递效应是企业为吸引投资者进行融资的一种手段。

(十）宏观经济因素

宏观经济是国家宏观调控经济运行，保障市场经济健康发展的重要工具，是对企业所在的整个行业进行宏观调控，保证该行业稳定、协调地发展。同时，企业在规划未来的经营决策和投资决策时，都要满足当前宏观经济条件下进行，所以，宏观经济也间接影响着上市公司对股利政策的制定方向。若在宏观经济环境较为合适时，企业管理者应根据宏观经济作出相应决策，寻找投资机会，同时可实施派现金额较高的股利政策，向外界传递利好信息，尽可能地吸引更多的投资者。若在市场调控环境恶劣时，应及时减少投资机会，保证企业生产经营活动的正常进行，减少现金流出。所以，在选择股利政策时，一定要根据当前的宏观经济形势而决定。

（十一）股权分置改革

自2005年起，股权分置改革正式实施，制定非流通股股东与流通股股东间的权益平衡机制，消除A股市场股份转让制度的差异，从而促进股权自由合理的流动，发挥市场的资源配置功能。股权分置改革的实施可以保证多数上市公司走可持续发展道路，建立为公司传递利好信息且能满足股东权益的股利政策，提升股东及投资者对该公司的信心，消除他们对企业获得投资收益风险大的不安的心理。股权分置改革方案采取派现方案、扩股方案、送股方案等措施，确保非流通股股东向流通股股东支付对价，所以，股权分置改革是上市公司实施高派现股利政策的催化剂。

（十二）半强制分红政策

2008年，证监会出台《关于修改上市公司现金分红若干规定的决定》，使上市公司现金分红与再融资相挂钩。上市公司若要公开发行股票、公开增股、转送股等，都必须保证近三年采用现金方式，累计分配利润达到近三年平均可分配利润的百分之三十。采取强制的分红机制不仅保护了小股东的利益，并且为股东提供较为满意的股利支付率，保护股东分配股利的权利。然而，半强制分红政策仅是针对公开再融资的公司有效，对不以公开方式融资的上市公司并没有束缚作用，这是该政策的最大缺陷。

（十三）金融危机

2008年，美国次贷危机爆发，美国作为当时全球最大的经济体系的核心之一，很多国家都受到金融危机的影响，股价暴跌、上市公司面临破产、就业率快速下降。所幸的是，由于我国对参与全球化经济发展的步伐较为谨慎，因此很大程度上避免了次贷危机的直接冲击，但我国多数上市公司也不可避免地受到美国金融危机的间接影响，在一定程度上使其经营业绩有所下滑,投资机会大大缩减,从而导致公司股利政策派现金额减少、股利支付率水平降低。

(十四)行业周期

每个产业都要经历一个由成长到衰退的发展演变过程,其分为四个阶段:幼稚期、成长期、成熟期和衰退期。四个阶段具有不同的特点,处于成长期和成熟期两个阶段的产业的企业更容易实施高派现鼓励政策,处于幼稚期产业的企业因产品生产能力低、产品市场需求少、产品开发费用较高、企业的盈利能力较低,并不具有充足的资金来支持派现股利政策的实施。处于成长期与成熟期产业的企业,其盈利能力较强,有充足的现金流量以及资产价值,有足够的能力实施现金分红,向市场传递企业利好信息,赢得投资者的支持。迈进衰退期的产业,市场逐渐萎缩,有新的产品和替代品的出现,导致销售额下降、利润降低,此时,企业已无能力为股东或投资者提供较高的现金股利。由此可见,行业周期也直接影响到股利政策实施。

四、专业化战略与多元化战略

(一)专业化与多元化战略的定义与利弊分析

专业化战略是指集中公司所有资源和能力于自己所擅长的核心业务,通过专注于某一点带动公司的成长。核心业务是指在公司从事的所有经营领域中占据主导地位的业务,核心业务构成了公司的基本骨架。专业化经营的优势包括:有助于实现规模经济,企业进行专业化战略资源相对集中,有助于扩大规模;集中有限资源,专攻一点,有利于保持市场关注度,投入研发以不断提高核心竞争力,提高进入门槛,阻挡竞争对手进入;凭借对核心行业的熟悉、成熟的技术和广泛的资源支持,可以确立并逐步扩大目标市场,实现产品创新,更好地满足顾客需求;有助于树立品牌形象;有助于经营经验积累,降低经营与决策风险。专业化经营的弊端包括:市场风险抵御能力较弱,产品类型单一,资源集中,一旦市场不景气、资源流通差,则面临巨大危险;面临资源闲置与浪费的束缚;若只针对特定产品进行研发,因技术创新是高投入、高风险项目,故研发失败容易使企业陷入资金与经营的双重困境;专业化的规模经济门槛较高,企业想要达到极致必须经历漫长过程,包括获得顾客的熟知、专业化形象的树立等;利润来源单一、资金来源单一。

多元化战略多是指产品生产的多元化。多元化与产品差异是不同的概念。所谓产品差异,是指同一市场的细分化,但在本质上是同一产品。多元化经营则是同一企业的产品进入了异质市场,是增加新产品的种类和进入新市场两者同时发生的。所以,多元化经营属于经营战略中的产品—市场战略范畴,而产品差异属于同一产品的细分化。同时,对企业的多元化经营战略的界定,必须是企业异质的主导产品低于企业产品销售总额的

70%。多元化战略的主要优势包括：有利于分散经营风险，当一个行业遇到风险，企业可以立刻实现战略与市场转移；资源可以得到更加充分地利用，通过多元化投资可能增强了内部协同效应，有助于内部资源整合、互补，提高了企业的市场应变与突发状况的解决能力；有利于企业充分利用内部优势、多渠道利润来源。多元化同样具有弊端：难以形成规模经济效益，尤其是所涉及的各个行业；企业内部运作成本增加，所需人才数量与专业领域更多，管理成本增加；若不能建立各行业之间的协同优势，则可能收益小于成本，得不偿失；若多元化经营是通过收购完成的，错误估值可能使企业流失巨额财富；若多元化经营是通过自主研发完成的，则可能需要付出巨大的前期研发费用，若研发失败，容易让企业陷入经营与财务危机；不利于目标市场的确立，多元化经营能力若不足，则管理层无法形成对所涉及产品市场的整体清晰认识，容易引发高额内部成本，不利于经营决策。

总体来说，专业化与多元化战略各有优缺点，企业经营的成败就在于利用何种方法增强收益、规避劣势。在专业化运作中，企业如果只拥有规模效益、分工效率及技术优势，也很难适应市场需求的变化，这就需要企业做好市场调查，充分了解市场，以便触礁时能顺势及时做好风险防范与补救。在多元化运作中，企业可能捕捉到更多的投资机会，发展广泛的业务组合，但能否识别可行的具有空间的好机会，则视企业经营管理层能力而定，多元化的运作会导致资源在多项业务中被分摊，实践中更易出现财务危机，这就要求经营管理者拥有极强的资源分配与多元化运作能力。

（二）专业化与多元化战略选择的影响因素

根据大集合战略模型，可将公司面临的情况以竞争能力、市场增长速度划分为四个象限，分别对应不同的公司发展战略。当公司的市场竞争力较弱，且主营产品的市场增速较慢，就应该考虑多元化战略以分散经营风险，挖掘新兴增长点；当公司的竞争实力较强，但

图1-1 大集合战略模型

主营产品的市场增长较慢,可以充分利用自身优势,优先实行多元化战略;当企业的竞争力强、市场增速快,应该充分抓住市场高增速,专注于专业化发展,寻求市场占有率与定价能力扩张;当企业的竞争能力较弱,但市场增长较快时,多元化与专业化战略均各有利弊。

(三)多元化与企业价值关系

多元化战略又可细分为相关多元化和非相关多元化。

相关多元化是多元化形式和战略之一。企业经营的多种业务存在某些明显的实质相似性,即强调多种业务可在很大程度上共享企业的技术、价值链活动和企业的其他资源和能力。目的是使企业经营的业务组合产生协同效应。应注意的是,相关性只是产生协同效应的必要条件,不是充分条件。

非相关多元化是另一种多元化形式和战略。企业经营的多种业务不存在实质的相似性,即不强调多种业务共享企业的技术和价值链活动,而是强调每种业务都能为企业提供有吸引力的盈利机会。非相关多元化的目的是:分散财务风险;把财务资源投入最佳的盈利机会;降低盈利水平的波动性;增加股东价值。

值得注意的是,在国内外研究多元化战略与企业绩效关系的论文中,众多学者发现,相关多元化较之非相关多元化,可以为企业带来更高的边际绩效,更有利于提升内在价值,企业难以有效管理多种差异性很大的非相关业务;许多非相关多元化企业的业绩低于预定的目标。

五、管理者偏好、多元化战略与企业价值

由于自身认知的限制以及受到外部因素的影响,管理者进行投资决策时的目标并非企业价值最大化。管理者的偏好直接影响着公司的投资决策行为,进而影响企业的发展战略和价值。企业进行多元化发展的最终目的是增加公司的价值。在多元化过程中,企业投资不断进入新行业,从而扩大产品种类、规模。是否进行投资和选择投资策略,取决于管理者的偏好。所以,管理者偏好对公司的投资、并购均有不同程度的影响,进而影响企业的价值。此外,根据权力范围原理,管理者的权力越大,其风险偏好越强,进而提高企业多元化的实施以及多元化的程度。Amihud 和 Lev 认为,管理者希望通过多元化战略分散管理风险,因此,管理者控制型的企业更倾向于多元化。

基于对股东利益的保护,在探讨多元化对企业价值的影响时,主要从股东利益的角度来分析。多元化形成内部资本市场,有利于企业内部资本市场的融资。内部融资成本通常低于外部融资成本,通过内部融资,企业可以减少发行证券的交易成本,避免证券发行产生的信息不对称问题。管理者进行内部融资时,可以掌握更多、更真实的信息,更好地

对项目作出选择和决策,从而增加企业价值。但由于代理关系的存在,管理层可利用多元化来巩固其地位,通过降低企业风险来降低个人的投资组合风险。当企业存在自由现金流量时,管理者倾向于过度投资,内部环境也为过度投资提供了便利,容易损害企业价值。多元化本身应属于一种中性的行为,其与企业价值的关系受到行业性质、企业的生命周期、管理者偏好等诸多因素的影响。

案例研究:格力电器的现金分红困境

2018年4月26日,格力电器开盘逼近跌停,盘中又触及跌停,收跌8.97%,市值一度蒸发270亿元。引发血案的罪魁祸首竟是A股很少关心的分红。这是格力电器2006年来首次不分红,尤其是最近三年格力在分红上变得愈加大方,股利支付率升至70%,投资者已经习惯其超高的分红比例。

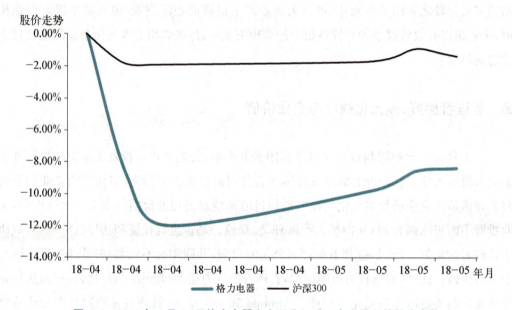

图1-2 2018年4月26日格力电器宣布不分红后5个交易日的股价走势

数据来源:Wind。

格力给出的解释是:"公司预计未来在产能扩充及多元化拓展方面的资本性支出较大,留存资金将用于生产基地建设、智慧工厂升级,以及智能装备、智能家电、集成电路等新产业的技术研发和市场推广。"年报发布当天的21:50,在长江证券组织的电话会议上,尽管副总裁望靖东告饶"重复的问题能不能不要问了？因为说的都是一样的事情"，机构投资者们依旧不依不饶："完全不分红对我们的冲击实在太大了，就算不分那么多，分几十亿行不行？"

此时，有人想起了在2016年10月份格力表决定增收购银隆新能源提案的临时股东大会上，董明珠现场对大小股东发飙留下的任性言辞："我5年不给你们分红，你们又能把我怎么样？！"敢情董小姐说到做到，要来真的，5年一毛不拔？

或许董小姐的心头早已萦绕着高分红与多元化投资的两难选择，毕竟这牵系着格力未来的命运。

一、格力电器：曾经的"现金奶牛"

（一）冠名"世界名牌"的中国家电龙头

格力是目前全球最大的集研发、生产、销售、服务于一体的国有控股专业化空调企业，是唯一成为"世界名牌"的中国空调业品牌，公司产品产销量连续多年全球领先。公司自主研发超低温数码多联机组、多功能地暖户式中央空调、1赫兹变频空调等一系列国际领先产品，先后中标北京奥运媒体村、南非世界杯主场馆及多个配套工程、广州亚运会14个比赛场馆、俄罗斯索契冬奥会配套工程等国际知名空调招标项目。2015年度，公司荣获多项重大国家和省级奖励，其中，空调设备及系统运行节能国家重点实验室获批国家重点实验室，自此格力电器成为行业第一、也是唯一一个全创新链——基础研究（国家重点实验室）—工程化（国家工程技术研究中心）—产业化（国家企业技术研究中心）完备并获国家主管部门认可的企业。

从一个年产值不到2 000万元的小厂到全球最大的专业化空调企业，二十多年间，格力电器完成了一个国际化家电企业的成长蜕变，在塑造品牌形象的过程中，坚持与时俱进的品牌思路，针对不同阶段的市场需求及社会现实，给品牌不断注入新的理念。回顾过往，格力主要对品牌进行了五次品牌理念的更新升级：成立之初，格力电器格外注重产品品质的不断升级，提出"格力电器，创造良机"的广告，"良机"一语双关，既指良好的机遇，更指格力空调的优良品质，凭借过硬的产品质量和强劲的制冷特性，格力赢得消费者青睐，从早期乱象丛生的国内空调市场中脱颖而出；20世纪90年代中期，格力致力于品牌初期的高质量、可靠性形象的建立，随着一大批超出当时行业质量水准的产品投放市场，"好空调，格力造"、"买品质，选格力"，格力获得了消费者的一致认同，成功树立了"好空调"的高质量品牌形象；下一阶段，格力以自主技术创新为依托，不断攻克各种产品核心技术，格力产品从功能、造型、性能等方面得到更加全面的提升，"格力，掌握核心科技"的精品产品强势领跑国内家电行业，格力品牌开始走向世界；有了一定的品牌基础后，格力注重强化社会责任,进一步拓展质量内涵,升华了企业对国家、社会、人类的责任,怀着"提升国家产业形象,保护地球环境,创造舒适人居空间"的宏大愿景,提出"让天空更蓝,大地更绿"的品牌口号,在全球消费者心中留下深刻印象;现阶段,格力致力于代言中国制造,重塑中国制造形象,带领中国制造走出去,带着优质的产品走出去,携带高端技术走出去,最终实现品牌走出去,让格力的技术、产品服务于全世界,"让世界爱上中国造"。

(二)曾为投资者视若珍宝的"现金奶牛"

格力电器自1996年上市以来,除去1997与2006两年未分红,其余年份均维持着A股市场上罕见水平的高股利支付率,分别在2006年、2010年两次送红股,六次转增股,至今共实施现金分红19次,累计实现净利润10 761 404.78万元,累计现金分红4 179 221.51万元,平均分红率高达38.84%。从2011年起,公司股利支付率从28.72%直线上升至70%以上,短短五六年时间增长近三倍,派现金额高,呈倍数增长,由此可见,格力电器近六年内具有明显的持续性高派现股利政策行为。

表1-1 格力电器历年分红明细

年 度	归属母公司净利润(万元)	现金分红总额(万元)	ROIC	股利支付率	每股股利(元)
2017	2 240 157.62	—	26.44	—	—
2016	1 542 096.50	1 082 831.56	22.06	70.22%	1.80
2015	1 253 244.28	902 359.63	19.89	72.00%	1.50
2014	1 415 516.72	902 359.63	25.71	63.75%	3.00
2013	1 087 067.28	451 179.82	23.7	41.50%	1.50
2012	737 966.63	300 786.54	18.87	40.76%	1.00
2011	523 693.86	150 393.27	16.5	28.72%	0.53
2010	427 572.16	84 536.66	17.5	19.77%	0.30
2009	291 345.04	93 929.63	18.43	32.24%	0.50
2008	196 651.89	37 571.85	21.06	19.11%	0.3
2007	126 975.79	25 047.90	18.69	19.73%	0.3
2006	69 174.18	—	13.47	—	—
2005	50 961.68	21 477.60	10.05	42.14%	0.4

续 表

年 度	归属母公司净利润（万元）	现金分红总额（万元）	ROIC	股利支付率	每股股利（元）
2004	42 078.43	20 403.72	11.07	48.49%	0.38
2003	33 727.51	17 719.02	13.77	52.54%	0.33
2002	29 680.94	17 182.08	13.74	57.89%	0.32
2001	27 281.13	16 108.20	14.16	59.05%	0.3
2000	25 487.01	14 318.40	16.57	56.18%	0.4
1999	22 916.12	13 008.00	18.56	56.76%	0.4
1998	21 178.08	13 008.00	18.66	61.42%	0.4
1997	19 835.87	—	17.98	—	—
1996	18 633.62	15 000.00	19.57	80.50%	1

数据来源：Wind。

表 1-2 格力电器部分财务指标　　　　　　　　　　　　　　单位：亿元

	2013 年	2014 年	2015 年	2016 年	2017 年	合 计
现金分红	45.12	90.24	90.24	108.28	0.00	333.88
归属于上市公司股东的净利润	108.71	141.55	125.32	154.21	224.02	753.81
派息率	42%	64%	72%	70%	0%	44%
经营活动现金流量净额	129.70	189.39	443.78	148.60	163.59	1 075.06
投资活动产生的现金净额	−21.86	−28.62	−47.13	−192.47	−622.53	−912.61
自由现金流	107.84	160.77	396.65	−43.87	−458.94	162.45
现金分红/自由现金流	42%	56%	23%	−247%	0%	206%
购买理财产品净流出现金			15.80	−2.80	76.85	89.85
定期存款净增加额				154.80	508.16	662.96
吸收投资收到的现金					0.90	0.90
调整后自由现金流	107.84	160.77	412.45	108.13	126.97	916.16
现金分红/调整后自由现金流	42%	56%	22%	100%	0%	36%
资产负债率	73.47%	71.11%	69.96%	69.88%	68.91%	

数据来源：Wind。

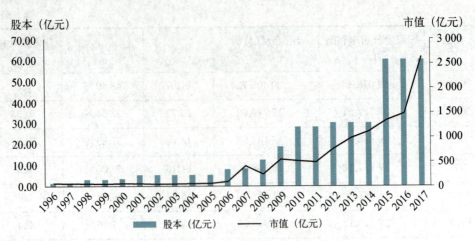

图 1-3　上市以来格力电器股本与市值增长情况

数据来源：Wind。

表 1-3　格力电器历年指标及增长率一览表

	1998	2008	2009	2010	2011	2012	2013	2014
每股盈利(元)	0.65	1.68	1.03	1.52	1.86	2.47	3.61	4.71
YOY			−38%	47%	22%	32%	46%	14%
每股分红(元)	0.4	0.3	0.5	0.3	0.5	1	1.5	3
YOY			66%	−66%	66%	100%	50%	100%
总市值(亿元)	1.9	243.0	543.8	510.7	487.1	767	982.4	1 116.6
YOY			123%	−6%	−4%	57%	28%	13%
企业内在价值(亿元)	3.99	358.37	431.24	754.24	792.25	1 247.75	1 757.98	2 181.07
YOY			20%	74%	5%	57%	40%	24%

数据来源：Wind。

格力电器公司现金分红与股票市场价值保持着紧密的对应关系。从分红金额来看，格力电器公司1998年的分红为1.3亿元，至2016年分红为108.28亿元，累计增幅为84倍。且2011、2012、2013、2014、2016年分红年增幅分别为78%、100%、50%、100%、20%，保持了极高的增长幅度。从分红比率来看，除了1997、2006年没有分红外，历年分红比率最低的为2008年的18%，在当时次贷危机大部分企业陷入困境的状况下，也属于较高的现金分红比率。总的来看，格力保持了比例和金额均很高且增长幅度较大的现金分红水平。公司的总市值自1996年以来基本保持了持续的增长，特别是近5年来，总市值的增长率年均为30%。从1996年至2017年年底，格力电器总的市值从1.9亿元增长到2 728.87亿元,高达1 436倍,保持了超高的市值增长幅度。综合以上分析可以发现:格力电器公司自上市以来,整体上保持了较高的现金分红比率,现金分红的金额也保持了较高的增长幅度,与之对应的,公司股票的总市场价值也在不断增长。公司价值与公司的现金分红保持了较为同步的增长,呈明显的正相关同步增长效应。

(三) 持续高现金分红背后的盈利与现金流创造能力分析

格力电器在近五年的盈利能力明显增强,体现在销售净利率从2013年的9.1%逐年上升至2017年的15%;而权益乘数则呈反向变化,从2013年的3.93下降为2017年的3.33;且资产周转率也从2013年的1.00大幅下滑至2017年的0.76。而大量现金的积累是格力资产周转率恶化的重要原因,部分导致格力电器近五年的ROE并未随着销售盈利能力的改善而同步上扬。

从格力电器的营运资本管理模式来看,公司对供应链和销售渠道的管理非常出色。2017年公司的存货周转天数仅有46.3天,加上10.7天的应收账款周期,营业周期仅为56.9天,还不到两个月。而格力的2017年应付账款周期为115.9天,接近四个月,导致其净营业周期为-59天,意味着格力能够利用供应商的资金从运营资本中不断吸金。随着公司的销售规模变大,公司不但不需要投入运营资本,反而净占用更多的供应商现金。

然而,近年来格力的经营性现金流并未显示出较净利润更强的增长趋势。2017年公司经营活动产生的现金流量净额为163.6亿元,比2017年归属母公司股东的净利润224亿元要低了不少。对比起来,2015年格力处于困难时期,营业收入下滑29.0%,净利润下滑11.5%,反而产生了443.8亿元的经营性现金流净额。格力电器的生产基地已基本完成布局,不再需要大的资本投入。如果使用购建固定资产、无形资产和其他长期资产支付的现金净额来衡量资本支出,格力在2017年仅支出24.2亿元。但从企业自由现金流量的角度来看,格力的指标也并不高,才94.7亿元,说明运营资本还新占用了部分资金。现金及现金等价物余额由前一年的713.2亿下降为2017年年末的213.6亿元。2017年末货币资金为996.1亿元,同比也增加不大。

格力电器近几年似乎并无意愿突出其现金创造及持有的能力。由于应收账款周期的拉长和应付账款周期的缩短,公司2017年的净营业周期较前三年的平均水平增加了不少,尤其是比2015年增加了20多天,削弱了自身从运营资本中吸金的能力。公司的解释是,由于其现金政策变化导致,近期市场资金成本较高,而公司现金较多,尽量选择使用现金支付。

此外,格力可以把以银行承兑汇票为主的应收票据转换为现金,2017年年末,公司已背书或贴现但尚未到期的应收票据达到404.3亿元。而格力尚未变现的应收票据从2015年年末的低点148.8亿元逐年增加至2017年年末的322.6亿元。格力2017年在其他流动资产中的理财产品及结构性存款等还投资了89.8亿元。如果把这两项也考虑进去,即使在过去两年中支付了近 200 亿元的现金分红,格力电器在 2017 年年末累计沉淀的类现金资产仍高达 1 408.5 亿元,较 2015 年年末增加了 350 多亿元。

表 1-4 格力电器的营业周期和现金创造能力   单位:天,亿元

	2013	2014	2015	2016	2017
营业周期	73.0	50.3	59.5	55.4	56.9
存货周转天数	68.0	44.4	49.3	45.7	46.3
应收账款周转天数	5.0	5.9	10.2	9.7	10.7
应付账款周转天数	112.2	110.9	140.6	134.2	115.9
净营业周期	−39.2	−60.6	−81.2	−78.8	−59.0
归属母公司股东的净利润	108.7	141.6	125.3	154.2	224.0
经营活动产生的现金流量净额	129.7	189.4	443.8	148.6	163.6
资本支出	24.6	17.7	28.8	32.5	24.2
企业自由现金流量	180.7	231.6	437.1	70.5	94.7
现金及现金等价物余额	292.6	435.1	773.7	713.2	213.6
货币资金	385.4	545.5	888.2	956.1	996.1
应收票据	463.0	504.8	148.8	299.6	322.6
理财产品及结构性存款等投资	0.0	4.0	15.8	13.0	89.8
类现金资产总额	848.4	1 054.7	1 052.8	1 268.8	1 408.5

数据来源:Wind。

表 1-5 格力电器的杜邦分析和投入资本   单位:亿元

	2013	2014	2015	2016	2017
净资产收益率(ROE)	35.5%	36.0%	27.3%	30.4%	37.5%
销售净利率	9.1%	10.2%	12.6%	14.1%	15.0%
权益乘数	3.93	3.68	3.47	3.39	3.33
资产周转率	1.00	0.97	0.63	0.64	0.76
息税前利润(EBIT)	122.8	157.3	142.2	173.6	252.3
税后净营业利润(NOPAT)	104.4	133.7	120.9	147.5	214.5
附息债务	138.5	147.8	161.1	198.3	284.1
期末归属母公司股东权益	345.8	441.5	475.2	538.6	656.0
超额现金	185.4	345.5	688.2	756.1	796.1
投入资本	298.9	239.9	−67.7	−32.2	54.1

数据来源:Wind。

从 EVA 的角度来分析格力电器,公司近年来实际投入资本非常小,甚至可达负数。公司 2017 年年末的借款主要是 186.5 亿元短期债务,加上 97.7 亿元应付票据也才 284 亿元附息债务。再考虑公司股东的 656 亿元权益资本,共投入 940 亿元。而这些资金都不需要投入公司的日常经营,仅公司沉淀的货币资金就高达 996 亿元。保守一些,如果认为格力电器必须维持 200 亿元货币现金来支撑日常经营,再去除属于非经营性资产的近 90 亿元理财产品及结构性存款,公司在 2017 年年末的投入资本实际上仅有 54.1 亿元。同理可计算出格力电器在 2015 年年末和 2016 年年末的投入资本均为负值。

因此,格力电器目前创造庞大利润和现金流的核心空调业务根本无须占用多少投入资本,而内部沉淀的巨额低效资金正是股东回报率不能迅速提升的主要原因。如果格力电器拿出 500 亿元的未分配利润进行分红或进行股票回购,对其盈利能力影响甚微,但可大幅提高股东回报率和股票的市场价格。

由格力电器十余年的财务状况发现,近年来实施高派现鼓励政策与其良好的财务状况是分不开的,充足的现金流量也是实施高派现股利政策的根本因素。

二、专业化的苦恼

(一)家电行业天花板要来了吗?

2002—2014 年,家电行业飞速发展,公司数量涨幅程度超十倍,且每年总销售额不断地上升,而到 2013 年家电行业的发展面临着上游成本增加和下游流通企业的双重压力,并且面临着严重的出口形势,家电行业的发展方向从出口到国外演变成国内市场,而国内市场竞争压力大,由此可见,家电行业已从成长期发展到了成熟期。随着节能、环保、智能、安全、售后服务一流成为家电行业的发展主题,全球化竞争的加剧,消费者生活水平的提高,对高端产品的需求增大,而高端产品伴随着高盈利性,使越来越多的家电企业倾向于新产品的研发,需要投入大量的资金,并且产品研发存在着高风险因素,使家电行业的前进道路上充满了阻碍。预计未来几年家电市场竞争压力会更加激烈,家电行业的发展速度将会放缓。

在这个问题上,有人从另外的角度提出不同看法,认为国内家电市场对格力仍存较大空间:一是国内城镇化率还仅有 56%,这个数字预示着国内的房地产业在 3—5 年内还有较大的增长空间,而空调跟房地产的增长趋势是密切挂钩的。二是尽管格力市场份额已经世界第一,在高端产品、高利润市场与国际领先企业相比还有差距,收入水平较高的社区安装空调的品牌,YORK、TRANE、大金、三菱更多些。因此,即便是增量市场饱和,存量更新换代市场(原先安装不知名品牌的家庭因收入提高而换装更好的品牌,原先安装国际知名品牌的家庭理性判断换装性能同样优异的国产品牌)也是巨大的。三是尽管美国可能会支持逆全球化,但欧洲和亚洲整体是支持全球化的。中国"一带一路"倡议正在加快实施,东南亚、中东欧国家新增市场有巨大空间。

即便如此,根据中国互联网调研中心(ZDC.zol.com.cn)2014年10月对中国空调市场品牌关注度(或简称为市场关注度)的调研数据显示,格力、海尔两家空调企业继续领跑中国空调市场的前两名,累计关注比例达54.7%。其中,格力空调以39.0%的关注度雄踞榜首,海尔空调则以15.7%关注度位列第二。2013年,格力电器发出"每年营收增长200亿元,5年之后(即2017年)格力营收将达2 000亿元"的目标。而由格力电器财务报表显示,2013年格力电器的营业收入总额为1 186.28亿元,而2014年上半年这一数值达到578.66亿元。由此可见,若格力继续实行"单条腿走路",将面临"天花板"困境,即当格力已经在中国空调市场占有相当大的市场份额时,若再想提升国内空调市场占有率,则存在相当大的困难,称之为市场份额的"高位陷阱"。而且,根据奥维咨询(AVC)2013年预测值,整个家用空调市场的内销规模每年只有1 500亿元,40%的市场份额已经被格力空调所占,继续增加国内空调市场份额的难度增大。

(二) 美的与海尔多元化成效亮眼

美的集团的多元化业务风生水起。根据中怡康市场数据,2017年格力电器除了空调产品市场占有率位居第一外,其他产品市场表现平平。而美的集团旗下电饭煲、电磁炉、压力锅、电水壶产品线下零售额市场占有率高居行业第一,空调、洗衣机、微波炉产品位居第二,冰箱、热水器、抽烟机位居第三。从诞生至今,美的从一家生产塑料瓶盖的小厂成长为年销售额几百亿元的大企业,在其经营业务上不断进行着大规模的扩展和延伸,这种扩张和延伸主要体现在产品线的深度和广度上。创业伊始,美的以风扇起家;1980年代,美的进入空调业,1998年,美的空调销量达到100万台,较前一年增长80%,销量和增长幅度均位居当时行业第一,自此奠定了在空调行业的位置;1990年代,美的涉足空调压缩机领域;1999年12月11日,在"美的—东芝微波炉技术合作项目签约仪式"上,美的集团总裁何享健正式宣布美的全面进入微波炉行业,引进东芝变频微波炉、高压变压器微波炉技术,这些技术是国际上最先进的微波加热技术,代表着行业的顶尖技术水平,目标直指国内高档微波炉市场;此后,美的进军冰箱和洗衣机领域;2005年3月末,美的集团旗下的威特公司宣布沥青路面6S养护专家新品下线,标志着美的集团正式进军路面养护机械业。美的自涉足家电业以来一直沿着两个方向在拓展:一个是横向的,扩充了很多小家电产品业务,包括微波炉等;另一个是纵向的,主要是指空调和微波炉产业链的延伸和打造。现阶段,美的已是一家全球领先的消费电器、暖通空调、机器人与自动化系统、智能供应链(物流)的科技集团,提供多元化的产品种类,包括以厨房家电、冰箱、洗衣机及各类小家电的消费电器业务;以家用空调、中央空调、供暖及通风系统的暖通空调业务;以库卡集团、安川机器人合资公司等为核心的机器人及工业自动化系统业务;以安得智联为集成解决方案服务平台的智能供应链业务。2015年,公司成为首家获取标普、惠普、穆迪三大国际信用评级的中国家电企业,评级结果在全球家电行业以及国内民营企业中均处于领先地位。2017年美的集团的2 234.9亿元主营业务收入中,暖通空调业务占比仅为42.7%,而消费电器已异军突起成为体量最大的业务,占比44.2%,剩下的主要是占比12.1%的机器人及自动化系统业务。

海尔电器的多元化战略也实施得比较成功。1992年,海尔开始全面实施多元化战略,通过兼并、收购、合资、合作等手段,迅速由单一的冰箱产品进入冷柜、空调、洗衣机等白色家电领域;1997年,以生产数字彩电为标志,海尔又从白色家电领域进入黑色家电领域;1998年,海尔又涉足国外称之为米色家电领域的电脑行业。在进行扩张时,海尔以吃"休克鱼"的方式进行资本运营。坚持以无形资产盘活有形资产,即以经过实践检验的具有海尔特色的先进管理理念、管理方法盘活被兼并企业的资源,既保证了资本运营的成功率,又实现了低成本扩张,达到了在最短的时间内把海尔的规模做大、把企业做强的目的。海尔主业仍然是家电行业,销售额约占海尔总销售额的40%—70%。2001年,海尔通过在产业领域创出的品牌信誉进入金融业,搭建了海尔的金融框架,包括入主青岛商业银行、长江证券、成立保险代理公司、人寿保险合资公司和财务公司,为进入国际资本市场奠定基础,为集团今后的发展搭建了更为广阔的舞台。从相关多元化到不相关多元化,从制造业向服务业,发展纽带从类似的产业模式到服务品牌转变,在多元化发展方式上从以强扶弱的合并方式到强强联合的合资方式转变,在地域上从青岛到山东到全国到东南亚到欧洲到美日。近年来,除经营海尔品牌电器的生产销售外,集团还大力发展以日日顺为品牌的渠道综合服务业务,从事多元化品牌家电和其他家居产品的渠道综合服务业务。渠道综合服务业务整合虚网、营销网、物流网、服务网的优势,通过虚实融合战略,为全中国的用户提供全流程一体化良好的交互和配送体验。2017年报显示,海尔的渠道综合服务业务占总营收的80%,洗衣机业务占8%,热水器业务占1%,多元化之旅取得显著成果。

三、空调占绝对营收,继续专业化+高分红还是勇敢多元化?

(一) 巨额资金仍无法满足格力下阶段多元化投资的野心

随着空调市场的渗透率越来越高,格力自然会有两个选择:一是高比例派息,正如过去三年做的那样,因为行业成熟稳定后,公司并不需要这么多的现金去扩张;二是多元化,给公司业绩带来新的增长点。

在格力、美的、海尔三家家电企业中,目前来看,美的的多元化走得最好,而格力最差,到现在,它仍然超过80%的收入是来自空调。三家公司的估值高低也表明了市场的态度。

在2017年年报中,格力电器阐述了不分红的理由:"公司从实际经营情况出发,为满足资本性支出需求,保持财务稳健性和自主性,增强抵御风险能力,实现公司持续、稳定、健康发展,更好地维护全体股东的长远利益,公司2017年度不进行利润分配,不实施送股和资本公积转增股本。根据2018年经营计划和远期产业规划,公司预计未来在产能扩充及多元化拓展方面的资本性支出较大,为谋求公司长远发展及股东长期利益,公司需做好相应的资金储备。公司留存资金将用于生产基地建设、智慧工厂升级以及智能装备、智能家电、集成电路等新产业的技术研发和市场推广。"

显然,格力选择了多元化。

那么,上述项目总共需要多少资金呢?格力电器在给深交所关注函的回复说明中提道:"目前上述项目基本都处于研究筹划阶段,项目规划涉及面广,预计占用的资金量大,对公司影响深远,尚存在不确定性,目前难以准确测算资金需求和现金流,因此,公司难以确定2017年度现金分红的恰当金额。"

以格力电器现在的资金实力,在满足日常经营需要的前提下,如果仍然延续70%的派息率,还能剩下多少资金支持公司未来的资本支出?

表1-6 格力电器2017年年末一年内可动用的资金

	金额(亿元)
货币资金	996.10
其中:现金及现金等价物	213.59
使用受到限制的存款	115.55
定期存款	666.96
应收票据	322.56
其他流动资产——理财产品及结构性存款	89.85
合计	1 408.51

数据来源:Wind。

截至2017年年末,格力电器一年内可动用的资金大约为1 400亿元,在这里,将资金定义为可以直接用于支付的资产。通过分析可知,格力电器上述资金中的现金及现金等价物、使用受到限制的存款和应收票据(合计651.70亿元)应该可以满足公司的日常经营所需。2017年,格力电器经营活动现金流出为972.83亿元,背书或贴现的尚未到期的应收票据为404.30亿元,合计1 377.13亿元。也就是说,即便没有现金流入,以上三种形式的资金也满足日常经营活动大约半年的支出需求,可以认为资金相当充裕。如果以上三种形式的资金不能满足日常经营活动,公司理应通过减少定期存款或理财产品及结构性存款来满足。然而,从 2018 年第 1 季度的情况来看,格力电器的定期存款和理财产品及结构性存款很有可能是增加的。季报中没有披露定期存款和理财产品及结构性存款的具体金额,不过可以根据相关数据作出合理的推测。格力电器增加定期存款的活动会在现金流量表中体现出来。2017 年,格力电器"支付其他与投资活动有关的现金"为 514.12 亿元,其中,定期存款净增加额为 508.16 亿元,占 99%。2018 年第 1 季度,格力电器"支付其他与投资活动有关的现金"为 19.90 亿元,故其定期存款有所增加。2017 年末,格力电器"其他流动资产"为 103.42 亿元,其中,理财产品结构及结构性存款为 89.85 亿元,占 87%。2018 年第 1 季度,格力电器"其他流动资产"增至 132.12 亿元,故其理财产品及结构性存款又有所增加。在扣除上述三种形式的资金后,格力电器一年内可动用的资金还剩余 756.81 亿元。2017 年,格力电器实现归属于上市公司股东的净利润 224.02 亿元,如果拿其中的 70% 给股东们分红,需要 156.81 亿元。这样算下来,即使维持 70% 的派息率,格力电器仍有 600 亿元的资金可用于未来的资本支出。

600 亿元是个什么概念呢?2017 年年末,格力电器的固定资产原值为 268.09 亿元,无形资产——土地使用权原值为 40.43 亿元,合计 308.52 亿元。这就是说,如果不考虑物价因素,格力电器即便正常分红,余下的资金也差不多够再建两个格力了。

那么,为什么格力电器还会提出一个不分红的 2017 年度利润分配预案呢?是因为其预计未来资本支出可能会达到 600 亿元以上吗?格力的多元化野心着实势不可挡。

(二) 坎坷的多元化之旅

近年来,格力电器已在空调主业外进行过多元化的尝试。2012 年的半年报中,格力电器将格力定义成"综合家电品牌",这是曾经坚持专业化道路的公司管理层态度改变的表现。然而,5 年多的时间过去了,格力电器空调业务的营业收入占公司主营业务的比重仍然在 90% 以上,这从一个侧面反映了其多元化之路走得并不顺利:收购珠海银隆新能源公司,进入新能源、汽车领域;推出格力手机,均未能成功为其带来新兴高速增长点。

表 1-7 格力电器 2017 年主营业务收入构成

	金额(亿元)	比 例
空 调	1 234.10	93.36%
生活电器	23.01	1.74%
智能装备	21.26	1.61%
其 他	43.53	3.29%
合 计	1 321.90	

数据来源:Wind。

生活电器业务是格力电器历史最长的多元化业务,俗称"小家电"。2017 年这项业务实现营业收入 23.01 亿元,同比增长 34%,看上去不错。然而,与 2012 年相比,2017 年的收入只增长了 58%,年均增长仅 9.63%。考虑到 2017 年的毛利率还有下降,这增长的含金量其实是打了折扣的。

表 1-8　格力电器生活电器业务 2012—2017 年经营情况　　　　单位:亿元

	2012 年	2013 年	2014 年	2015 年	2016 年	2017 年
营业收入	14.53	16.18	17.86	15.23	17.18	23.01
营业成本	11.24	12.97	13.69	12.09	13.38	18.26
毛　利	3.29	3.21	4.17	3.14	3.80	4.75
毛利率	22.64%	19.84%	23.35%	20.62%	22.12%	20.64%

数据来源:Wind。

智能装备业务则是格力电器近来知名度颇大的一项业务,2017 年实现营业收入 21.26 亿元,同比增长 12.20 倍。然而,这 21.26 亿元的收入中有 18.92 亿元来自关联方珠海银隆,关联交易占了 89%。那么,是不是因为格力电器智能装备业务的生产能力有限,将有限的生产能力优先满足关联方珠海银隆的需求从而导致来自非关联方的收入偏低呢?答案是否定的。根据格力电器 2017 年 2 月 24 日的公告,与珠海银隆达成初步合作意向,预计 2017 年向其销售智能装备 80 亿元。由此可见,格力电器智能装备业务的产能不是问题。

此外,2015 年格力就迅速推出了号称"自主研发"的智能手机产品。但是即便从 2012 年开始就大幅提升研发资金的格力电器,从白电跨界做 3C 产品,并没有成功跨过品牌营销的界,可谓碰了一鼻子灰。据说第二代格力手机刚推出市场时自然销量连两位数都没达到。

2016 年,格力电器再次发力,正式进入多元化布局。媒体宣称的"小家电、金融、冰箱、智能手机、智能配送柜、机器人研发、军工制造、新能源汽车、电饭煲制造"等几乎全面铺开。

在新能源汽车方向上,格力电器波折不断,非议丛生。银隆新能源有限公司主要从事锂电池的生产销售,从事混合动力、纯电动车动力轴承、电机、电源管理系统及相关领域的技术研发、生产、销售等。2016 年 3 月,格力电器发布停牌公告,称近期正筹划购买新能源公司——银隆。2016 年 8 月,格力电器拟向珠海银隆全体股东合计发行约 8.35 亿股公司股份,公司另拟以同样价格非公开发行股份募集不超过 97 亿元的配套资金,用于珠海银隆项目建设。2016 年 10 月底,格力电器临时股东大会否决了董明珠提出的收购银隆并募集资金的整体方案。11 月 8 日,格力电器发布继续停牌公告,拟对交易方案进行优化和调整。2016 年 11 月 16 日,格力电器优化调整后的方案未能获得珠海银隆股东会审议通过。鉴于此,格力电器决定终止筹划发行股份购买珠海银隆资产事宜。2016 年 12 月 15 日,董明珠以个人名义,携手万达等集团对银隆新能源增资 30 亿元,获得其 22.388% 的股权。2017 年 2 月,董明珠宣布和珠海银隆的合作,2017 年,格力电器将正式进入汽车空调领域。格力的多元化战略建立在技术多元化的基础上,希望形成业态多元化。珠海银隆主要从事新能源电池技术的开发,因此,格力电器收购珠海银隆是其多元化战略进程中的重要一环。但是,在入股珠海银隆一事上,先被股东会否决,后董明珠个人举债入股珠海银隆成为第二大股东,说明企业内部权力分散;而在入股珠海银隆之后,董明珠接连多措并举,连续投资洛阳 LYC 轴承有限公司、银隆新能源(洛阳)产城融合产业园,试图布局新能源概念的产业地产,联结格力智能装备业务,并瞄准业界推理的富士康巨大的自动化、智能化装备需求,可谓多元化举措较为冒进,多元化方向不明。作为第二大股东的董明珠,与珠海银隆之间可谓各取所需,以她个人的政府公关能力,为珠海银隆布下洛阳新能源产城融合产业园这个局。这个局显然具有产业地产的性质,对地方政府的政策支持和政策持续性要求颇高。离开董明珠的公关能力,自身估值只有 130 亿元并且连续亏损的珠海银隆,无论如何也撬不动这个 150 亿元总投资的大项目。何况在新能源汽车的红海里,珠海银隆可谓毫不起眼。从董明珠本人谈到珠海银隆的钛酸锂电池技术比特斯拉更胜一筹来看,也有夸大其词的嫌疑,因为钛酸锂电池高成本、低容量,对于试图进军乘用车市场的新能源车企来说,是一个根本靠不住的"核心技术"。假如洛阳的这个新能源产城融合产业园,未能如期实现当地政府"借鸡生蛋"——这是个并无褒贬立场的功利性猜测——的意图,或者当地产业规划略有变动,这个局很有可能泡汤。

表 1-9 格力电器半年度净资产收益率和每股收益   单位:元

		2013 年 1—6 月	2014 年 1—6 月	2015 年 1—6 月	2016 年 1—6 月
归属于普通股股东加权平均净资产收益率		14.25%	15.27%	27.31%	12.62%
扣除非经常性损益后归属于普通股股东加权平均净资产收益率		11.56%	17.06%	26.84%	13.91%
归属于普通股股东的每股收益	基本每股收益	1.33	1.90	2.08	1.06
	稀释每股收益	1.33	1.90	2.08	1.06
扣除非经营性损益后归属于普通股股东的每股收益	基本每股收益	1.08	2.12	2.05	1.17
	稀释每股收益	1.08	2.12	2.05	1.17

数据来源:Wind。

2016年半年度报告中的净资产收益率、每股收益与营业净利率的指标均出现大幅度的下降。净资产收益率下降大约14个百分点,每股收益下降将近50%。由此推测格力电器收购珠海银隆对其盈利能力产生一定的不利影响,进而对企业的价值产生不利影响。格力电器宣布终止收购银隆与董明珠退出格力集团密切相关,这意味着董明珠所倡导的该阶段多元化战略失败,同时,也是董明珠与格力集团股东博弈的失败,缩小了其对格力电器的主导权。

综上所述,格力电器的多元化业务迄今为止尚未取得令人满意的业绩,原因是什么?董明珠曾说她没犯过错误,不知她现在有没有、会不会改口?格力的强项在于空调,引申开来是建筑的冷暖环境,中央空调、楼宇自控、地暖系统、新风系统是近在眼前的关联产业,这些产业中的巨头如英格索兰、霍尼韦尔、江森自控都可能是格力更值得去对标和竞争的。

无论如何,尝试了几年的多元化业务多以遗憾收场,格力如今选择立刻在多元化之路上迈出比以前还要大得多的步子,真的稳妥吗?

四、多元化投资暴露的格力公司的治理难题

(一)权力集中与管理层自利

格力电器对空调行业的依赖显示了其产品线布局的不合理,盲目涉入手机和新能源汽车行业则是对业绩下滑后作出的非理性反应。出现这种情况很大程度上是因为格力电器权力过于集中,锥形的组织结构增加了信息的不对称性,使非理性决策出现的概率变大。根据有限理性理论,基于知识、信息、经验和能力的有限性,管理者的决策无法达到最优解。因此,当管理层权力过于集中,决策权掌握在少数人甚至是个别人手中时,决策的制定就可能缺乏合理性。

在格力电器收购珠海银隆的事件中,董明珠的影响不容忽视。董明珠自1990年进入格力电器以来,参与了格力电器发展壮大的整个过程,更在格力出现危机的时候迎难而上,从业务经理到经营部长,最终成为格力电器的董事长兼总裁。董明珠同时兼任董事长和总裁,实际上是格力电器资源分配和经营活动的掌控者,与其他董事和股东相比,更了解企业的实际运行状况,包括资金流量、盈利状况等。作为格力电器的实际掌权人,董明珠对外部市场变化的敏感度更高,需要根据环境的变动调整企业的经营策略,对企业投资决策具有极其重要的影响力。

从管理者的代理理论来看,董明珠作为董事长拥有企业的决策权,作为总裁拥有日常经营决策权和剩余控制权。因此,尽管董事会、监事会履行监督和管理的职责,但一般情况下,格力电器的管理、经营、决策权集中于董明珠。根据权力范围原理,委托代理关系中管

理者的权力越大,管理者倾向于冒险;反之,则就会表现出风险回避倾向。因此,许多多元化投资尝试与2017年年报中披露的更大规模的进一阶段多元化行为实际上是董明珠冒险式投资的结果。

从管理者个人的性格来看,董明珠从业务员到董事长,离不开她敢为人先、开拓创新、不断进步的观念。富有开拓精神的管理者,更看重的是其所在的企业(格力电器)未来能够如何更好地发展壮大,而维稳中庸的管理者则倾向于维持现状。

从管理者的个人利益来看,以新能源汽车布局为例,收购的结果是否符合格力电器企业的利益和股东的利益还有待商榷,是董明珠个人的冒进还是先人一步的眼光也有待商榷。但收购珠海银隆对于董明珠个人而言绝对是利大于弊的。首先,格力电器走向多元化既有利于企业的成长,也有利于董明珠分散其个人的投资风险,降低其经营风险。其次,董明珠拟通过发行股份收购珠海银隆,可以稀释包括格力集团在内的大股东股权,员工持股计划的提出使得包括董明珠在内的管理层持有格力电器的股份,增加对格力电器的话语权。

(二) 任期与多元化布局连贯性

体制内国企领导人的"接班"机制几乎必然伴随着企业战略的重大调整,前任掌舵人离任前的仓促布局很难站住脚,这些多元化产业布局来不及产生明显的经济效应和持续动力,随时可能被新的产业方向替代。除非"混改"加速,给董明珠以及其所影响的管理层予以控制权加码,使得格力电器的多元化战略与董本人的资本运营默契配合,格力电器的多元化发展才不再显得扑朔迷离。在大举进入新一轮多元化的阶段,如何形成更有效的公司治理体系才能最大限度地解决决策者任期问题,或许是格力电器这类体制内国企应该着重考虑的问题。

(三) 管理层激励不足

2017年,董明珠从公司获得的税前报酬总额为702万元,黄辉的报酬为499万元,整个高管团队的收入总额为2 667万元,仅占公司当年净利润224亿元的0.12%。

对比起来,2017年美的集团董事长、总裁方洪波的税前报酬为719万元,副总裁殷必彤的收入为420万元,高管团队的薪酬总额为4 133万元,约为净利润173亿元的0.24%,达到格力电器对应比例的两倍。

2006年格力电器股改时,格力集团在所持股份中划出2 639万股的股份,作为限制性股票股权激励。在随后几年,分别以当时净资产的价格出售给格力电器的核心管理层,主要是董事长朱江洪、总经理董明珠、副总裁黄辉和副总裁庄培四人。格力电器高管目前所持的股票基本都来自此项股权激励计划。然而,近十年,格力电器并未通过新的股权激励计划以补充薪酬的不足。而美的集团自2013年整体上市以来则不断出台各类股权激励计划,目前仍有效的有四期股票期权激励计划、三期员工持股计划和2017年限制性股票激励计划,极大地增强了对核心团队的激励。比如,2017年美的集团董事、副总裁李飞德以10.01元的价格行权35.5万股,并以每股15.86元的价格被新授予21万股的限制性股票,以年末55.43元的市场价格来测算,当年的激励收入在2 400万元以上。

格力电器2017年的管理费用为60.7亿元,对应的管理费用率4.1%。美的集团2017年的管理费用为147.8亿元,占营业总收入的6.1%,较格力要高出两个点。

再来对比净利润相差不大且同为管理层主导下的国企万科。原董事长王石和现任董事长郁亮除了千万元左右的现金薪酬外,还可以拿到巨额经济利润奖金。2017年,万科管理层可获经济利润奖金15.1亿元,为当年净利润的5.4%。在2010年至2016年期间,王石和郁亮的年均税后经济利润奖金分别为1 680万元和1 496万元。万科管理层还实施了事业合伙人持股计划,将计提的经济利润奖金集体委托给盈安合伙利用杠杆配资收购公司股票,以获取额外收益。

由此可见,相对于可比公司,近年来格力电器对核心管理层的激励明显不足。部分原因可能是董明珠之前作为格力集团董事长是具有行政级别的国企领导人,且公司的治理机制尚未理顺,股权激励计划难以得到控股股东珠海市的支持。2016年,格力电器试图通过员工持股参与珠海银隆项目定增,计划以15.57元的增发价格购买约23.8亿元股票,其中,董明珠意向出资约9.4亿元。但该计划由于珠海银隆并购案被否而无法进行。

核心激励不足可能直接导致代理成本上升,管理层不具备推高股票市场价格的市值管理动机,明显缺乏释放利润的意愿,不利于多元化投资的理性决策,降低多元化绩效。

表1-10 格力电器2017年年末前十大股东持股情况

排　名	股　东　名　称	持股数量(万股)	持股比例(%)
1	珠海格力集团有限公司	109 625.6	18.2
2	河北京海担保投资有限公司	53 602.2	8.9
3	香港中央结算有限公司(陆股通)	50 621.5	8.4
4	前海人寿保险股份有限公司	18 083.9	3.0
5	中国证券金融股份有限公司	16 738.5	2.8
6	中央汇金资产管理有限责任公司	8 448.3	1.4

续　表

排　名	股　东　名　称	持股数量(万股)	持股比例(%)
7	全国社保基金一零八组合	5 374.4	0.9
8	中国人寿保险股份有限公司	5 298.9	0.9
9	高领资本管理有限公司	5 045.7	0.8
10	董明珠	4 448.8	0.7
	合　计	277 287.9	46.1

数据来源：Wind。

五、以暴跌回应"零分红"的市场

(一) 股利政策黏性"斩断"与投资者负面情绪放大

在 2017 年热夏与房地产热潮的双击下，格力电器实现营收 1 482.86 亿元，同比增长 36.92%，归属股东的净利润为 224.02 亿元，同比增长 44.87%，双双创下历史纪录。ROE 达到惊人的 37.44%，净利润率达到 15.18%，也是公司上市以来的最高水平。另外，截至 2017 年年底，格力的未分配利润达到 557.4 亿元，账面货币资金达到 996.1 亿元，也都是历史新高。从财务数据来看，很显然，2017 年格力过得非常好。但是宣布亮眼业绩的同时，格力电器同时宣布 2017 年不分红。这是 2006 年来首次不分红，尤其是最近三年格力电器在分红上变得更大方，股利支付率上升到 70%，投资者已经习惯格力的高比例分红了。

这应该是 A 股第一次如此在意一家上市公司是否分红。A 股一直以来有点备受诟病，即分红太少。这么多公司年年不分红，却逮着一个年年分红就一年不分红的公司。复盘全球的公司可以知道，分红并非是投资决策要考虑的最重要因素。亚马逊一直以来还没分过红，但这一点也不影响它的市值进击，成为冲刺万亿美元市值的选手之一。苹果早些年一样不分红，首次分红发生在 2012 年，之后才开始有每年稳定四次的红利。这丝毫不影响苹果股价的节节高升，成为全球市值最高的公司。另外，投资界的神话巴菲特非常青睐经营稳健、分红回报高的公司，但他旗下的公司伯克希尔哈撒维至今还没分过一次红。

既然如此，为何"零分红"公告放出后，格力电器的股价几近跌停？

格力电器二级市场股价近年来稳定上涨，除了市场对白马股的追捧之外，实际上也已经隐含了对高分红的预期。格力电器 2017 年的股利政策"超预期"，硬生生砍掉了维持多年的高现金分红比例的股利政策黏性,平滑的分红曲线形成"断崖式"坠落,投资者的负面情绪瞬间放大,引发投资者,尤其是极为看重分红的机构投资的抛售。而格力电器是各大机构的重仓股。

(二)股东的更深层疑问:格力的多元化能力真的值得信任吗?

分红预期落空带来的投资者负面情绪直接放大的背后又是什么?

这个问题可以回到最基本的问题上,即分红究竟改变了什么?分红改变的是资金的使用权。不分红,公司的资金使用权在公司的管理层;分红,使用权转移到股东自己手里。举个例子,集成电路这个产业,格力电器可以去投资自己做,也可以把钱派给股东,股东如果对这个产业感兴趣,完全可以去市场挑选已有的头部专业玩家。考虑到集成电路这种需要大量资金投入,又面临巨大不确定性的产业,对股东来说,第二种方案风险要小,确定性要高。

所以,分红的关键点取决于谁的资金使用效率更高。亚马逊从不分红,股价同样可以连创新高,是因为亚马逊高效地利用了留存资金。伯克希尔哈撒维也是,从1965年到2017年,伯克希尔哈撒维的每股净资产年复合增长率高达19.1%,股价年复合增长率为20.9%,远超同期标普指数的9.9%。很显然,现金一直留在伯克希尔哈撒维是一个不错的选择。

但是,公司把资金的使用权全握在自己手里,需要一个非常关键的条件:CEO具有高度的多元化经营管理能力。现实是,这种CEO万里挑一。故在很多情况下,公司通过分红给股东,由股东去使用,挑更专业化的公司进行多元化,会比公司本身做要科学。有些收购,尤其是高溢价的投资,其实是减少而不是增加股东财富。

因此,排除短期的市场情绪,格力不分红的影响究竟是否正面取决于它的资金使用效率。

在空调这个领域,投资者有理由相信,格力的资金使用效率是非常高的。早期格力的股利支付率并不高,大量的资金留在内部供公司周转,从投资者获得的投资收益来看,显然是十分值得的(复权看,自1996年上市以来投资收益超过400倍)。然而,随着空调市场的渗透率越来越高,这个领域的成长空间也自然会降下来。格力会有两个选择:一是高比例派息,正如过去三年做的那样,因为行业成熟稳定后,公司并不需要这么多的现金去扩张;二是多元化,给公司业绩带来新的增长点。显然,从近几年频繁的多元化收购举动来看,格力电器选择了后者。难以想象手上握有大量资金、管理层强势的格力会坐以待毙。不过,正如前文所述,过去的格力显然没有向投资者证明其拥有良好的多元化经营管理能力。譬如格力投在手机上的钱如果派给股东,由股东去买手机领域的头部玩家苹果公司,显然是更有效的。

市场暴跌的表面是红利的落空,但追根究底是广大投资者对格力电器多元化使用资金效率的担忧。从深股通更能明显看出这点,深股通当天在格力电器上流出了23.56亿元。毕竟,经营单一领域,不仅风险较小,而且不会因为一个项目的失败而影响到自身的品牌价值。

六、结语:敢问路在何方?

最近几个月,芯片的热度就像正午的太阳,很多人都想借势火一把。阿里造芯的热点刚刚过去,董明珠又放出一个重磅炸弹:"哪怕投资500亿元,格力也要把芯片研究成功"。有人称赞"铁娘子"勇气可嘉,更多的人却在怀疑格力的"造芯梦"。

这一位传奇人物再次站到了风口浪尖。如果格力研发的芯片是手机芯片,500亿元的投入恐怕远远不够。根据IC Insights的数据,英特尔2017年的半导体研发经费为130亿美元,高通的研发经费为34亿美元。而董明珠口中的500亿是人民币,而且是"每年投入100亿元,3年以后投入500亿元"。500亿元确实是一笔巨款,但对于手机芯片来说,只是九牛一毛。高端芯片的研发难度,对于主要生产家用电器的格力来说,没有任何技术储备,简直就是开玩笑。不要说投入500亿元,就是把今天2 800亿元市值的格力电器全压上,也几乎没有成功的把握。

当然,也有观点认为,董明珠口中的芯片不是手机芯片,而是专门给格力空调使用的芯片。招商证券的调研报告显示,格力每年要进口5亿美元的空调芯片。如果这些进口芯片能够实现自造,格力每年就可以增加几十亿元的利润。而且格力正在做高端机床和机器人等领域,这些领域都会用到芯片。早在2016年,格力就成立了微电子部门,打造自有芯片。从去年的年报可以看出,空调业务的收入占格力电器总营收的83%。有观点认为,今年的空调市场很难再延续去年的增长势头,格力的空调业务可能不太好做。比起困难重重的高端芯片,董明珠研发工业芯片至少容易了一些。

从董明珠的表态来看,我们依然不知道她要造的是什么芯片。不管她准备造什么,格力电器最近几年受到的质疑却屡屡见诸媒体。2013年12月,在中央电视台"中国经济年度人物"颁奖典礼现场。雷军表示,如果5年内小米的营业收入击败格力,董明珠就赔自己一块钱。董明珠觉得一块钱太少,干脆将赌金加到10亿元。直到最近董明珠接受采访,还说到这不是一个玩笑,"自己打这个赌,是过了脑的。"

不论是造手机还是造新能源车,包括这次的造芯片,格力电器似乎一直在追着行业热点走,而之前的巨额投资也大都没有什么效果。

"零分红"股利政策公布后,股价的暴跌已然表明市场不喜欢格力的多元化。

但此事件告一段落,董明珠的"造芯梦"才刚刚开始。

1. 格力电器高派现股利政策的影响因素有哪些?
2. 格力电器高现金分红的企业价值提升机制是什么?
3. 企业在实行多元化战略时应该注意什么?
4. 专业化与多元化战略选择的影响因素有哪些?
5. 针对格力电器的股权分散问题有哪些可行的解决方法?

这里提供的案例分析主要根据案例的推进过程和思考题的顺序进行。

1. 可从以下几点分析格力电器高派现政策的影响因素:格力电器的盈利能力、现金流量充足度、发展阶段、股权结构变更、证监会颁布的条例及我国宏观经济等因素。

2. 上市公司的高现金分红长期中可通过提升企业品牌价值、吸引更多的长期投资者、培育出优秀的管理层、增强企业的长期盈利能力、避免盲目多元化和增强企业的风险防范能力等机制提升企业的内在价值。

3. 若选择多元化经营,企业应"先做实、后做大";对现有业务进行内外环境分析,特别注意当前国家产业政策、宏观经济环境、新行业竞争态势和未来业务发展前景;要考虑自身资源是否与新业务匹配;首要考虑相关多元化,有利于原有业务核心能力的传递与协同作用;应充分利用现有业务的核心能力进行新业务的拓展与整合;警惕盲目收购中的过高溢价。

4. 可从行业与公司两个角度分析专业化与多元化战略的选择,行业方面可以看市场增长率,公司方面可以看其竞争能力。公司的专业化与多元化战略选择应该匹配自身能力与行业发展状况。

5.大股东不应仅仅通过董事会对管理层实施控制,而应利用内部和外部多种机制对公司管理进行控制。在管理过程中,应该加强公司经理层内部监督,充分发挥独立董事和监事会的作用,客观独立地为企业的发展提出合理意见,不受其他干扰因素的影响。另外,融资、股权激励、分红政策等财务政策对控制权的影响也应得到重视,而股权激励、分红政策同时也会影响管理层和股东之间的关系。最后,法律制度的完善能更好地保护各方利益,有效调和股东与管理层之间的矛盾,维护公司的高效平稳运转。

附 件

附件1 格力电器前十大股东明细(截至2018年3月31日)

排名	股东名称	持股数量(股)	占总股本比例(%)	股本性质
1	珠海格力集团有限公司	1 096 255 624	18.220 0	A股流通股
2	河北京海担保投资有限公司	536 022 233	8.910 0	A股流通股
3	香港中央结算有限公司(陆股通)	490 454 331	8.150 0	A股流通股
4	中国证券金融股份有限公司	209 482 007	3.480 0	A股流通股
5	前海人寿保险股份有限公司—海利年年	179 638 967	2.990 0	A股流通股
6	中央汇金资产管理有限责任公司	84 483 000	1.400 0	A股流通股
7	中国人寿保险股份有限公司—分红—个人分红—005L—FH002深	53 474 155	0.890 0	A股流通股
8	高瓴资本管理有限公司—HCM中国基金	50 457 100	0.840 0	A股流通股
9	全国社保基金—08组合	48 983 963	0.810 0	A股流通股
10	全国社保基金—01组合	47 639 551	0.790 0	A股流通股
	合计	2 796 890 931	46.480 0	

数据来源:Wind。

附件2　格力电器历年分红明细

年　度	归属母公司净利润(万元)	现金分红总额(万元)	股利支付率	每股股利(元)
2017	2 240 157.62	—	—	—
2016	1 542 096.50	1 082 831.56	70.22%	1.80
2015	1 253 244.28	902 359.63	72.00%	1.50
2014	1 415 516.72	902 359.63	63.75%	3.00
2013	1 087 067.28	451 179.82	41.50%	1.50
2012	737 966.63	300 786.54	40.76%	1.00
2011	523 693.86	150 393.27	28.72%	0.53
2010	427 572.16	84 536.66	19.77%	0.30
2009	291 345.04	93 929.63	32.24%	0.50
2008	196 651.89	37 571.85	19.11%	0.30
2007	126 975.79	25 047.90	19.73%	0.30
2006	69 174.18	—	—	—
2005	50 961.68	21 477.60	42.14%	0.40
2004	42 078.43	20 403.72	48.49%	0.38
2003	33 727.51	17 719.02	52.54%	0.33
2002	29 680.94	17 182.08	57.89%	0.32
2001	27 281.13	16 108.20	59.05%	0.30
2000	25 487.01	14 318.40	56.18%	0.40
1999	22 916.12	13 008.00	56.76%	0.40
1998	21 178.08	13 008.00	61.42%	0.40
1997	19 835.87	—	—	—
1996	18 633.62	15 000.00	80.50%	1.00

数据来源：Wind。

附件3 格力电器2012—2017年合并现金流量表

单位：万元

	2012	2013	2014	2015	2016	2017
经营活动产生的现金流量：						
销售商品、提供劳务收到的现金	7 007 712.07	7 021 140.36	8 553 445.11	11 091 832.09	6 989 662.13	10 759 912.01
收到的税费返还	132 255.82	46 852.51	51 157.62	123 732.70	113 933.77	165 728.31
收到其他与经营活动有关的现金	320 667.73	303 245.69	213 436.68	468 264.02	293 882.62	267 990.93
经营活动现金流入（金融类）	94 532.39	191 908.16	235 957.48	195 822.01	154 065.07	170 498.34
经营活动现金流入小计	7 555 168.01	7 563 146.72	9 053 996.89	11 879 650.81	7 551 543.59	11 364 129.59
购买商品、接受劳务支付的现金	4 044 615.78	3 858 872.74	3 881 690.01	4 254 125.53	4 047 878.38	5 836 516.52
支付给职工以及为职工支付的现金	448 636.23	496 395.11	573 023.76	559 051.44	565 704.62	768 486.92
支付的各项税费	516 251.55	817 129.24	1 333 435.86	1 377 388.72	1 133 389.88	1 319 677.18
支付其他与经营活动有关的现金	467 093.46	639 366.89	927 045.45	1 043 518.51	837 152.49	1 558 988.71
经营活动现金流出（金融类）	237 696.36	454 399.03	444 885.26	207 728.43	−518 576.98	244 606.44
经营活动现金流出小计	5 714 293.38	6 266 163.01	7 160 080.34	7 441 812.63	6 065 548.38	9 728 275.76
经营活动产生的现金流量净额	1 840 874.63	1 296 983.71	1 893 916.55	4 437 838.18	1 485 995.21	1 635 853.82
投资活动产生的现金流量：						
收回投资收到的现金	100 556.73	32 751.53	66 000.00	95 000.00	314 228.96	340 388.88
取得投资收益收到的现金	4 729.29	24 135.21	4 470.11	8 464.33	26 472.85	15 209.59
处置固定资产、无形资产和其他长期资产收回的现金净额	46.92	120.98	248.66	122.88	2 719.64	354.95
收到其他与投资活动有关的现金	690.25	43 439.74	66 106.53	14 343.59	650.00	44 324.44
投资活动现金流入小计	106 023.20	100 447.46	137 000.73	117 930.80	344 071.44	400 277.86

续 表

	2012	2013	2014	2015	2016	2017
购建固定资产、无形资产和其他长期资产支付的现金	360 240.93	246 146.72	177 730.86	288 451.31	327 693.60	242 480.70
投资支付的现金	155 835.65	70 406.80	233 049.99	283 266.33	149 640.37	1 241 973.22
支付其他与投资活动有关的现金	11 199.02	2 492.67	12 433.66	17 528.64	1 791 392.74	5 141 169.73
投资活动现金流出小计	527 275.59	319 046.20	423 214.52	589 246.28	2 268 726.71	6 625 623.66
投资活动产生的现金流量净额	−421 252.40	−218 598.74	−286 213.79	−471 315.49	−1 924 655.27	−6 225 345.80
筹资活动产生的现金流量:						
吸收投资收到的现金	319 787.00					9 049.00
其中: 子公司吸收少数股东投资收到的现金						9 049.00
取得借款收到的现金	376 301.76	498 790.72	1 037 665.48	1 009 692.70	1 238 241.32	2 161 016.28
收到其他与筹资活动有关的现金	112 791.85	199 670.07	23 562.01	125 748.50	211 052.29	16 027.50
筹资活动现金流入小计	808 880.61	698 460.78	1 061 227.49	1 135 441.20	1 449 293.62	2 186 092.78
偿还债务支付的现金	559 718.95	623 384.49	780 068.31	951 242.35	1 105 415.68	1 300 898.52
分配股利、利润或偿付利息支付的现金	167 381.71	317 474.01	467 590.56	952 501.04	918 006.76	1 112 128.37
支付其他与筹资活动有关的现金	258.30				1 027.19	
筹资活动现金流出小计	727 358.96	940 858.50	1 247 658.87	1 903 743.40	2 024 449.63	2 413 026.89
筹资活动产生的现金流量净额	81 521.65	−242 397.72	−186 431.39	−768 302.20	−575 156.02	−226 934.12
汇率变动对现金的影响	2 022.02	−47 117.62	3 457.43	187 634.08	409 450.40	−179 802.74
现金及现金等价物净增加额	1 503 165.89	788 869.64	1 424 728.80	3 385 854.57	−604 365.68	−4 996 228.83
期初现金及现金等价物余额	633 882.78	2 137 048.67	2 925 918.31	4 350 647.11	7 736 501.68	7 132 136.00
期末现金及现金等价物余额	2 137 048.67	2 925 918.31	4 350 647.11	7 736 501.68	7 132 136.00	2 135 907.17

数据来源: Wind。

附件4 家电行业上市公司财务指标对比

证券名称	总市值（亿元）	市盈率（PE,TTM）	总收入（亿元）	总收入三年复合增长率（%）	净利润（亿元）	净利润三年复合增长率（%）	总资产（亿元）	现金净流量（万元）	资产负债类（%）	ROE（%）
格力电器	2 427.35	10.13	1 485.07	2.32	224.02	16.53	2 149.68	−4 996 228.83	68.91	37.51
美的集团	2 954.94	16.25	2 405.02	19.34	172.84	18.06	2 481.07	931 792.30	66.58	25.63
青岛海尔	995.10	13.88	1 584.46	17.96	69.26	9.07	1 514.63	1 104 477.41	69.13	23.65
苏泊尔	421.96	29.10	140.93	14.13	13.08	23.76	91.72	2 249.72	43.32	26.86
小天鹅A	279.91	18.68	212.53	25.56	15.06	29.22	213.38	−275 420.08	61.49	23.12
老板电器	250.45	16.57	69.51	25.11	14.61	36.51	79.27	−87 605.18	33.67	31.12
欧普照明	235.97	33.62	69.11	21.79	6.81	32.43	63.06	1 080.00	42.37	20.13
飞科电器	235.92	27.61	38.14	16.85	8.35	31.10	32.56	−25 341.59	25.97	37.79
科沃斯	208.45	55.49	45.11	25.16	3.76	33.67	27.01	39 492.81	53.22	35.19
九阳股份	129.02	18.44	71.86	6.73	6.89	9.02	53.51	−4 784.10	33.05	19.63
中位值	265.18	18.56	106.40	18.65	13.84	26.49	85.49	−1 852.05	48.27	26.24
平均值	813.91	23.98	612.17	17.49	53.47	23.94	670.59	−331 028.75	49.77	28.06

数据来源：Wind。

案例二

江南布衣：线上线下融合的新零售

案例摘要

面对互联网技术应用的不断深化以及消费者需求快速变化带来的冲击，拓展线上平台，进行线上线下融合发展，成为实体零售业转型发展的必然趋势，而究竟如何发展成为实体零售业急需解决的问题。江南布衣在竞争激烈的女装设计师品牌行业，走出一条线上线下融合的成功之道，其在2015年便开始了新零售的全面转型，实施会员电子化、销售全渠道、营销全渠道的战略，并在技术层面将中后台系统率先打通。其全面转型取得了巨大成功，不仅利润获得高速内生增长，粉丝黏性也大幅提高。本文着重探讨江南布衣在新零售转型过程中具体采取的策略，并分析其对应的效果。

理论分析：线上线下融合

一、实体零售业线上线下融合的定义及内涵

零售业是向以个人和集体为代表的最终消费者提供其所需商品与服务的行业。从发展初期到现在，零售业的组织业态经历了百货商店、超级市场、连锁经营及信息技术兴起四个阶段的变革。实体零售业是伴随网络零售业发展产生的一个相对概念，它是以线下门店为载体进行商品经营活动的一类行业，即该类零售企业的日常商品经营活动主要是基于线下实体门店进行。

实体零售业线上线下融合发展获得学术界的广泛关注。围绕实体零售业线上线下融合发展研究,国内学者主要从融合发展的实质、模式、机理、未来发展趋势几个方面对实体零售业线上线下融合发展进行研究。

二、实体零售业线上线下融合发展的机理及模式

(一)融合机理

网络零售业作为新兴零售业态,在进行零售活动时,不再依托实体店铺,而是通过互联网平台进行商品服务的销售,满足消费者的消费需求。互联网技术的应用,使网络零售具有营业时间不受限制、全面展示商品和服务、随时进行营销活动、降低企业的开立及经营成本等多方面的优势。实体零售企业通过实体店进行商品展示,从而向消费者销售商品或服务。实体零售业态的零售活动能够满足顾客的体验需求,直接面对消费者,但实体店展示商品的空间有限,且投资和库存等成本费用较大。实体零售企业线上线下的融合发展,可以通过利用两个平台、两种业态的优势,使消费者的消费需求得到最大化的满足。实体店的零售活动便于消费者直接接触商品,获得个性化服务,从而实现购物体验等,但同时也受到购物时间、地点以及运营成本的限制,不能满足消费者的便利实惠及即时消费的需求,网络零售活动可以与之优势互补,相互配合。线上线下融合发展战略可以丰富消费者的消费需求组合,进而增强消费者的效用。我国实体零售企业需要寻求线上和线下融合发展,并在构建线上平台的同时实现资源整合、优势互补,提升企业绩效。

基于学者们的探讨,互联网零售活动使实体零售业摆脱固有销售商圈的束缚,拓展商品展示空间及更大的市场空间,实体零售业通过线上线下融合策略,实现线上线下资源共享,从而满足消费者的多样化需求,提升了消费者的效用,获得更强的战略优势,增强企业竞争力,提升企业利润。

(二)融合模式

实体零售业线上线下融合发展模式不是一蹴而就的,而是经过了线上线下相互独立、相互补充,然后慢慢走向线上线下相互融合的发展。

1. 相互独立模式

相互独立的线上线下经营模式是实体零售业进行线上业务尝试的早期状态,线上线下的融合发展模式也是由此发展而来。实体零售面对网络零售的吸引,通过开设线上平台或者与第三方合作的方式开展网络零售业务。根据零售轮转理论,新的零售组织的诞生,大多采取低成本、低毛利、低价格的经营政策进入市场。网络零售就以其价格低廉的优势迅速进入市场,而实体零售在开展网络零售业务的过程中,为了避免渠道内部冲突以

及互相抢占市场的情况发生,实体零售业的线上零售业务通常独立运行。在该模式下,实体零售业的线上平台独立运行,线上线下平台定位于不同的目标群体,完成不同的零售功能,通过差异化经营满足不同消费者的需求。实体零售业线下销售具有丰富的经验,线上零售却在技术专业性上与纯网络零售企业存在差距,加之低成本的经营模式难以为继,实体零售业开始新的零售模式探索。

2. 相互补充模式

为了顺应产业的发展,产业之间相互渗透,线上线下相互独立的运营模式逐渐转为相互补充。线上线下相互补充的发展模式是实体零售业由线上线下相互独立的零售模式向相互融合模式的过渡过程。此类经营模式主要以实体零售为主,以网络零售作为实体零售的补充。实体零售业的线上和线下平台在各自进行零售经营活动的同时,实现某些功能的相互补充,例如,线上平台可以增强品牌营销功能,线下经营可以提供售后服务。通过线上线下经营产品相同、定价相同等方式,缓解了面对一致目标群体线下线上互相竞争的问题。实体零售业的线上平台可以通过在一些功能与线下平台协作,更好地为线下经营活动服务。在线上线下相互补充的经营模式中,线上平台起到进行品牌营销和与消费者沟通交流的作用。

3. 相互融合模式

实体零售业在进行线上线下相互补充的经营模式中,已经开始尝试将能够协作的资源进行整合。线上线下融合发展的模式由企业内部创新和产业融合决定。企业零售线上线下平台的资源进行融合发展,实质是实体零售业面对经营环境变化时在资源配置方面的创新。从市场需求角度,实体零售可以满足消费者体验的需求,网络零售则可以满足消费者便利的需求。实体零售业利用实体零售和网络零售独有的优势,开展分工协作的资源整合,从而可以更好地满足消费者个性化的需求。基于企业内部对资源配置方面的创新,从而形成线上线下融合发展的经营模式,这也成为目前实体零售业转型发展的主要经营模式。

三、实体零售业线上线下融合发展的推动因素

(一)实质因素:技术创新和政府规制的放松

基于学者的研究,产业融合的主要成因是技术进步和放松的政府规制。技术进步带给实体零售业翻天覆地的变化。互联网技术的应用改变了实体零售业由于地理位置的限制,造成信息不对称、资源分配不合理的问题,促进了实体零售业信息获取和整合的便利,使实体零售业在管理、组织和业务等各个方面进行融合。技术创新使原本处于明显界限的产业之间产生了合作的机会,从而带来产业边界逐渐模糊,产业融合发展的趋势。实体

零售业线上线下平台运营的本质没有差异,都是向最终消费者提供产品和服务。信息技术的应用使实体零售企业在生产、管理和销售等方面实现了及时有效地信息共享,提升整体运营效率,使得实体零售业线上线下之间的运营流程具有一定的相似特点,形成线上线下对接的平台,为线上线下融合创造了条件。

政府管制与产业融合总是处于互动的过程中,放松的政府监管创造了产业融合的政治环境,而产业融合的过程又进一步强化制度、理论、政策的改进与完善,促进产业更好地发展。从我国零售业发展看,政府规制的放松为零售业的发展创造了开放的竞争市场,使具有相关业务的网络零售加入实体零售的经营中,零售业线上线下之间的边界逐渐模糊,导致零售业线上线下融合现象的出现。我国零售业在改革开放之前一直作为计划经济体制的商品流通主渠道,承担着物资配给、稳定物价等功能,而不是满足消费和促进生产。随着我国社会主义经济的变化,政府逐渐放松管制,允许民营企业和外资企业加入市场中,促进了实体零售业资本模式、经营模式等方面不断融合发展。

(二)环境因素:竞争加剧和消费需求的变化

零售业竞争的加剧及市场需求的变化推动实体零售业转型,发展线上线下融合经营模式。收入水平和生活品质的不断提高带来消费者需求的巨大变化。消费需求已不再局限于获得产品的功能。一方面,消费者具有对线上消费的便利需求,也具有线下消费的体验需求,线上线下融合可以更好地满足消费便利和体验的需求;另一方面,消费者的个性化、多样性需求越来越明显,能够及时了解消费者需求,有针对性地进行生产和经营,成为企业获得更多利润的关键。实体零售业线上零售活动可以在直接接触消费者的同时运用信息技术收集消费者行为数据,具有准确分析信息的优势。加强线上线下的融合,可以为实体零售业带来准确的市场需求信息,从而在经营中满足消费者多样性、个性化的需求。

零售业竞争不断加剧,中国零售业变革日益深入。一二线城市零售市场日趋饱和,中国零售企业和跨国零售企业纷纷加快了扩张步伐。网络零售市场迅速发展,传统零售企业纷纷涉足网络市场,带来了新的一轮变革。各种业态之间的竞争、本土与外资企业之间的竞争、线上和线下市场的争夺,将中国零售业带入复杂的竞争格局。面对零售业复杂的竞争格局,提升企业竞争力,开展线上线下融合的经营模式创新,成为实体零售业的必然选择。

(三)企业因素:降低成本和提高效率

实体零售业销售收入增长乏力,房租、人工成本等方面的经营成本不断攀升,挤压企业利润空间。有效利用资源,提高企业资源利用效率,不断降低运营成本,成为实体零售业转型过程中要解决的关键问题。零售企业开始在产品、销售、技术、营销、运营等各个方面进行线上线下经营的全方位协同和合作,线上线下经营活动具有高度的一致性,能够线上线下融合发展的零售业比独立平台运营的企业能够获得更高的盈利能力。实体零售业通过线上线下融合发展,利用两个平台的独特资源,增强线上线下的合作与协调,优化资源配置,提升企业运营效率,从而降低资本。

案例研究:江南布衣的新零售战略

20多年前,凭借一股渴望表达和追求自我的热情,李琳夫妇创办了江南布衣。20世纪90年代的中国女装行业遍地开花,但国内的设计资源还是极度匮乏的。李琳记得公司在90年代末和一家来自巴黎的时尚顾问公司 Peclersparis 有过合作,当他们的创意总监来到中国时,觉得路上的店面、广告牌都很丑,便对李琳说:"我心情好复杂啊,这是一个到处都需要设计的国家。"就是在这个时代背景下,李琳夫妇看到了机遇,决心投身女装设计师品牌行业。如今,江南布衣无疑是当下最成功的设计师品牌之一,从最初的女装设计师品牌 JNBY 起家,逐渐搭建起多品牌王国。

江南布衣集团目前拥有六个品牌,推崇"自然、健康、完美"的生活方式。主品牌 JNBY 占企业最大份额,男装"速写 CROQUIS"是第二大品牌,LESS 定位在职业女性角度,童装 jnbybyJNBY 和青少年品牌 Pomme de terre 是江南布衣审美风格的延续。目前,江南布衣主要针对服装的不同穿着形态、性别、年龄做品牌的规划,吸引25—40岁推崇相同生活理念的知识女性,以这个群体的生活样态为依据,设计开发饰品、家居用品等,试图通过品类的扩充,包围这类人群的生活。

江南布衣打破了设计师品牌难以进入主流市场的魔咒,其市场占有率在全国三百多个设计师品牌中拔得头筹,按2017年的零售额统计,江南布衣集团在中国设计师品牌时装行业中排名第一(占比约9%)。根据2018财年统计显示,江南布衣在全球经营的独立实体零售店近1994家,它还早早地走向国际,在日本、美国、俄罗斯都开了店铺,试图延伸触角,与更多国际品牌站在一起,目前,海外独立零售门店达到42家。有人形象地总结江南布衣用小众的市场做出了大众的业绩,2018财年,江南布衣的营收超过28亿元。过去的3年,线上线下渠道的进一步扩张和新增品牌逐步稳定带动收入和净利润快速增长,3年复合增速分别为19%和30%。江南布衣有限公司2016年在香港上市,成为中国第一家上市的设计师品牌集团,到如今集团的总估值已接近80亿元。

江南布衣已建立主要由实体零售店、线上销售平台及以微信为主的社交媒体互动营销服务平台三个部分组成的全渠道互动平台。集团通过理性的线下门店扩张实现吸粉,充分利用微信平台强化和粉丝间的互动,利用线上线下活动进一步提高粉丝对品牌传递的生活理念理解和认知,提高品牌忠诚度,增强复购率,会员对江南布衣的收入贡献率超过了60%。同时,江南布衣加强电商平台布局,从而实现了以粉丝经济为核心的全渠道运营模式,为集团销售提供最全面的保障。

一、服装行业近几年的发展特点

(一)传统服装行业面临难题

传统服装业长期作为劳动密集型和资金密集型产业,存在水平低下、产业同质化严重、品牌知名度不高等一系列问题,无法满足消费者对时尚、潮流、品质和定制化的诉求。时尚产业的呼吁很强烈,传统的服装行业以制造为主,而现在正向以品牌经营和设计为主过渡,从重资产向设计研发转型。

(二)线上发展是时代的趋势

服装零售的旧秩序已经坍塌,新的国际政治经济环境、愈发细分的消费市场和技术革新,要求制造商和零售商必须快速进行自我颠覆。如果你想买一件入时的衣服,你得在商店开业时去店里,从陈列的商品中选出你喜欢的,合体的。但是从第一个智能手机问世开始,消费者现在可以在任何想要的时候,以任何方式得到心仪的商品。马云提出了新销售时代的理论,新零售时代最大的特点就是线上线下的融合和全渠道的发展。在传统模式中,企业通过店铺向顾客展示品牌形象和定位。现在,企业通过手机端、PC端的发展与应用,将品牌更快地传递到消费者面前。通过专业的数据团队对消费者属性、行为数据进行分析,作为制造商会更清晰地知道消费者喜好。这些数据用于产品开发,让品牌更有效力和吸引力。从长期来说,线上可以引流到线下,线下也可以引流到线上,逐渐形成一个闭环,关键还是提升用户体验。通过新媒体渠道,信息快速地传播,广告到销售的路径被最大限度地缩短。在时间和成本上,消费者购买产品有了前所未有的便利。

(三)线上线下融合

当线上零售不断地利用大数据以及数据分析在做着客户运营,不断激发客户消费的同时,线下并非只能望客流而兴叹,线下拥有更成熟的零售基因,只是缺少有效的转化工具。线下实体零售正在数据化的过程中。将线下会员数据化,通过用户画像,实现千人千面的推送,改变以往实体店对于消费者信息不对称造成的被动局面。将来,人脸识别、客流识别等技术都将运用到实体门店,实现真正的智慧门店。目前,伴随着新零售浪潮,线下消费正在呈现回归的态势,也许这种线下的偶然消费才是零售的本质。用数字化以及智能软硬件去武装实体零售,让企业在数据中实现洞察、获得见解、挖掘价值。真正的会员管理、会员营销必定来自更深刻的用户体察。

二、江南布衣的线上线下融合与会员制

(一) 江南布衣的线上线下融合之路

2010年,江南布衣上线天猫旗舰店。除了将线上看成一个销售渠道外,公司也希望通过天猫平台观察消费趋势。

2013年,江南布衣天猫旗舰店的销售力和媒体属性被挖掘,更多拥有消费升级意识和消费能力的人群开始在天猫集聚,原本的渠道意识被扭转。同年,江南布衣尝试全渠道,天猫旗舰店开始扮演重要角色。

2015年,随着天猫品牌升级,江南布衣也开始了它的转型之路。江南布衣对旗下4个品牌的天猫旗舰店进行了升级,JNBY天猫旗舰店的运营思路开始转型,由原本的促销渠道,变成承担上新、媒介、促销、营销等一系列职能的部门。采取线上线下同步售新,同款同价,利益归属线下(各区域线下经销商分享电商利益)的电商策略来化解渠道冲突,共同做大蛋糕。公司严格把控所有渠道商品的吊牌价和折扣,经销商申请折扣需获得公司审批,从而实现同款同价的结果。

江南布衣打造全渠道的目的,是让所有消费者在任何渠道接触到的产品、服务都具有相同的体验。江南布衣在全渠道的打通上大致分为三步:

(1) 实体会员电子化。通过会员电子化的方式,将线下会员用互联网的思维技术进行管理。江南布衣也将开始全渠道会员打通尝试,建立统一化的服务体系。

(2) 商品全渠道。打通线上线下的货品体系,满足更多对时尚敏感性强的消费者的购物需求。目前,以JNBY品牌为例,商场同款的线上日常销售GMV占比已经超过了40%。

(3) 营销全渠道。由集团品牌中心进行统一的内容制作,建立统一的品牌认知和消费心智。

2018财年电商销售额占比达到9.3%,电商新品占比26.1%。

(二) 全渠道互动平台

集团建立了全渠道互动平台,旨在培养"粉丝经济"(由于追求集团所提倡的生活方式

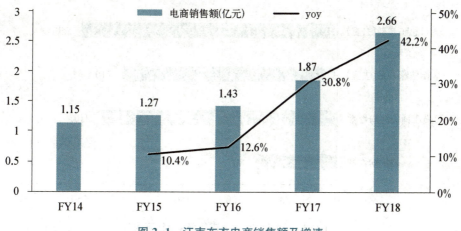

图 2-1 江南布衣电商销售额及增速

数据来源：公司年报。

而购买集团产品），提高粉丝对品牌传递的生活理念的理解和认知，提高品牌忠诚度，增强复购率。2017 财年，江南布衣使用的上市所得款中，约 54% 被用于加强全渠道互动平台的建设。

综合考虑到消费者的信息获取渠道和购买模式，平台包括线下零售店、线上销售平台和自媒体互动营销平台。

（1）线下零售店。设计师品牌强调体验的消费，线下实体店不仅提供穿衣体验，通过对自营店及经销商店外观进行统一指引，体现品牌追求自然舒适的生活方式形象。

（2）线上销售平台。满足客户随时随地购物的需求，采取"同步售新，同款同价，利益归属线下"的电商策略化解渠道冲突。如果顾客在线上平台下单，所订购的产品将通过零售店或物流中心交付（离客户最近的位置）及通过收入共享系统分配各种渠道产生的利润。

（3）自媒体平台。连接品牌与消费者、传递艺术时尚资讯、同步最新产品信息、货架延伸——在线购物、互动增值服务。区别于传统的服装企业，集团对于微信、微博等自媒体不仅仅用于加强消费者黏性，更是提供了一个线上体验和购物的平台。2015 年，集团上线了微信会员体系。现在在线运营是一个企业发展的基本要素，但是在四五年前，在线还只是一个概念。原来的消费者们，一旦离开店铺就跟品牌没有任何联系。现在，品牌可以通过微信公众号连接消费者，宣传品牌最新的款式和活动，让大家在碎片化时间里接收品牌的信息。这样的创新能够大大提升消费者对品牌的黏性。

目前，微信、微博、天猫粉丝数持续稳定增长，行业领先。2017 年年底，微信粉丝超过 190 万，占比 79%，微信会员是驱动增长的最大来源，另外，微博和天猫店粉也在快速增长（同比 300%，同比 28%）。

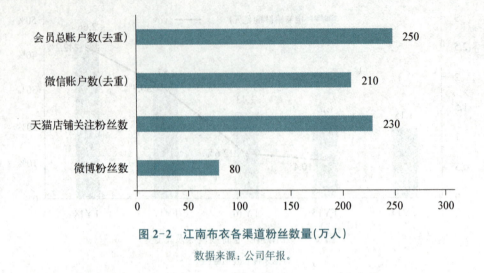

图 2-2　江南布衣各渠道粉丝数量(万人)

数据来源：公司年报。

以微信公众号为例，在 JNBY 公众号的文章中，阅读量超过 10 万以上是常见的现象。为了让粉丝在线，江南布衣在微信内容的营造上，除了新品主题和搭配信息，还提供艺术及时尚资讯等粉丝感兴趣的内容。

(三) 会员制：提升用户复购的利器

江南布衣通过将线上线下会员全部打通，有助于观察线上线下消费情况，实现与消费者直接的交流互动。从粉丝经济运营的 5 大核心步骤(吸粉、提升粉丝质量、想买能否买到、持续复购率、多渠道能否买到)上看，集团通过理性的线下门店扩张实现吸粉；再充分利用微信、微博等社交媒体强化和粉丝之间的互动，利用线上线下活动进一步提高粉丝对品牌传递的生活理念的理解和认知，提高品牌忠诚度；加强电商平台布局，利用库存共享系统进一步提高销售效率，从而实现以粉丝经济为核心的全渠道运营模式，为集团的销售提供最全面的保障。

江南布衣的会员卡已全面升级为多品牌、全渠道会员卡。从原来的单品牌管理，发展为整合了会员在门店、自有商城和第三方电商平台数据的会员卡。多品牌、全渠道，会员数据将更完整，有利于品牌商做出更全面的用户画像，实行更有侧重的运营策略。对于用户，整合了全渠道的积分、特权，也将使用户更充分地享受到会员权益。江南布衣为会员提供的权益玩法有很多种。会员可以通过购物积分去兑换线下门店的购物券。爱看发布会的重度粉丝可能会在微信上收到江南布衣时装发布会的邀请函。童装会员甚至还有机会参与到江南布衣的儿童服装走秀表演中，体验小明星般的待遇。更有趣的是，针对支付宝芝麻信用分在一定等级的 VIP 会员，江南布衣提供会员试衣服务。当顾客下单后，发货方除邮寄给用户下单的商品外，额外配送若干件不同款型的商品供用户挑选。当用户试穿满意后，可选择留下并通过远程支付方式结算。这样一来，不仅优化了会员体验，货品连带率也在被隐形提升。

图 2-3　江南布衣会员体系升级过程

资料来源：公司年报。

江南布衣的会员及粉丝经济算是服装品牌中的成功标杆了，通过品牌粉丝运营，不仅将品牌设计理念和生活方式传递给消费者，强化与品牌粉丝群体的互动，还能掌握有效的用户数据，针对性地推出个性化会员权益及服务，增强粉丝黏性。截至 2018 年年底，会员数量超过 310 万。其中，线上会员所占比例逐渐增加，占比逾 84%。从 2015—2018 财年，活跃会员量大约从 11.5 万上升至 39.5 万，复合年增长率约为 50%。同时，有较高消费的会员人数逐年增加，2018 年有逾 18.2 万的会员年消费超过 5 000 元，共产生超过 21.7 亿元的消费金额。会员黏性及转化率不断提高。漂亮数字的背后，是江南布衣实现会员全渠道在助力。通过线下、线上各种不同渠道注册的会员信息，在后台打通，将每个会员都统一成唯一身份，在所有的渠道都能享受会员权益。

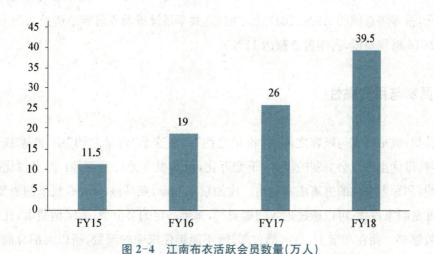

图 2-4　江南布衣活跃会员数量（万人）

数据来源：公司年报。

（四）线上线下融合与会员制的技术性问题：中后台的打通

全渠道互动平台让消费者随时随地、使用各种方式表达其购物要求，有效的存货管理系统则让集团能在最短时间内实现消费者的购物需求，二者结合，让顾客想买就能买到。集团是为数不多的拥有存货共享及分配系统的公司，该系统由集团针对其零售网络自行研发，能够使客户即使在某一所需商品在该门店缺货的情况下仍可按需求购买,提升客户购物体验并带动销售。此外,该系统能够缩短产品上市时间,改善存货管理,提高行业竞争力。

2014年3月,公司正式推出存货共享及分配系统,通过存货监控、共享、配送,有效地降低门店断货概率,提高顾客购买的成功率,优化购物体验。目前,总部补货、线上线下(包括直营店与经销商经营店)间的调配均已实现。

(1) 监控。实时监控各门店各产品的库存情况,及时发现高需产品,提醒及时补货。

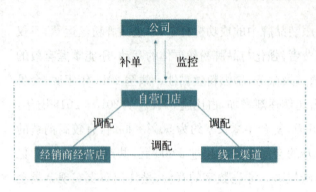

图2-5　江南布衣存货共享及分配系统

资料来源:公司公告。

(2) 共享。实现线上、线下(包括自营与经销商经营店)间的存货共享调配。

(3) 配送。收到订单后,快速定位、订购并设定最优路线,将产品及时送至客户。

订单成交率受益提高,零售额显著增长。随着库存共享及分配系统的落地,零售额加速增长。2016财年,共享系统推动零售额净增长2.36亿元,占零售总额的7.3%;2017上半财年,共享系统推动零售额净增长2.28亿元、几乎达到2016财年规模,占零售总额达11%。

三、会员制与用户黏性

会员制,就是商家与顾客之间的"价量之约"。在这个"价量之约"中,商家获得复购率,顾客获得优惠价。会员制的设计,千变万化,但其根本无外乎两种:商家占优的进入门槛契约,和顾客占优的逃离成本契约。比如京东plus,亚马逊prime,线下的麦德龙、星巴克等都是商家占优,可以通过进入门槛契约,每年一定的会员费,绑定消费者,让消费者买的次数够多。而在淘宝上,每次都包邮,就不能锁住未来的消费,所以大部分商家用的是顾客占优的逃离成本契约,比如设置签到或者购买送积分,积分可以兑奖品,生日送礼品券等等,福利越多,顾客的逃离成本越高,黏度也就越高。

在电商和传统零售业市场,引入"会员制"都具有极大的优势,在为用户提供较多优惠条件之余,更能有效地刺激消费,通过长期的目标运营,日积月累地锁定一批优质用户。通过高质量的选品、配送和售后,以及一系列有针对性的会员活动,优秀的会员制电商,可以成功在现有社交关系链之外,构筑起稳固的,基于共同兴趣的新的关系链。会员制保证了会员是整体均质和忠诚度高的优质人群,而好产品容易口碑传播,又让企业借势营销事半功倍。

江南布衣作为设计师品牌,能够凭借自己的独特设计风格吸引粉丝,再通过有效的会员体系使得客户黏性保持高水平。忠实的粉丝是公司非常重要的无形资产,尤其是粉丝电子化后,线上推广传播的效率提高。据 CIC 调查显示,有 34.3% 的被调查者在 2014—2015 年复购过 JNBY 品牌女装,居所有设计师品牌首位。

截至最近报告期,江南布衣会员总数已超过 310 万。其中,在过去 12 个月内任意连续 180 天内有 2 次消费以上的活跃会员账户数从 36 万增加至 39.5 万个,去年全年购买总额超过人民币 5 000 元的会员数为 18.2 万个,贡献了超过 40% 的线下渠道零售总额。人均 5 000 元的年消费额标准,意味着一年购买 4 次,每次 1.8 件,平均一年购买 7 件衣服。

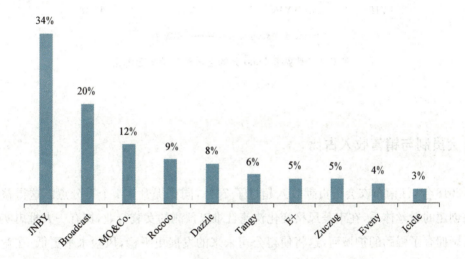

图 2-6 2014—2015 年重复购买的女装设计师品牌

数据来源:公司招股说明书。

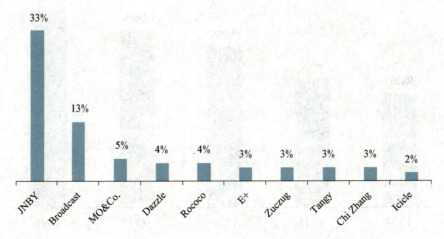

图 2-7 女装设计师品牌首个提及品牌认知度

数据来源:公司招股说明书。

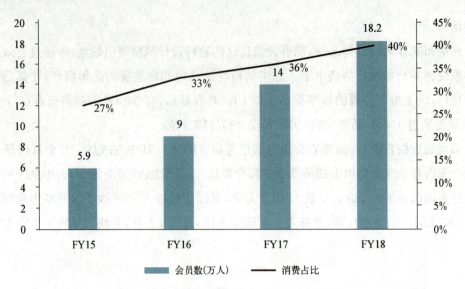

图 2-8　消费超 5 000 元的会员数及销售额占比

数据来源：公司年报。

四、会员制与销售收入占比

2018 年，江南布衣会员贡献收入超过了 70%，同比提升 7.4 个百分点。这得益于多年前创建的粉丝体系，在审美风格变化快速且难以预测的女装行业，拥有一大批忠实的粉丝无疑拥有了强劲的护城河，这将使得公司未来的发展更平稳，风险水平更低，在竞争激烈的女装行业拥有走得更远的筹码。

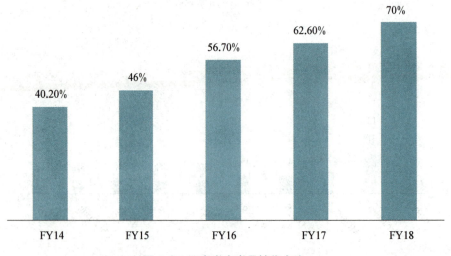

图 2-9　江南布衣会员销售占比

数据来源：公司年报。

五、江南布衣成功的核心因素

江南布衣的成功,核心只有两件事:优质稳定的设计师团队与粉丝经济运营。

(一)集团的设计师团队稳定且优质,品牌最具辨识度

集团目前有 60 多位设计师,其中,从集团创始人兼首席创意官李琳女士到主设计师,每一位均在集团工作超过 16 年,并用股权激励绑定利益,在这批老设计师的带领下,集团又不断吸纳优秀的设计师打造稳定的设计师梯队以匹配不断新增的品牌。另外,集团给优秀的设计师非常多的资源支持。这些措施导致江南布衣很低的设计师离职率,并不断培养出新设计师,降低了对老设计师的依赖性。良好的设计带来了良好的市场反响,高利润水平又支持了公司继续加大设计投入,例如,在面料上开发新的材料。江南布衣的平均设计周期在 1.5 年,公司创造潮流而非跟随潮流,其风格款式很难被复制。2015 年,江南布衣委托香港咨询公司 CIC 做了有关国内女装设计师品牌认知度的调查,在国内超过 300 个设计师品牌中,35.5%的受访者认为 JNBY 是最独特最容易识别的品牌,消费者认为 JNBY 品牌具有非常鲜明的设计师特色、设计简约时尚、面料舒适以及品牌认知度高等特点。

(二)以粉丝经济为核心的全渠道运营

设计师品牌的购买对象是具有较高购买力的年轻一代消费者,他们通过服装表达个性及文化,对于设计师品牌的忠诚度较高,购买力较强,并且对于设计师品牌的价格敏感度较低,他们往往更加看重服装设计、风格及独特的购物体验。因此,设计师品牌更容易形成基于对其品牌理念认可的忠实粉丝群,这也是设计师品牌的最大无形资产。江南布衣相比其他设计师品牌,非常重视粉丝经济,为此还推出了非常完善的内部会员系统,这也是江南布衣构建全渠道平台的核心。在微信公众号、微博等平台,江南布衣除了单纯地

Rank	Brand	Number of WeChat subscribers ('000)	Average views on headlines	Average views on all articles	Average posts
1	JNBY	400	56,611	32,411	3
2	Orchirly	350	38,249	28,249	7
3	MO&Co.	230	37,496	27,611	3
4	DAZZLE	200	37,330	37,330	1
5	Fiveplus	180	30,307	14,461	4
6	Elegant Prosper	170	30,806	17,062	4
7	Marisfrolg	160	18,876	18,874	1
8	Peacebird	150	18,364	12,838	4
9	JORYA	140	20,987	13,763	2
10	VGRASS	130	23,766	14,185	1.9

图 2-10 微信 top10 女装公众号中 JNBY 排名第一

数据来源:公开资料。

分享和推广服装外,还结合了旅游、摄影、美食等方面,积极与粉丝互动,与消费者建立个人化的互动联系。

公司优秀的产品能力及粉丝黏性增强了公司的议价能力,一般而言,江南布衣的经销商在收到货之前被要求付全款,公司的利润率也相对较高,这导致江南布衣有更短的现金周期,而更短的现金周期意味着公司更高的投入资本回报率。长此以往,公司便形成了品牌与粉丝黏性的正循环,高的回报水平带来公司更多的设计、会员服务投入,从而增强粉丝黏性,使得公司良性发展。

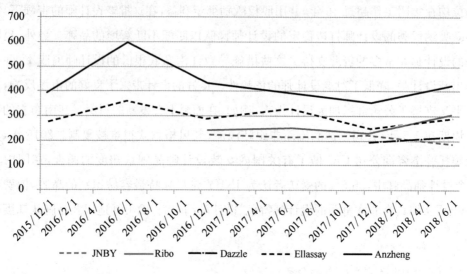

图 2-11　江南布衣现金周期在行业中较短

数据来源:Wind。

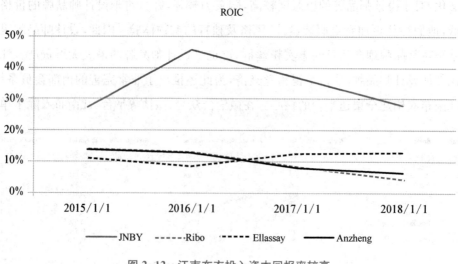

图 2-12　江南布衣投入资本回报率较高

数据来源:Wind。

案例二 江南布衣：线上线下融合的新零售

思考题

1. 服装行业的产业链是怎样的？江南布衣位于产业链的哪个位置？行业的竞争格局又是怎样的？
2. 服装行业处在什么样的变化状态？变化的原因是什么？线上线下融合的新零售有什么好处？
3. 江南布衣的线上线下融合过程中有什么重要步骤？
4. 江南布衣的会员制能带来什么好处？
5. 公司要做到线上线下融合的新零售有哪些需要克服的困难？
6. 公司在竞争激烈的女装设计师品牌行业脱颖而出的关键因素是什么？
7. 这个案例给我们的启示是什么？

分析思路

1. 服装行业整体竞争激励，几乎属于完全竞争市场，女装行业竞争尤其激烈，因为女装相对其他品类消费者更加不忠诚，消费者偏好快速变化，导致行业内的公司运营难度很高，若抓不住风险变化，没有积累起忠实的客户，则很容易在行业变化中出局。传统服装业长期作为劳动密集型和资金密集型产业，存在水平低下、产业同质化严重、品牌知名度不高等一系列问题，无法满足消费者对时尚、潮流、品质和定制化的诉求。时尚产业的呼吁很强烈，传统的服装行业以制造为主，而现在正向以品牌经营和设计为主过渡，从重资产向设计研发转型。江南布衣公司处于行业中游位置，生产加工找上游 ODM/OEM 厂商代工生产，自己负责设计、品牌营销等中游环节，下游销售依赖经销商，自己部分参与销售活动。

2. 服装行业目前正处于线上线下相融合的状态。智能手机打破了传统零售时间和空间的局限。新零售时代最大的特点就是线上线下的融合和全渠道的发展。在传统模式中，企业通过店铺向顾客展示品牌形象和定位。现在，企业通过手机端、PC 端的发展与应用，将品牌更快地传递到了消费者面前。通过专业的数据团队对消费者属性、行为数据进行分析,作为制造商会更清晰地知道消费者喜好。这些数据用于产品开发,让品牌更有效力和吸引力。在时间和成本上,消费者购买产品有了前所未有的便利。

3. 江南布衣的线上线下融合过程中最重要的是3大步骤。(1)实体会员电子化。通过会员电子化的方式,将线下的会员用互联网的思维技术进行管理;(2)商品全渠道:打通线上线下的货品体系,满足更多对时尚敏感性强的消费者的购物需求;(3)营销全渠道:由集团品牌中心进行统一的内容制作,建立统一的品牌认知和消费心智。

4. 江南布衣的会员制通过品牌粉丝运营,不仅将品牌设计理念和生活方式传递给消费者,强化与品牌粉丝群体的互动,还能掌握有效的用户数据,针对性地推出个性化会员权益及服务,增强粉丝黏性。

5. 公司要做到线上线下融合的新零售,首先需要克服的困难是中后台的打通。全渠道互动平台让消费者随时随地、使用各种方式表达其购物要求,但这对公司的中后台提出了高要求。有效的存货管理系统则让集团能在最短时间内实现消费者的购物需求,让顾客想买就能买到。集团是为数不多的拥有存货共享及分配系统的公司,该系统由集团针对其零售网络自行研发,能够使客户即使在某一所需商品在该门店缺货的情况下仍可按需求购买,提升客户购物体验并带动销售。此外,该系统能够缩短产品上市时间,改善存货管理,提高行业竞争力。

6. 公司在竞争激烈的女装设计师品牌行业脱颖而出的关键在于2件事:(1)优质稳定的设计师团队与粉丝经济运营。集团的设计师团队稳定且优质,使得品牌最具辨识度:良好的设计带来了良好的市场反响,高利润水平又支持了公司继续加大设计投入,例如,在面料上开发新的材料。江南布衣的平均设计周期在1.5年,公司创造潮流而非跟随潮流,其风格款式很难被复制。(2)以粉丝经济为核心的全渠道运营。设计师品牌的购买对象是具有较高购买力的年轻消费者,他们通过服装表达个性及文化,对于设计师品牌的忠诚度较高,购买力较强,并且对于设计师品牌的价格敏感度较低,他们往往更加看重服装设计、风格及独特的购物体验。因此,设计师品牌更容易形成基于对其品牌理念认可的忠实粉丝群,这也是设计师品牌的最大无形资产。

7. 这个案例给我们的启示是:在移动互联网普及的今天,人们获取信息与连接的方式早已发生了根本性变化,商业的线下流量逻辑已经变得局限,线上获取流量、连接用户、塑造品牌往往具有更高的效率。但只注重线上也有局限性,其一,流量和获客成本不断提升。随着移动互联网普及率越来越高,人口红利已经越来越少。同时,随着各种智能产品的不断涌现,线上入口和渠道越来越碎片化,在线零售的流量成本、获客成本越来越高。其二,场景化服务成软肋。在"消费升级"的大环境下,如今"90后""00后"的消费喜好、消费习惯和消费需求都有新的特点,他们注重个性化、场景化的消费体验,因此,商品的展示与体验成为关注点,场景化时代来临。对于在线零售来说,这些需要实际感知、实际体验的场景化的体验式服务是最大软肋。随着这些新兴人群消费能力的不断提升,这个软肋会越来越明显。因此,线上线下相融合,线上的流量获取与连接用户与线下的场景体验相结合,才能更好地发挥出零售的威力,在这个过程中,不断提升用户体验,不断增强与粉丝的交互效率,提升粉丝的黏性,才是零售业的根本目标,也是零售企业的长期生存之道。

 附 件

附件1　江南布衣同行业财务比率比较

代码	证券简称	ROE(%)		
		2018年	2017年	2016年
3306.HK	江南布衣	32.25	42.92	60.79
港股	中位值	12.66	16.01	14.75
1836.HK	九兴控股	6.80	6.35	8.31
1368.HK	特步国际	12.45	8.02	10.77
1910.HK	新秀丽	12.66	20.52	18.09
0551.HK	裕元集团	7.31	11.51	11.57
3998.HK	波司登	10.07	6.56	4.77
6110.HK	滔搏	76.78	33.10	—
2331.HK	李宁	13.14	11.37	17.93
1913.HK	普拉达	7.18	—	9.04
2313.HK	申洲国际	21.66	21.68	20.93
2020.HK	安踏体育	27.83	26.56	26.32
沪深	中位值	15.56	13.27	13.69
600400.SH	红豆股份	4.86	14.09	5.07
600146.SH	商赢环球	−87.74	4.23	1.96
002042.SZ	华孚时尚	10.89	12.46	12.53
603587.SH	地素时尚	25.99	43.98	63.67
002867.SZ	周大生	22.02	23.71	28.09

续表

代码	证券简称	ROE(%)		
		2018年	2017年	2016年
601718.SH	际华集团	−0.37	4.61	9.13
600612.SH	老凤祥	20.42	21.30	22.02
002563.SZ	森马服饰	15.94	11.33	14.84
600655.SH	豫园股份	15.19	6.47	5.17
600398.SH	海澜之家	28.63	31.37	34.07

代码	证券简称	ROA(%)		
		2018年	2017年	2016年
3306.HK	江南布衣	20.28	22.71	23.56
港股	中位值	7.24	7.09	7.32
1836.HK	九兴控股	5.47	5.16	6.75
1368.HK	特步国际	7.24	4.77	6.48
1910.HK	新秀丽	4.64	6.88	7.45
0551.HK	裕元集团	3.70	6.54	7.19
3998.HK	波司登	6.65	4.31	2.98
6110.HK	滔搏	14.39	10.82	—
2331.HK	李宁	8.91	7.31	9.41
1913.HK	普拉达	4.36	—	5.91
2313.HK	申洲国际	17.58	16.39	14.67
2020.HK	安踏体育	18.89	18.55	17.85
沪深	中位值	6.93	8.11	6.48
600400.SH	红豆股份	3.79	7.95	1.92
600146.SH	商赢环球	−56.38	3.03	1.39
002042.SZ	华孚时尚	4.36	5.01	4.70
603587.SH	地素时尚	21.55	31.13	39.55
002867.SZ	周大生	15.70	17.54	18.83
601718.SH	际华集团	−0.22	2.59	4.68
600612.SH	老凤祥	8.33	8.27	8.26
002563.SZ	森马服饰	11.21	8.56	11.60
600655.SH	豫园股份	5.52	2.96	2.37
600398.SH	海澜之家	12.63	13.46	13.06

续 表

代 码	证券简称	销售毛利率(%)		
		2018年	2017年	2016年
3306.HK	江南布衣	63.75	63.23	62.57
港 股	中位值	48.07	45.14	46.23
1836.HK	九兴控股	17.44	17.13	18.73
1368.HK	特步国际	44.31	43.89	43.20
1910.HK	新秀丽	56.48	56.14	54.12
0551.HK	裕元集团	25.23	25.78	25.15
3998.HK	波司登	53.10	46.38	46.40
6110.HK	滔搏	41.79	41.58	43.24
2331.HK	李宁	48.07	47.06	46.23
1913.HK	普拉达	72.01	—	71.89
2313.HK	申洲国际	31.57	31.36	32.51
2020.HK	安踏体育	52.64	49.37	48.40
沪深	中位值	30.35	27.62	26.85
600400.SH	红豆股份	27.34	23.54	19.94
600146.SH	商赢环球	34.49	35.10	34.75
002042.SZ	华孚时尚	9.96	10.59	11.06
603587.SH	地素时尚	73.56	74.46	74.65
002867.SZ	周大生	33.37	31.69	33.77
601718.SH	际华集团	8.32	7.35	6.78
600612.SH	老凤祥	7.84	7.94	8.48
002563.SZ	森马服饰	39.35	35.06	37.85
600655.SH	豫园股份	21.94	14.89	14.83
600398.SH	海澜之家	40.40	38.45	38.51
代 码	证券简称	营业利润率(%)		
		2018年	2017年	2016年
3306.HK	江南布衣	18.84	17.97	16.89
港 股	中位值	12.31	11.46	11.78
1836.HK	九兴控股	3.46	3.74	3.81
1368.HK	特步国际	12.82	11.31	15.21
1910.HK	新秀丽	12.31	12.14	11.78
0551.HK	裕元集团	5.30	6.27	6.73

续 表

代码	证券简称	营业利润率（%）		
		2018 年	2017 年	2016 年
3998.HK	波司登	12.77	11.61	8.83
6110.HK	滔搏	9.33	8.19	8.75
2331.HK	李宁	6.43	4.71	4.11
1913.HK	普拉达	10.31	—	13.54
2313.HK	申洲国际	21.24	21.83	22.88
2020.HK	安踏体育	20.57	21.14	21.96
沪深	中位值	9.73	5.95	7.12
600400.SH	红豆股份	5.95	6.84	7.08
600146.SH	商赢环球	−21.33	3.69	7.15
002042.SZ	华孚时尚	4.51	4.99	4.00
603587.SH	地素时尚	32.66	27.90	35.48
002867.SZ	周大生	18.96	17.38	18.61
601718.SH	际华集团	0.47	0.57	0.09
600612.SH	老凤祥	5.09	5.06	5.32
002563.SZ	森马服饰	13.52	11.05	16.14
600655.SH	豫园股份	13.51	4.73	3.73
600398.SH	海澜之家	22.81	23.33	23.19

代码	证券简称	总资产周转率（次）		
		2018 年	2017 年	2016 年
3306.HK	江南布衣	1.42	1.60	1.87
港股	中位值	1.11	1.08	0.91
1836.HK	九兴控股	1.34	1.33	1.29
1368.HK	特步国际	0.71	0.60	0.66
1910.HK	新秀丽	0.74	0.72	0.82
0551.HK	裕元集团	1.18	1.16	1.15
3998.HK	波司登	0.70	0.62	0.52
6110.HK	滔搏	2.13	2.00	—
2331.HK	李宁	1.31	1.26	1.17
1913.HK	普拉达	0.67	—	0.68
2313.HK	申洲国际	0.81	0.79	0.75

续　表

代　码	证券简称	总资产周转率(次)		
		2018年	2017年	2016年
2020.HK	安踏体育	1.11	1.00	1.00
沪　深	中位值	0.75	0.88	0.86
600400.SH	红豆股份	0.45	0.35	0.35
600146.SH	商赢环球	0.67	0.54	0.21
002042.SZ	华孚时尚	0.82	0.93	0.86
603587.SH	地素时尚	0.78	1.24	1.35
002867.SZ	周大生	0.94	1.12	1.27
601718.SH	际华集团	0.71	0.87	1.04
600612.SH	老凤祥	3.02	2.88	2.72
002563.SZ	森马服饰	1.03	0.90	0.86
600655.SH	豫园股份	0.59	0.71	0.77
600398.SH	海澜之家	0.69	0.73	0.71

附件2　江南布衣财务报表

(单位：万元,CNY)

	2019-06-30	2018-06-30	2017-06-30	2016-06-30	2015-06-30
利润表摘要					
营业总收入	335 977.20	286 628.80	233 391.00	190 347.80	161 355.30
同比(%)	17.22	22.81	22.61	17.97	16.63
营业总支出	277 396.10	232 640.10	191 440.30	158 197.30	133 535.50
营业利润	58 581.10	53 988.70	41 950.70	32 150.50	27 819.80
同比(%)	8.51	28.70	30.48	15.57	40.18
税前利润	66 329.50	56 911.90	46 846.00	34 190.60	28 235.80
同比(%)	16.55	21.49	37.01	21.09	34.07
净利润	48 478.70	41 035.60	33 157.20	23 933.60	19 681.90
同比(%)	18.14	23.76	38.54	21.60	31.68
非经常性损益	5 222.30	1 971.60	4 027.40	2 256.10	326.90

续表

	2019-06-30	2018-06-30	2017-06-30	2016-06-30	2015-06-30
扣非后归属母公司股东的净利润	43 256.40	39 063.50	29 129.80	21 677.50	19 355.00
同比(%)	11.82	34.10	34.38	12.00	47.06
研发支出					
EBIT	58 581.10	53 988.70	41 950.70	32 150.50	27 819.80
EBITDA	63 399.80	57 785.30	45 330.70	35 181.30	30 752.90
资产负债表摘要					
流动资产	182 944.30	180 379.50	171 616.70	83 817.50	94 050.40
固定资产					
权益性投资					
资产总计	228 495.20	212 184.90	192 498.20	99 451.30	103 743.80
流动负债	86 077.10	82 342.90	65 429.40	69 807.10	41 715.90
非流动负债	1 310.50	1 054.10	1 344.90	850.00	12 082.50
负债总计	87 387.60	83 397.00	66 774.30	70 657.10	53 798.40
股东权益	141 107.60	128 787.90	125 723.90	28 794.20	49 945.40
归属母公司股东权益	141 108.10	128 787.90	125 723.90	28 794.20	49 945.40
现金流量表摘要					
经营活动现金流量	33 561.20	37 883.80	29 062.00	29 718.60	28 200.30
投资活动现金流量	−6 724.40	−14 896.70	−38 695.70	11 013.60	−1 954.40
筹资活动现金流量	−38 997.40	−37 886.50	41 659.80	−39 498.90	−19 267.70
现金净增加额	−11 694.00	−16 092.90	32 681.10	1 254.20	6 977.80
期末现金余额	21 646.50	33 340.50	49 433.40	16 752.30	15 498.10
资本支出	16 368.90	11 912.60	5 648.60	6 253.70	3 034.40
关键比率					
ROE(%)	35.92	32.25	42.92	60.79	49.07
ROE(摊薄)(%)	34.36	31.86	26.37	83.12	39.41
扣非后ROE(摊薄)(%)	32.05	30.70	37.70	55.06	48.26
ROA(%)	22.00	20.28	22.71	23.56	19.69
ROIC(%)	25.14	25.49	29.37	28.00	22.43
销售毛利率(%)	61.23	63.75	63.23	62.57	61.41

续　表

	2019-06-30	2018-06-30	2017-06-30	2016-06-30	2015-06-30
销售净利率(%)	14.43	14.32	14.21	12.57	12.21
EBIT Margin(%)	19.74	19.86	20.12	18.10	18.52
EBITDA Margin(%)	21.18	21.18	21.56	19.69	20.33
资产负债率(%)	38.24	39.30	34.69	71.05	51.86
资产周转率(倍)	1.52	1.42	1.60	1.87	1.61
每股指标					
EPS(稀释)	0.94	0.79	0.70	124.47	103.40
EPS(基本)	0.95	0.80	0.71	126.51	104.04
每股净资产 BPS	2.72	2.48	2.42	147.66	199 781.60
每股经营现金流 OCFPS	0.65	0.73	0.56	152.40	112 801.20
每股现金净流量 CFPS	−0.23	−0.31	0.63	6.43	27 911.20
P/E(TTM)	13.58	18.76	10.63		
P/E(LYR)	15.26	24.41	12.02		
P/B(MRQ)	4.50	5.95	2.59		
P/S(TTM)	2.01	2.91	1.41		
其他					
员工总数(人)	1 267	999	886		

数据来源：Wind。

案例三

美的集团股票回购的双重目的：维护市值和激励员工

案例摘要

2018年，在"去杠杆"叠加"贸易战"影响下，企业经营环境持续恶化，A股市场持续低迷，股权质押风险集中爆发。为稳定股价，增强投资者信心，上市公司广泛开展了股份回购。美的集团分别于2018年7月和2019年2月推出了总额40亿元和66亿元的股份回购计划并迅速落地，连续创下A股回购纪录。本案例从美的集团的三次股份回购出发，剖析其回购动机，对比分析了回购的实施效果。美的集团的股份回购对于维护市值起到了一定作用，但急跌后公司市值的修复离不开良好业绩的支撑和市场预期及投资者情绪的改善。同时，美的集团的股份回购承接了多层次、常态化的股权激励政策，体现了良好的公司治理。2018年是回购"元年"，美的集团的"真回购"为资本市场作出了表率，有助于引领股份回购健康稳定地发展。

理论分析：股票回购

一、股份回购

围绕上市公司开展股份回购的动机，国外学者提出了税负假说、信号假说、代理成本假说等学说。

(1) 税负假说。一方面,公司股东会因为资本利得税和个人所得税之间的差异,偏好从出售因回购而价格上涨的股票上获得超额收益;另一方面,如果公司回购行为的资金来源为债务融资,税盾效应也会降低回购成本,股东将间接地从公司价值增加中获益。

(2) 信号假说。公司管理层通过股票回购向市场传递公司价值被低估的信号,从而改变市场对公司股价及未来经营业绩的预期。

(3) 代理成本假说。公司因缺乏较好的投资项目或机会,通过股份回购将现金间接地分配给股东,以此减少可能产生的代理成本。

谭劲松和陈颖(2007)研究发现,国外关于股票回购的假说并无法对当时的5起股票回购案例作出合理解释,该5起回购实质上是上市公司向国有股控股大股东的利益输送。事实上,A股市场的股份回购,更多时候是出于维护市值的态度,与公司的盈利能力、现金流和估值水平并无绝对联系。

二、股权激励

股权激励创造性地以股票升值产生的价差为报酬,对管理层和核心人才进行绑定,从而实现企业的长期发展目标。管理层持股有利于降低代理成本,最大化股东财富和公司价值(Jensen 和 Meckling,1976);有助于减少管理层短视行为,提高企业的长期生产效率(Palia 和 Lichtenberg,1999)。对于高科技企业而言,高管股权激励能显著地提高研发支出(夏芸和唐清泉,2008;叶建芳和陈潇,2008;姜涛和王怀明,2012),并抑制非效率投资行为(吕长江和张海平,2011)。

实证检验表明,股权激励在实施后的第一年对企业绩效的激励效应最为明显,但随着时间推移,激励效果逐渐减弱。因此,上市公司在设计股权激励的绩效衔接、递延安排和退出机制时,应充分契合企业的长期发展目标,并保持激励方案的延续性、常态化。

案例研究:美的集团的股票回购

自本轮经济复苏以来,股份回购已伴随美股走过10年长牛。2008年至今,美股上市公司共计花费约5.1万亿美元进行股票回购,成为美股持续上涨的重要动力。巴菲特曾表示:"回购股票是回报股东的最优办法",但公司进行股份回购,必须确保:(1) 拥有满足日常运营所需之外的富余资金,包括现金及合理的举债能力;(2) 市场交易价格低于保守计算的内在价值。

作为世界上现金储备最高的公司(约 2 450 亿美元),苹果公司自 2012 年 8 月启动资本回报计划后,资本回报额逐年追加。截至 2018 年 12 月,苹果公司已累计向股东返现 3 363 亿美元,其中,以股份回购形式返现 2 473 亿美元,以现金分红形式返现 779 亿美元。未来,苹果仍将推出一项新的 1 000 亿美元的股票回购计划。2012 年至今,苹果公司的流通股从 66 亿股降至 47 亿股,减少了 28.8%,推动每股收益持续增加,股价屡创新高,市值接近万亿……

一、股份回购:价值庇护还是成长嫁衣?

上市公司进行回购的目的主要包括:(1)释放股价低于内在价值的信号,起到稳定股价、增强投资者信心的作用;(2)其他条件不变,提升 EPS、ROE 等指标,凸显股票价值;(3)通过回购买入股票,用于股权激励;(4)集中控制权,防止恶意收购。稳定股价通常为首要诉求之一。

(一)他山之石:股份回购在美国的实践

美国是较早实施股份回购并形成库存股制度的国家,监管环境相对宽松,可以概括为"原则允许,例外禁止"。美股公司十分注重股东回报,且普遍对高管采取股权激励,因此,管理层有意愿将利润的较大比例通过回购和分红分配给股东。大量且持续的回购是美股区别于全球其他市场的鲜明特点。自 2008 年金融危机以来,美股年均回购金额接近 4 800 亿美元,市值占比约 3%。2018 年,得益于税改后海外资金大量回流,美股回购金额更是高达 8 000 亿美元,创历史新高。

相比分红,股份回购的优势主要体现在:(1)回购对于 EPS 有增厚效果;(2)从预期管理角度,持续且稳定的分红比率对锚定投资者预期有重要意义,相比之下,回购作为分红的补充,可以更为灵活;(3)相比分红按个人所得的处理方式,回购按资本利得具有一定的税收优势;(4)回购后股份可以作为库存股而无须强制注销。

从历史来看,企业回购受到内外部环境的综合影响。一方面,回购行为与公司盈利能力和现金流状况密切相关。由于回购是利润分配的一种形式,而投资需求可能挤占部分利润分配空间,因此,美股公司在缺乏投资机会时回购往往增加(如 2014—2015 年),资本开支增加时回购反而减少(如 2016—2017 年);另一方面,外部融资成本的抬升也会对企业回购产生压力。金融危机以来,美股大量且持续的回购离不开低息的融资环境,当企业的自由现金流(经营性现金流-资本开支)不足以覆盖利润分配(回购+股息)时,公司的回购行为对利率变动将变得非常敏感。

整体来看,美股回购呈现出"顺市而为"的特点,即在市场上行、企业盈利和现金流情况向好时进行回购。在行业层面,由于信息技术和大消费板块整体盈利增速较快,现金流良好,在手现金充裕,往往作为股份回购的主力。

(二) 股份回购在我国的现状

相比美股,A 股上市公司现金分红较少,部分"铁公鸡"甚至长期不分红。近年来,随着监管层将上市公司的分红政策与其再融资行为挂钩,A 股市场的分红方式也出现了积极的变化。2017—2018 年,A 股现金分红连续两年突破万亿元,"高送转"现象大幅缩减。

在回购方面,长期以来,国内对股份回购的具体情形、回购股份的处理均有严格规定,导致 A 股市场回购并不活跃。2005 年股权分置改革前,股票回购的目的仅限于减资或合并,且股票被回购后需立即注销。近年来,政策对股份回购的限制已逐渐放宽。2018 年,A 股市场共有 782 家公司开展股份回购,回购金额高达 617.02 亿元,创历史纪录。其中,有 145 家公司的回购金额超过 1 亿元,有 7 家公司的回购金额超过 10 亿元。

回购虽然短期内能对股价起到提振作用,但股价在中长期的走势仍取决于公司盈利、估值等多方面因素,因此,回购并不是导致股价上涨的充分条件。在市场上行阶段,回购往往与市场表现形成共振,推动股价进一步上涨;在市场下行阶段,卖出压力和投资者情绪恶化会削弱回购的信号效应。

A 股市场的股份回购多集中发生在市场下跌阶段(如 2012 年 9 月—2013 年 5 月、2015 年下半年及 2018 年)。上市公司寄望于通过回购来稳定股价、增强投资者信心。从两市集中回购后的大盘走势来看,尽管没有显著反弹,但回购在一定程度上延缓了市场下跌。

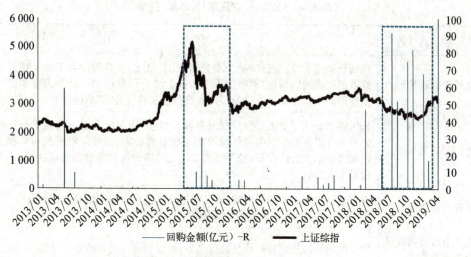

图 3-1　A 股市场回购金额(月)与大盘走势

资料来源:Wind。

另外,与美股相比,A股公司的回购比例相对较小。A股回购金额占流通市值的比例超过5%的公司仅占7%,而美股回购比例大于10%的公司占比高达22%。研究表明,回购后公司的股价表现与回购比例呈正相关关系,美股回购比例较大,因而回购对股价的支撑效果也更好。

(三) 政策支持上市公司开展股份回购

2018年,我国经济下行压力持续增加,以资管新规及其配套细则为标志的"去杠杆"政策,使非标融资大幅收缩,而表内信贷扩张难以承接非标的庞大体量,叠加外部中美贸易摩擦造成的出口转弱,令企业经营环境趋于恶化。股市方面,A股市场全年低迷,截至2018年9月,上证综指累计下跌24.59%,深证成指累计下跌34.42%,创业板指累计下跌28.65%。股价大幅下跌,导致质押业务频繁出现流动性危机。据统计,A股市场质押总规模超过6万亿元,对于高比例质押融资的上市公司而言,一旦股价跌破平仓线,大股东无力担保或无法追加保证金,将被迫平仓,进而面临控制权变更的风险。

2018年9—11月,为化解民营企业股权质押、债务风险,一系列政策解决方案密集发布,具体包括:深圳、北京、上海等地政府成立纾困专项基金;11家券商出资设立系列资管计划;保险资管成立纾困专项产品;沪深交易所发行纾困专项债等。监管层同样肯定了股份回购对于短期推升股价远离预警线、平仓线的积极作用。

2018年以来,监管机构持续鼓励符合条件的上市公司依法合规地回购股份。10月26日,《公司法(修正案)》(草案)获全国人大常委会审议通过,修正案主要从三方面对回购制度进行了修改完善,为稳定资本市场预期提供了法律支撑,有望进一步提振市场信心。

表3-1 《公司法(修正案)》(草案)变动

变动内容	具体内容
增加股份回购情形	将现行规定中"将股份奖励给本公司职工"修改为"将股份用于员工持股计划或者股权激励";增加"将股份用于转换上市公司发行的可转换为股票的公司债券"和"上市公司为维护公司价值及股东权益所必需"两种情形
简化回购决策程序	公司将股份用于员工持股计划或者股权激励、用于配合上市公司发行可转换公司债券以及为维护公司价值及股东权益所必需的,可以依照公司章程的规定或者股东大会的授权,经三分之二以上董事出席的董事会会议决议,不必经过股东大会表决
建立库存股制度	以上述三种用途回购股份的,将公司持有本公司股份的数额占比上限由5%增至10%,公司持有所回购股份的期限由1年增至3年
补充了上市公司股份回购的规范要求	股份回购应按规定履行信息披露义务,并应当通过公开的集中交易方式进行

资料来源:相关法律文件。

二、美的集团：多元化家电龙头

(一) 发展历程

美的集团由何享健于1968年创立，早期从事塑料瓶盖、玻璃瓶等产品的生产，后通过广泛的垂直整合与横向拓展，成为我国家电领域的龙头之一。如今，美的集团已发展成为拥有暖通空调、消费电器、机器人与自动化系统产品线以及智能供应链(物流)的科技集团。

从美的集团的发展历史来看，其业务多元化主要可以分为两个阶段：(1) 产品品类多元化阶段。2010年以前，美的集团通过内生发展、合资经营以及兼并收购不断丰富产品线。截至2008年年底，其产品品类已覆盖白色家电、厨房电器、小家电及家电上下游的压缩机、电机与磁控管等领域；(2) 业务区域多元化阶段。2010年后，随着国内家电市场日趋成熟，同类竞争加剧，美的集团开始通过海外并购进行国际化布局，进而持续推进全球化战略。截至2016年年底，美的集团已建有17个国内生产基地和12个海外生产基地。2017年，美的集团完成对德国库卡的收购，标志着美的集团从多元化家电龙头企业向科技集团的转变。

表3-2 美的集团多元化发展历程

年 份	事 件
1980年	代工制造明珠牌电风扇，涉足家用电器
1985年	成立空调设备厂，进入空调行业
1994年	与日本三洋合作，生产模糊逻辑电脑电饭煲
1998年	收购东芝万家乐，进入空调压缩机领域
1999年	进入洗衣机、电磁炉、微波炉等领域
2001年	收购日本三洋磁控管工厂，进入磁控管领域
2004年	收购荣事达50.5%的股权，进入冰箱和洗衣机产业
2005年	收购江苏春花80%的股权，进入吸尘器产业
2008年	成为小天鹅实际控制人，优化白色家电布局
2010年	收购埃及空调龙头Miraco公司32.5%的股份
2011年	收购开利拉美空调业务公司51%的股份
2016年	收购日本东芝白色家电业务； 收购意大利空调品牌Clivet 80%的股份； 收购瑞典吸尘器品牌Eureka； 与日本安川电机合资，进军机器人产业

续表

年 份	事 件
2017年	收购德国库卡，强化工业自动化和智能机器人布局； 收购以色列机器人运动控制系统解决方案提供商Servotronix； 与瑞典伊莱克斯成立合资公司，引入高端德国品牌AEG

资料来源：公司官网。

在公司治理方面，美的集团于1997年实施了事业部制改革，之后多次调整事业部制结构，以积极应对内部及外部环境的变化。近年来，美的集团进一步整合了部品事业部、厨热事业部和生活电器事业部，以此增强部门间的协同效应，实现降本增效。此外，美的集团还通过多层次、常态化的长期激励体系，保障公司战略的高效、平稳落地。

（二）实控人与股权结构

截至2019年4月，美的集团的总股本为65.9亿股，前十大股东占比66.16%。公司实际控制人为创始人何享健，其通过美的控股间接持有上市公司33.48%的股份。

何享健，1942年生于广东顺德，美的集团创始人。1992年推动美的进行股份制改造，2001年完成了公司高层经理人股权收购，进一步完善现代企业制度。2012年8月，何享健卸任美的集团董事长。2018年胡润百富榜发布，何享健、何剑锋父子以1 300亿元位列第六名。

表3-3 美的集团前十大股东明细（截至2019年3月31日）

排名	股 东 名 称	参考市值（亿元）	持股数量（股）	占总股本比例（%）
1	美的控股有限公司	1 077.93	2 212 046 613	33.48
2	香港中央结算有限公司（陆股通）	520.95	1 069 044 139	16.18
3	中国证券金融股份有限公司	96.56	198 145 134	3.00
4	方洪波	66.76	136 990 492	2.07
5	加拿大年金计划投资委员会—自有资金（交易所）	58.66	120 379 067	1.82
6	黄健	42.89	88 023 300	1.33
7	中央汇金资产管理有限责任公司	38.24	78 474 900	1.19
8	高瓴资本管理有限公司—HCM中国基金	30.13	61 831 900	0.94
9	GICPRIVATELIMITED	27.06	55 535 104	0.84
10	小米科技有限责任公司	26.07	53 500 000	0.81
合计		1 985.25	4 073 970 649	61.66

资料来源：公司公告。

(三)业务发展情况

当前,美的集团的业务主要包括暖通空调、消费电器(主要包含冰箱、洗衣机、厨房电器及其他小家电等)以及机器人及自动化系统等三大板块。

从财务数据看,2018年,美的集团全年实现营业收入2 618.2亿元,同比增长8.23%,归属母公司净利润202.31亿元,同比增长17.05%。尽管收入、利润增速较前几年有所放缓,但归属母公司净利率多年来保持稳定。

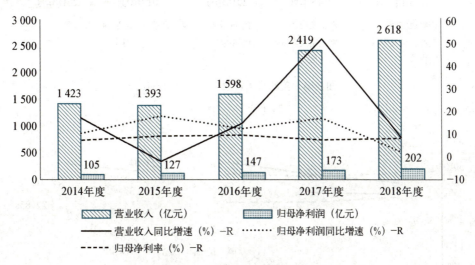

图3-2 美的集团财务数据概览

资料来源:Wind。

其中,2018年度暖通空调业务实现营收1 093.95亿元,同比增长14.73%,占公司同期总营收的42.13%,占比较2017年提升2.51个百分点;消费电器业务实现营收1 029.93亿元,占公司同期总营收的39.66%,同比增长4.30%;机器人及自动化系统业务实现营收256.78亿元,占公司同期总营收的9.89%,同比下降5.03%。分地区来看,国内业务收入1 492.57亿元,占比57.48%;国外业务收入1 104.08亿元,占比42.52%。

1. 家电业务

2018年,我国家电行业实现营业收入1.49万亿元,同比增长9.9%;实现利润1 225.5亿元,同比增长2.5%。其中,地区层面,国内市场零售额约8 204亿元,同比增长1%;出口额约686.3亿美元,仍保持近10%的高速增长。渠道层面,2018年家电线上零售额同比增长15.3%,占比36.3%,线上市场已经成为家电行业不可或缺的渠道。美的集团作为国内唯一的全品类布局、产业链贯通的多元化家电龙头,其产品线涵盖空调、冰箱、洗衣机、小家电等多个品类。

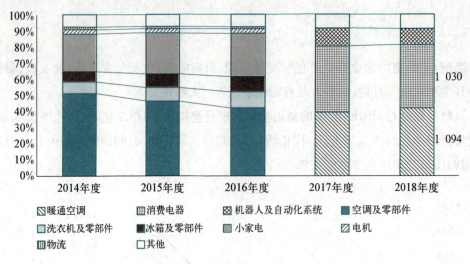

图 3-3　美的集团各业务板块收入占比

资料来源：Wind。

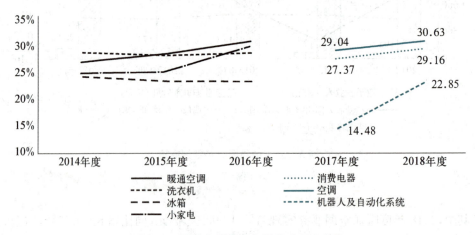

图 3-4　美的集团各业务板块毛利率变化

资料来源：Wind。

(1) 白色家电。

目前，国内白电市场竞争格局成熟，美的在三大品类的市场份额排名中均位居前三。

在空调方面，2018 年空调市场零售额达 1 980 亿元，同比增长 4.5%。目前，内销市场份额排名前三依次为格力、美的、海尔；美的空调线下、线上市场份额分别为 25%（第二）和 23.3%（第二），多年来保持稳定。

在冰箱方面，2018 年冰箱市场零售额达 969 亿元，同比增长 3.4%。目前，内销市场份额排名前三依次为海尔、美的、海信科龙；美的冰箱线下、线上市场份额分别为 11%（第三）和 16.4%（第二），连续 6 年稳步提升。

在洗衣机方面，2018 年洗衣机市场零售额达 707 亿元，同比增长 3.1%。目前，内销市场份额排名前三依次为海尔、美的、惠而浦;美的洗衣机收购整合小天鹅后,市场份额快速提升,线下、线上市场份额分别为26%(第二)和31%(第二)。

过去,美的白色家电产品主打性价比,缺乏高端纵深发展能力。为提升品牌溢价,美的集团先后推出了高端冰箱子品牌凡帝罗(Vandelo)和高端洗衣机子品牌比佛利(Beverly)。2018年,美的推出 AI 科技家电高端品牌 COLMOBLANC,以进一步提升在高端家电领域的市场份额。外销方面,美的近年来收购了多国白色家电企业,如 Miraco、Clivet、东芝白电等,持续推进全球化战略。

同时,美的集团通过布局上游零部件厂商 GMCC 美芝压缩机与威灵电机,下游服务商安得智联打通产业链,实现了白色家电的生产协同与物流协同;美的集团也通过推广"T+3"产销模式①提升了运营效率。

(2) 小家电。

美的集团在小家电领域已深耕 26 年,产品品类齐全。一是在厨房小家电领域,美的早在1993年就引入日本三洋电饭煲项目,之后扩展至电磁炉、微波炉、豆浆机与破壁机等多种厨电产品。目前,美的在电磁炉和电饭煲两大领域处于绝对优势地位,产品价格仍有提升空间;二是在清洁小家电领域,美的2005年通过收购吸尘器品牌江苏春花80%的股权进入清洁小家电产业。目前,吸尘器与空气净化器两大清洁类小家电的零售份额第一分别由戴森与飞利浦占据。未来,美的仍将持续受益于小家电国产化的趋势。

2. 机器人及自动化系统业务

根据国际机器人联合会(IFR)的预测,截至2018年年底,全球机器人产业规模将达298.2亿美元,预计全球对机器人自动化的需求将进一步增加,2018—2020年年化增长率至少在15%以上。与此同时,自2013年以来,中国工业机器人连续六年成为全球第一大应用市场。

美的集团提出"双智战略",包括智能产品和智能制造。美的自2015年起布局机器人业务,并将其作为公司多元化业务发展的重要方向。美的集团先后与安川电机合资成立美的安川,生产服务类机器人。同时,美的在2017年完成了对库卡集团的收购并整合工业机器人、医疗与仓储自动化等业务,以此产生的协同效应,进一步助力美的与库卡实现共赢发展。

三、美的集团的回购历史

(一) 第一次股份回购(2015年7月)——维护市值

2014年,美的集团推出了《关于股份回购计划的长效机制(2014—2016)》,拟在2014—2016年推出两期股份回购方案,推动公司股票价值的合理回归。

---

① "T+3"产销模式,即将接收用户订单、原料备货、工厂生产、发货销售四个周期,通过全产业链优势优化制造流程,升级制造设备和工艺,实现产供销联动,进一步压缩供货周期。

表 3-4　关于股份回购计划的长效机制(2014—2016)

	第一期(首期)	第二期
回购时点	不晚于 2015 年 6 月 30 日推出	不晚于 2016 年 6 月 30 日推出
回购期限	自股东大会审议通过股份回购方案起不超过 12 个月	
回购股份金额上限	2013 年度归属母公司净利润的 30%，即 15.95 亿元	2014 年度归属母公司净利润的 30%
回购股份价格上限	公司董事会通过各期回购方案决议前 10 个交易日或者前 30 个交易日公司股票平均收盘价的 130%(按照孰高原则)	
回购股份的处理	可依法注销，或用于股权激励计划、员工持股计划的股份来源	

资料来源：公司公告。

2015 年，受经济下行压力加大、商品房销售活跃度下降、政策空窗等多重负面因素的综合影响，我国家电行业整体增速显著下滑，各品类家电均不同程度地面临着终端市场需求不振、渠道库存压力加重的困境。根据 Wind 统计，2015 年，我国家电行业实现收入 7 139.63 亿元，同比下降 4.43%，实现净利润 406.96 亿元，同比下降 5.67%。在市场大环境下，美的集团作为白色家电龙头，也难以"独善其身"。公司股价自 5 月 26 日的 40.58 元/股，一路下跌至 7 月 8 日的 30.81 元/股，跌幅达 24%。

2015 年 6 月 27 日，美的集团公布《关于首期回购部分社会公众股份的预案》，确定公司本次回购价格不超过每股 48.54 元，回购股份的资金总额不超过 10 亿元(自有资金)；回购的股份将予以注销，从而减少公司的注册资本，提升每股收益水平。截至 2015 年 7 月 31 日，公司实际回购股份数量共计 2 959 万股，占公司总股本的比例为 0.69%，最高成交价为 35.74 元/股，最低成交价为 30.69 元/股，回购资金总额达到最高限额，回购方案实施完毕。

表 3-5　首次回购前后股份变动情况

	本次变动前		拟回购注销数量	本次变动后	
	股份数量(股)	比例		股份数量(股)	比例
限售股	2 026 343 750	47.18%		2 026 343 750	47.50%
非限售流通股	2 268 962 398	52.82%	29 591 644	2 239 370 754	52.50%
总股数	4 295 306 148	100%	29 591 644	4 265 714 504	100%

资料来源：公司公告。

为检验股份回购对稳定公司股价的作用，本文采用事件研究法，考察股份回购实施前后美的集团股票的累计异常回报(Cumulative Abnormal Return，CAR)。CAR 的具体计算公式如下：

$$AR_{i,t} = R_{i,t} - \tilde{R}_{i,t}, \quad CAR_i = \sum_{T0}^{T1} AR_{i,t}$$

其中，$R_{i,t}$ 是个股 i 在 t 期的回报率，$\tilde{R}_{i,t}$ 是个股 i 在 t 期的期望回报率，本文采用市场模型对个股期望回报率 $\tilde{R}_{i,t}$ 进行估计。

以 2015 年 7 月 17 日美的集团发布《关于首期回购部分社会公众股份的报告书》作为事件日（AD-0 日），我们绘制了美的集团股票在股份回购实施前后(-15,+15)窗口下累计异常回报的变化趋势。由图 3-5 可知，美的集团股票的超额收益（AR）在股份回购期间波动较大。自 AD-15 日起，美的集团股票的 CAR 持续增加，并于 AD-5 日实现了 5.14% 的增幅，为整个事件期内最大的单日超额收益，反映出市场对公司即将召开临时股东大会（7 月 13 日）并开展股份回购的反应积极。回购公告后，公司股票的 CAR 持续下降，并连续出现单日负增长，直至 AD+7 日才再度上行。回购方案实施完毕（7 月 31 日）后，公司股价经历了一波上涨，于 8 月 10 日收于 34.95 元/股，达到短期高点。总体来看，股份回购期间内(-15,+15)，美的集团股票共实现 13.75% 的累计异常回报。可见，股份回购在短期对于维护公司股价、稳定投资者预期并传达成长信心起到积极作用。

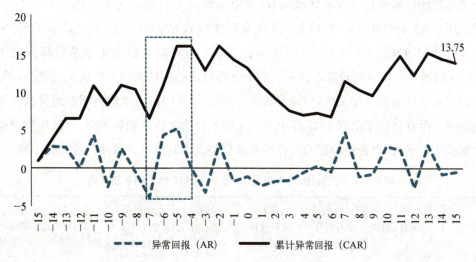

图 3-5　股份回购实施前后(-15,+15)内美的集团股票 CAR 的变化趋势

资料来源：Wind。

美的集团积极开展股份回购，回购资金总额高达 10 亿元，截至 8 月 10 日，公司股价已逐步回升至 34.95 元/股。随后，美的集团股价再度下挫，8 月 25 日更是跌至 23.76 元/股，较高点跌幅超过 40%，之后才触底回升。因此，尽管股份回购在短期具有维护公司股价、稳定投资者预期的作用，但在市场大环境向下时，其对股价的长期提升作用仍相对有限。

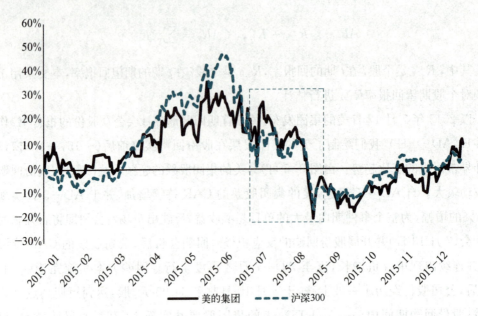

图 3-6　2015 年美的集团股票、沪深 300 指数累计回报率的变化趋势

资料来源：Wind。

美的集团的股价自 8 月末触底回升，其市值修复与公司稳定增长的业绩密不可分。美的集团 2015 年中报显示，公司上半年实现营业收入 828.75 亿元，同比增长 6.65%；实现归属母公司净利润 83.24 亿元，同比增长 25.93%；而同期格力电器营收却同比下滑 12.42%，归属母公司净利润基本持平。由于空调与商品房销售相关性较强，而洗衣机、冰箱与商品房销售没有直接关联，空调营收占比超过 80% 的格力电器更明显地受到经济下行的影响。尽管美的集团在 2015 年上半年采取了较为激进的销售策略，导致应收票据及应收账款大幅增长，但公司稳定而出色的业绩仍是支撑其股价企稳回升的关键因素。

表 3-6　美的集团、格力电器、青岛海尔 2015 年中期业绩对比

证券代码	证券简称	营收 2014H1（亿元）	营收 2015H1（亿元）	同比增长率（%）	净利润 2014H1（亿元）	净利润 2015H1（亿元）	同比增长率（%）
000333.SZ	美的集团	777.08	828.75	6.65	66.10	83.24	25.93
000651.SZ	格力电器	589.30	516.10	−12.42	57.18	57.21	0.05
600690.SH	青岛海尔	470.01	419.20	−10.81	25.77	26.29	2.00

资料来源：Wind。

(二) 第二次股份回购 (2018 年 7 月)——维护市值，推动合并小天鹅

自 2018 年 3 月 22 日特朗普签署政策备忘录开始，中美贸易作为超预期的中长期问题

开始成为市场的"主要矛盾"。贸易摩擦的风险显著改变了投资者对于未来经济的预期和风险偏好。6月15日,人民币汇率出现较大幅度贬值,A股市场也大幅调整。在股价下行期间,2018年7月5日,美的集团发布了《关于回购部分社会公众股份的预案》,具体方案如下:

表3-7 美的集团第二次股份回购方案(2018年7月)

回购金额	不超过人民币40亿元
回购价格	不超过50元/股
回购数量	预计回购股份数量上限为8 000万股,约占公司总股本的1.2%
回购期限	自股东大会审议通过回购股份方案之日起12个月内

资料来源:公司公告。

截至2018年12月28日,公司累计回购股份数量为9 511万股,占公司总股本的1.43%,最高成交价为48.40元/股,最低成交价为36.49元/股,支付总金额约40亿元,回购方案已实施完毕。

表3-8 第二次回购前后股份变动情况

	本次变动前		拟回购注销数量	本次变动后	
	股份数量(股)	比 例		股份数量(股)	比 例
限售股	147 174 760	2.21%		147 174 760	2.24%
非限售流通股	6 515 855 746	97.79%	95 105 015	6 420 750 731	97.76%
总股数	6 663 030 506	100.00%	95 105 015	6 567 925 491	100.00%

资料来源:公司公告。

美的集团此次回购毋庸置疑地属于"真回购",具有回购金额高、实施速度快、二级市场带来真实买盘资金支持、注销股份提升每股收益等特点,为构筑市场"回购底"起到了正面作用。在回购公告后2日内,美的集团股票实现了约4.62%的累计异常回报,表明市场认可股份回购传递出的积极信号。然而,从整个回购期来看,公司的股价表现并不理想。自7月5日公布回购预案到12月28日实施完毕,美的集团的股价下跌约18.3%,大幅跑输沪深300指数10.5%的跌幅,累计异常回报为—24.2%。可能的原因包括:受大盘持续走弱影响、美的集团股价此前高位坚挺出现的补跌效应以及市场对回购方案能否顶格完成的隐忧。此外,尽管回购金额高达40亿元,但也仅仅对应9 511万股,占公司总股本的1.43%,这些因素都在一定程度上制约了美的集团短期股价的表现。

尽管此次股份回购对于短期维护公司股价的效果并不理想,但另一方面,美的集团在公告发行股份购买小天鹅股份前推出40亿元的股份回购预案,也有利于提高吸收合并小天鹅的成功率及降低合并成本。

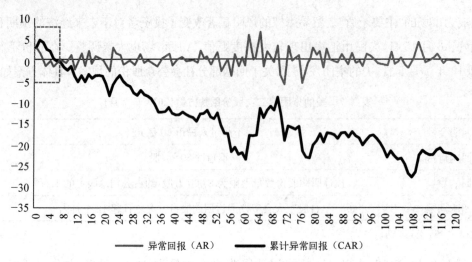

图 3-7 股份回购实施后(0,+120)窗口内美的集团股票 CAR 的变化趋势

资料来源：Wind。

历史上，美的集团曾多次通过国际并购扩展主业版图，如 2016 年先后收购库卡、Clivet、东芝白电等。2018 年 10 月，美的集团公告，拟以向小天鹅除美的集团及 TITONI 外的所有股东发行股票，换股吸收合并小天鹅。对于美的集团而言，此次合并有助于集团进一步推动品牌高端化及品类协同发展战略，同时，美的与小天鹅之间日益上升的关联交易及同业竞争问题将得以解决；对于小天鹅而言，则可以更好地依托美的平台，布局印度、南美等重点新兴市场区域。

表 3-9 美的集团吸收合并小天鹅方案梳理(根据预案梳理)

收购方	美的集团
交易对方	小天鹅除美的集团及 TITONI 外所有 A 股和 B 股股东
标的	交易对方持有的小天鹅合计 47.33% 股票(包括 A 股和 B 股)
标的作价	143.83 亿元。其中，小天鹅 A 股定价为 50.91 元/股，较定价基准日前 20 个交易日溢价 10%；小天鹅 B 股定价为 42.07 元/股，较定价基准日前 20 个交易日溢价 30%。除美的集团直接及间接持有的小天鹅股份外，参与本次换股的小天鹅 A 股为 202 503 775 股，小天鹅 B 股为 96 830 930 股，对应的总交易对价为 143.83 亿元
股份支付价格	42.04 元/股，等于美的集团定价基准日前 20 个交易日股票均价
换股比例	每 1 股小天鹅 A 股股票可以换得 1.211 0 股美的集团股票，每 1 股小天鹅 B 股股票可以换得 1.000 7 股美的集团股票
发行股份数量	342 130 784 股
异议股东收购/现金请求权	定价基准日前一个交易日的收盘价的 90%，即美的集团为 36.27 元/股；小天鹅 A 股为 41.85 元/股，小天鹅 B 股为 28.29 元/股

资料来源：公司公告。

案例三　美的集团股票回购的双重目的：维护市值和激励员工

受家电行业整体增速下滑及市场行情影响，2018 年美的集团和小天鹅 A、B 股的股价持续走跌：美的集团股价由年初的 56.38 元/股下跌到停牌前的 40.30 元/股，跌幅为 28.5%；小天鹅 A 股股价由年初的 67.04 元/股下跌到停牌前的 46.50 元/股，跌幅为 30.6%；小天鹅 B 股股价由年初的 45.45 元/股下跌到停牌前的 36.17 元/股，跌幅为 20.4%。

在换股方案下，换股比例对于合并成本及收益至关重要。只要美的集团和小天鹅股价跌幅差异不大，换股比例就能保持稳定，从而避免产生严重的价值错估。若美的集团股价相对于小天鹅股价跌幅较小，则相当于美的集团支付了更少的交易对价。图 3-8 展示了 2018 年美的集团、小天鹅 A、小天鹅 B 股票累计回报率的变化趋势，可见自 7 月 5 日推出股份回购方案后，美的集团与小天鹅 A 股价的跌幅差距（美的集团—小天鹅 A）便逐步减小并由负转正，从而降低了美的吸收合并小天鹅的成本。

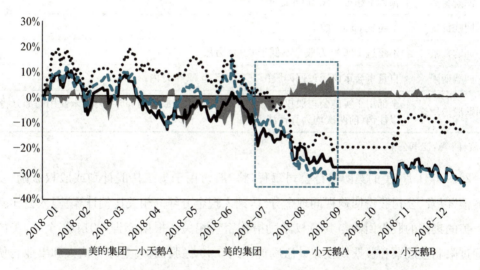

图 3-8　2018 年美的集团股票、小天鹅 A、小天鹅 B 累计回报率的变化趋势

资料来源：Wind。

另外，股票复牌后，如果美的集团股价相对于小天鹅股价的跌幅扩大，也可能导致小天鹅股东不再愿意按照原来的换股比例进行换股。为此，美的集团还在 11 月 21 日向小天鹅发出《关于本次换股吸收合并实施前分红安排的提议函》，提出在本次换股吸收合并经中国证监会核准后正式实施前，小天鹅进行一次现金分红，每股现金分红的金额为人民币 4 元；分红总金额约人民币 25.3 亿元，约占 2018 年第三季度末小天鹅母公司未分配利润的 85.08%，约占小天鹅 A 当日收盘价的 8.59%。综上，美的集团通过大规模的"回购＋分红"，既避免了股价大幅下跌，也增加了合并对于中小股东的吸引力，从而起到降低合并成本并增加合并成功率的作用。

(三) 第三次股份回购(2019年2月)——用于股权激励,传达成长信心

2018年11月以来,股份回购制度加速落地。11月9日,证监会、财政部、国资委发布《关于支持上市公司回购股份的意见》;11月23日,沪深交易所就《上市公司回购股份实施细则(征求意见稿)》向市场公开征求意见;2019年1月11日,沪深两所《上市公司回购股份实施细则》正式发布,明确支持各类上市公司回购股份用于实施股权激励及员工持股计划,鼓励运用其他市场工具为股份回购提供融资等支持,并简化了实施回购的程序。回购新政引发大批上市公司的积极响应,2019年2月22日,美的集团再次发布《关于回购部分社会公众股份方案的公告》,具体方案如下:

表3-10 美的集团第三次股份回购方案(2019年2月)

回购金额	预计不超过人民币66亿元
回购价格	不超过55元/股
回购数量	不超过12 000万股且不低于6 000万股
回购期限	自董事会审议通过回购股份方案之日起12个月内
回购股份用途	全部用于实施公司股权激励计划及/或员工持股计划,36个月内未使用的部分将予以注销(前两次均为直接注销)

资料来源:公司公告。

2019年1月,美的集团修订公司章程,将"股份用于员工持股计划或股权激励、发行可转债"以及"公司股份回购视同现金分红,纳入现金分红的相关比例计算"写入公司新章程。美的集团的股份回购与其股权激励措施密切相关。根据公告,2014年至今,美的集团通过限制性股票和股票期权累计激励规模约5.46亿股,通过全球合伙人和事业合伙人累计激励规模约2 233万股,合计约5.68亿股,占公司总股本的8.6%;公司平均每年用于股权激励的股份约1亿股,接近此次回购1.2亿股的数量上限。据此可以推测公司此次回购的股份有望在2019年全部用于股权激励。

表3-11 美的集团股权激励规模测算 (单位:万股)

	全球合伙人持股计划	事业合伙人持股计划	限制性股票激励计划	股票期权激励计划	合 计
2014				4 060.20	4 060.20
2015	648.38			8 430.00	9 078.38
2016	258.31			12 753.00	13 011.31
2017	284.64		2 979.00	9 898.20	13 161.84

续表

	全球合伙人持股计划	事业合伙人持股计划	限制性股票激励计划	股票期权激励计划	合　计
2018	331.85	177.93	2 501.00	6 208.00	9 218.78
2019	354.62	177.48	3 035.00	4 724.00	8 291.10
合计	1 877.80	355.41	8 515.00	46 073.40	56 821.61

资料来源：公司公告。

3月5日，美的集团完成了首次100万股的股份回购。截至2019年3月31日，公司已累计回购1 454万股，占公司总股本的0.22%，最高成交价为49.25元/股，最低成交价为45.62元/股，支付的总金额约6.92亿元。

截至2018年第三季度，美的集团货币资金约424.89亿元，归属于上市公司股东的净资产约828.65亿元。假设此次回购金额按照上限66亿元测算，约占公司货币资金的15.5%、约占公司净资产的7.96%。因此，美的集团流动性较充足，股份回购计划不会对公司的经营、财务产生重大不利影响。

截至4月30日，美的集团股价报收52.4元/股，2019年以来累计涨幅高达43.80%，跑赢沪深300指数31.78%的累计涨幅。但公司股价目前仍低于第五期股票期权激励计划的行权价格57.54元/股，因此，未来继续回购股份也有助于向员工和市场传达成长信心。

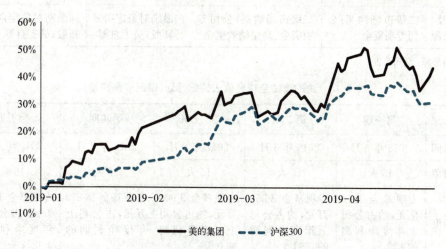

图3-9　2019年美的集团股票、沪深300指数累计回报率的变化趋势

资料来源：Wind。

四、多层次、常态化的股权激励体系

股权激励是一种公司面向核心成员所采用的，以股权为标的，旨在进行长期型激励的

制度安排。为激发职工积极性、保留核心人才，进而提升企业绩效，实现长期发展目标，我国借鉴美国等成熟国家的证券市场经验，于1992年开展了职工持股试点。在2005年股权分置改革完成以及《上市公司股权激励管理办法（试行）》发布后，推出股权激励的上市公司数量迅速增加。

2014年至今，美的集团已先后推出5期全球合伙人计划、2期事业合伙人计划、3期限制性股票激励计划和6期股票期权激励计划。一方面，美的集团针对核心高管、中高层、业务骨干分别推出了不同的股权激励计划，以惠及多层次员工，实现员工与公司利益的深度绑定；另一方面，美的集团的激励政策已实现常态化，且覆盖范围不断扩大（如参与人数的增加、新增事业合伙人计划等），激励对象的选择标准匹配公司转型方向，期限延长承接公司长期战略，绩效衔接机制日趋完善，彰显公司良好的治理结构。

表3-12 美的集团股权激励体系

	全球合伙人持股计划	事业合伙人持股计划	限制性股票激励计划	股票期权激励计划
实施历程	2015年起实施，已推出5期	2018年起实施，已推出2期	2017年起实施，已推出3期	2014年起实施，已推出6期
激励对象	公司总裁、副总裁、事业部及经营单位总经理和其他高管	公司除全球合伙人以外的副总裁、下属单位总经理和其他高层	公司经营单位和部门的中高层管理人员和骨干	集团下属单位的研发、制造、品质等科技人员及中基层管理人员
股票及资金来源	二级市场购买；公司专项资金	二级市场购买；公司专项资金、高层绩效奖金	向激励对象定向发行新股；员工自筹	向激励对象定向发行新股；员工自筹

资料来源：公司公告。

表3-13 美的集团全球合伙人持股计划（根据草案整理）

	第一期	第二期	第三期	第四期	第五期
实施时间	2015年3月	2016年3月	2017年3月	2018年3月	2019年4月
激励对象	15人	15人	15人	20人	16人
激励额度	专项基金1.15亿元，约占公司上年度净利润的1%	专项基金8 050万元，约占公司上年度净利润的0.6%	专项基金9 900万元，约占公司上年度净利润的0.6%	专项基金18 250万元，占公司上年度净利润的0.98%	专项基金18 582万元，占公司上年度净利润的0.92%
股票来源	二级市场购买				
资金来源	公司提供专项资金＋持有人自由资金（不超过公司资金）	公司提供持股计划专项资金			
归属安排	分三期归属，比例为4:3:3			考核期满后一次性归属	

续表

	第一期	第二期	第三期	第四期	第五期
绩效衔接	年度归属母公司净利润增长率不低于15%；年度加权平均净资产收益率不低于20%	年度加权平均净资产收益率不低于20%；持有人个人年度业绩考核			

资料来源：公司公告。

表3-14 美的集团事业合伙人持股计划（根据草案整理）

	第一期	第二期
实施时间	2018年3月	2019年4月
激励对象	50人	45人
激励额度	专项基金9 785万元，约占公司上年度净利润的0.53%	专项基金9 300万元，约占公司上年度净利润的0.46%
股票来源	二级市场购买	
资金来源	公司提供持股计划专项资金＋高层部分绩效奖金	
归属安排	考核期满后一次性归属	
绩效衔接	年度加权平均净资产收益率不低于20%；持有人个人年度业绩考核	

资料来源：公司公告。

表3-15 美的集团限制性股票激励计划（根据草案整理）

	第一期	第二期	第三期
实施时间	2017年3月	2018年3月	2019年4月
激励对象	140人	344人	451人
激励额度	2 979万股，占总股本的0.46%	2 501万股，占总股本的0.38%	3 035万股，占总股本的0.46%
授予价格	16.86元/股	28.77元/股	27.09元/股
锁定期	1年	2年	
解锁安排	锁定期满后，在36个月内分3期解锁，每期解锁1/3	锁定期满后，在48个月内分4期解锁，每期解锁1/4	
绩效衔接	每个解除限售期年度净利润不低于前三个会计年度的平均水平；激励对象在前一年度考核得分在B级以上；所在经营单位业绩考核"达标"按100%解除限售；"一般"按65%解除限售；"较差"不予解除限售		

资料来源：公司公告。

表 3-16 美的集团股票期权激励计划（根据草案整理）

	第一期	第二期	第三期	第四期	第五期	第六期
实施时间	2014年1月	2015年3月	2016年5月	2017年3月	2018年3月	2019年4月
激励对象	693人	738人	931人	1476人	1341人	1150人
激励额度	4060.2万股，占总股本的2.41%	8430万股，占总股本的2%	12753万股，占总股本的1.98%	9898.2万股，占总股本的1.53%	6208万股，占总股本的0.94%	4724万股，占总股本的0.72%
股票来源	定向发行					
行权价格	48.79元/股	31.54元/股	21.35元/股	33.72元/股	57.54元/股	54.17元/股
有效期	5年	5年	1年	4年	6年	6年
等待期	1年	1年	1年	1年	2年	2年
行权期	等待期满后，在48个月内分3期行权，每期行权1/3	等待期满后，在48个月内分3期行权，每期行权1/3	等待期满后，在48个月内分3期行权，每期行权1/3	等待期满后，在36个月内分3期行权，每期行权1/3	等待期满后，在48个月内分4期行权，每期行权1/4	等待期满后，在48个月内分4期行权，每期行权1/4
绩效衔接	每个行权期年度净利润增长较上一年不低于15%；年度净资产回报率不低于20%；激励对象在前一年度考核得分在B级以上，所在经营单位考核得分在80分以上	每个行权期年度净利润增长较上一年不低于15%；年度净资产回报率不低于20%；激励对象在前一年度考核得分在B级以上，所在经营单位考评得分在80分以上	每个行权期年度净利润不低于前三个会计年度的平均水平；激励对象在前一年度考核得分在B级以上，所在经营单位考评得分在80分以上	每个行权期年度净利润不低于前三个会计年度的平均水平；激励对象在前一年度考核得分在B级以上，按"100%行权"，"较差"不予行权	每个行权期年度净利润不低于前三个会计年度的平均水平；激励对象在前一年度考核得分在B级以上，一般"按65%行权"，"较差"不予行权	每个行权期年度净利润不低于前三个会计年度的平均水平；激励对象业绩考核"达标"按"100%行权"
费用摊销	约5.21亿元，在授予日后36个月内进行摊销	约3.69亿元，在授予日后36个月内进行摊销	约6.34亿元，自授予日起36个月内进行摊销	约6.91亿元，自授予日起36个月内进行摊销	约7.33亿元，自授予日起60个月内进行摊销	

资料来源：公司公告。

纵览美的集团近年来的股权激励计划,主要呈现如下特征:

(1) 覆盖范围不断扩大。美的集团于 2018 年推出首期事业合伙人计划,在集团总裁、副总裁、事业部和经营单位总经理之外又引入 50 位核心高管。考虑到股票期权在权利和义务上的非对称性使持有者无须承担股价下行带来的实际资金损失,限制性股票则体现出更强的惩罚力度和激励效应,有利于企业绑定核心员工,美的集团自 2017 年起推出限制性股票激励计划,面向管理人员和业务骨干以 5 折发行限制性股票。至今,美的集团的股权激励已惠及约 7 400 人次,覆盖范围也从 2014 年的 693 人持续增长至 2019 年的 1 661 人。

图 3-10 美的集团股权激励计划覆盖范围的变化趋势

资料来源:公司公告。

(2) 激励对象的结构不断调整。从股票期权激励对象的分布来看,研发人员占比稳定在 40% 左右。自 2017 年起,品质人员占比开始单独披露,而营销人员和信息技术人员占比不再单独披露,反映出美的集团更加重视产品力的提升。

(3) 延长期限以匹配公司长期战略。自 2017 年起,美的集团全球合伙人持股计划的股份归属安排从三年内按 4∶3∶3 分三次归属调整为 3 年后一次性归属,既增强了公司核心管理层的稳定性,也有助于减少管理层的短视行为,提高企业的长期生产效率。另外,限制性股票的锁定期和股票期权的等待期也从 1 年延长至 2 年,解锁期/行权期从 3 年延长至 4 年,体现出美的集团愈发重视股权激励的长期性和激励效果的可持续性。

(4) 绩效衔接机制日趋完善。目前,美的集团的业绩考核标准分为三个层次,包括"每个行权期年度净利润不低于前三个会计年度的平均水平"或"年度加权平均净资产收益率不低于 20%"的大前提、个人业绩考核和经营单位业绩考核。另外,美的集团对职务

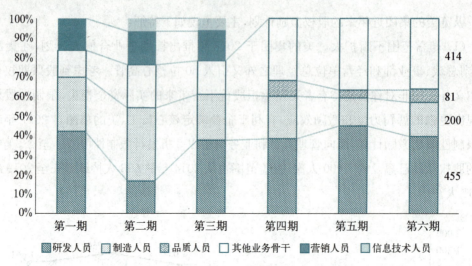

图 3-11 美的集团股票期权计划激励对象的分布情况

资料来源：公司公告。

变动、绩效考核不达标的激励对象也会采取严格的股份回购注销措施。

综上，美的集团的股权激励贯穿了公司的发展历程，其多层次、常态化的长期激励体系是公司业绩高增长的前提，也是公司长期战略高效、平稳落地的保障。从实际效果来看，推出股权激励后，美的集团净利润从 2013 年的 53.17 亿元稳定增长至 2018 年的 202.31 亿元，年化增长率超过 30%，加权 ROE 连续多年保持在 25% 以上。

五、回购的双重效应：市值维护和员工激励

(一) 市值维护

美的集团前两次回购均推出于市场短期非理性下跌时期（2015 年 7 月和 2018 年 7 月）。美的以股东利益为导向，试图通过回购股份，向市场释放出公司股价被低估的信号，从而起到维护市值、稳定市场情绪的作用。同时，通过注销回购股份，也有助于改善公司资本结构并提高股权集中度。美的集团第三次回购推出于市场底部逐渐确认、股价触底回升时期，向市场传递出对未来发展前景的信心和对公司价值的高度认可。

从实施效果来看，美的集团回购的公告效应显著，但受市场环境拖累，维稳效果不甚理想。前两次回购方案公告当日，美的集团股价分别上涨 2.3% 和 2.1%，反映出市场对回购措施总体认可。但从整个回购期来看，公司的股价表现均不理想，分别下跌 6.9% 和 18.3%。其中，第一次回购实施完毕后，公司股价经历一波短暂的上涨，之后再度大幅下跌，直到 8 月末披露的中报业绩亮眼才支撑其市值逐步修复。第二次回购实施期间，受大盘持续走弱拖累、公司股价此前高位坚挺出现的补跌效应以及市场对回购方案能否顶格

案例三 美的集团股票回购的双重目的：维护市值和激励员工

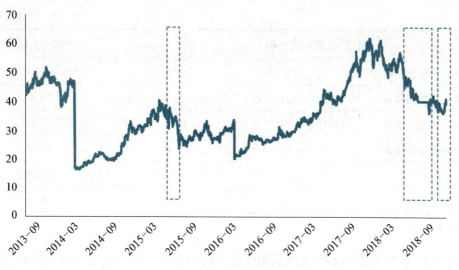

图 3-12 美的集团股价变化

资料来源：Wind。

完成的隐忧等因素的综合影响，美的集团股价持续下跌，并大幅跑输沪深 300 指数。2019 年以来，随着中美贸易摩擦得到缓和；全球央行相继实施较为宽松的货币政策，外部紧缩的约束减弱，导致央行货币政策进一步宽松的预期重来；资本市场进行一系列基础性制度改革，我国股市经历了一波急涨。美的集团在此时推出第三次回购，并将回购的股份用于股权激励，向市场传达出成长信心。由于第二次回购顶格完成且实施速度快，市场对于第三次回购反响热烈，公司股价于方案公告当日上涨 7.8%；回购方案推出至今，公司股价已累计上涨 14.9%。截至 4 月 30 日，美的集团股价报收 52.40 元/股，高于公司第二次回购 (42.06 元/股)和第三次回购(47.59 元/股)的平均回购价格。综上，美的集团的股份回购对维护市值起到一定作用，但急跌后公司市值的修复也离不开良好业绩的支撑和市场预期及投资者情绪的改善。

表 3-17 美的集团三次股份回购实施效果对比

	第一次回购	第二次回购	第三次回购
回购总额	10 亿元	40 亿元	66 亿元(计划)
已回购规模	2 959 万股，占总股本的 0.69%	9 511 万股，占公司总股本的 1.43%	1 454 万股，占公司总股本的 0.22%
回购价格上限	48.54 元/股	50 元/股	55 元/股
最高成交价	35.74 元/股	48.40 元/股	49.25 元/股
最低成交价	30.69 元/股	36.49 元/股	45.62 元/股
回购方案公告日	2015 年 7 月 17 日	2018 年 7 月 5 日	2019 年 2 月 22 日

续表

	第一次回购	第二次回购	第三次回购
当日股价涨跌幅	2.3%	2.1%	7.8%
首次实施回购日	2015年7月21日	2018年7月26日	2019年3月5日
回购实施完毕日	2015年7月31日	2018年12月28日	
期间股价涨跌幅	-6.9%	-18.3%	14.9%
PE(TTM)	13.51x	16.43x	14.86x
PB(TTM)	3.79x	4.16x	3.80x

资料来源：公司公告。

自2013年9月上市以来，美的集团股价上涨445%，且基本由盈利增长贡献，估值反而被动收缩。在2015年下半年的"股灾"中，美的集团的估值水平降至历史底部区间，并在之后的2016—2017年经历了明显扩张。从估值水平来看，美的集团第一次推出股份回购时，公司的动态市盈率为13.51x，动态市净率为3.79x；第二次推出股份回购时，公司的动态市盈率为16.43x，动态市净率为4.16x；第三次推出股份回购时，公司的动态市盈率为14.86x，动态市净率为3.80x。可见，美的集团第二次回购时公司的估值水平最高，因而回购效果相对最差；第三次回购时，公司的动态市净率与第一次回购时接近，但市场环境显著优于前两次回购时，因而回购效果最好。总之，公司股价越低、估值水平越低，股份回购对维护市值的效果越好。出于对股东的保护，美的集团未来应制定常态化的回购机制，在股价处于低谷时启动回购。考虑到美的集团的市值长期高于净资产，可以依据动态市净率通道(PB-Band)，当公司估值水平降至底部区间时开展回购维护市值。

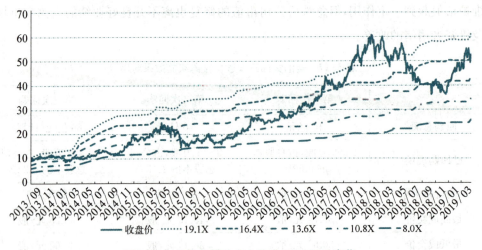

图 3-13　美的集团动态市盈率 PE(TTM)变化

资料来源：Wind。

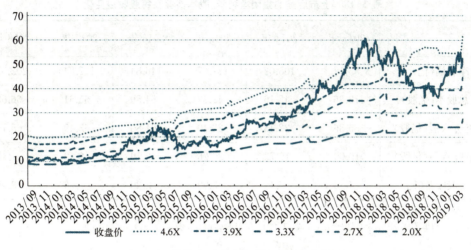

图 3-14 美的集团动态市净率 PB(TTM)变化

资料来源：Wind。

(二) 员工激励

美的集团多层次、常态化的股权激励措施贯穿了公司的发展历程,是公司业绩稳定增长的前提,也是公司长期战略高效、平稳落地的保障。美的集团的股份回购与其股权激励措施密切相关,公司第三次回购的股份有望在2019年全部用于股权激励。2014年至今,美的集团累计实施股权激励规模约5.68亿股,平均每年用于股权激励的股份接近1亿股。目前,美的集团股价为52.4元/股,仍低于第五期股票期权激励计划的行权价格57.54元/股,因此,公司未来继续回购股份也有助于向员工传达成长信心。总之,股权激励将员工和公司的利益进行深度绑定,使员工持续受益于股权激励释放出的积极信号和业绩增长带动的股价上涨。

(三) 提升股票价值

除2014年和2016年通过转增股份增加了总股本外,美的集团常态化的股权激励政策也导致公司总股本不断增加。不考虑转增影响,2014年至今,公司总股本增长了近5.4%。尽管美的集团历史回购金额高达116亿元(10亿元+40亿元+66亿元),但也仅仅对应1.25亿股(回购注销部分),只能在一定程度上抵消股权激励对公司总股本的影响。因此,从财务角度,股份回购对公司每股收益(EPS)的增厚并不明显。表3-18显示,美的集团的净利润从2013年的53.17亿元持续增长至2018年的202.31亿元,年化增长率超过30%,但公司的每股收益却没有明显提升。

表 3-18　上市后美的集团净利润、股本情况及每股收益变化

	2013 年	2014 年	2015 年	2016 年	2017 年	2018 年
净利润(亿元)	53.17	105.02	127.07	146.84	172.84	202.31
总股本(亿股)	16.86	42.16	42.67	64.59	65.61	66.63
流通 A 股(亿股)	6.86	22.43	22.40	61.80	63.49	65.16
限售 A 股(亿股)	10.00	19.73	20.26	2.79	2.12	1.47
每股收益(元)	4.33	2.49	2.99	2.29	2.66	3.08

资料来源：Wind。

注：美的集团于 2014 年每股转增 1.5 股，于 2016 年每股转增 0.5 股。

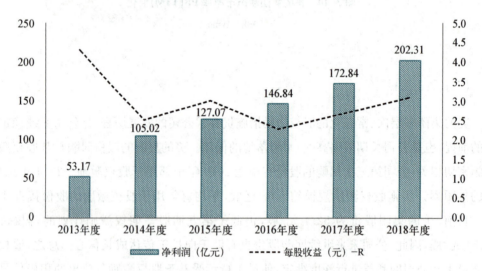

图 3-15　上市后美的集团净利润及每股收益变化

资料来源：Wind。

另一方面，2019 年 2 月 20 日，美的集团吸收合并小天鹅获重组委无条件通过。美的集团与小天鹅 A、B 的换股比例分别为 1∶1.211 0 和 1∶1.000 7，换股合并使公司的总股本从 65.77 亿股增加至 69.19 亿股。公告显示，以 2018 年 8 月 31 日的财务数据计算，合并后，美的集团的每股净资产和每股收益将分别摊薄 0.74% 和 1.63%。因此，公司 2019 年进行股份回购，并将回购的股份用于股权激励（而非定向发行新股），可以避免股本进一步增加而摊薄股东权益。对股东而言，回购股份不注销不会增厚每股收益，反而减少了公司的净资产，但股东仍将持续收益于股票回购释放出的积极信号和业绩增长带动的股价上涨。

表 3-19 吸收合并小天鹅对美的集团财务指标的影响

	吸并前	吸并后	变化率
资产总额（亿元）	2 590.12	2 590.12	0.00%
负债总额（亿元）	1 692.11	1 692.11	0.00%
资产负债率	0.65	0.65	0.00%
归属于母公司所有者权益（亿元）	808.65	843.70	4.33%
总股本（亿股）	65.77	69.19	5.20%
每股净资产（元/股）	12.17	12.08	−0.74%
营业收入（亿元）	1 858.76	1 858.76	0.00%
归属于母公司所有者的净利润（万元）	161.91	167.57	3.49%
基本每股收益（元/股）	2.46	2.42	−1.63%

资料来源：公司公告。

综上，美的集团股份回购虽然没有直接增厚每股收益，但仍在一定程度上抵消了股权激励和吸收合并小天鹅对公司总股本的影响，从而减缓了总股本增加对每股收益的摊薄，提升了股票价值。

（四）灵活利润分配

自上市以来，美的集团持续大力度进行现金分红。2013—2017 年，公司累计实现净利润约 604.94 亿元，累计现金分红 270.77 亿元，平均分红率高达 44.76%。

表 3-20 美的集团上市以来分红统计

年 度	归属母公司净利润（亿元）	现金分红总额（亿元）	期末未分配利润（亿元）	股利支付率	每股股利（元）
2013 年度	53.17	33.73	153.05	63.43%	2.00
2014 年度	105.02	42.16	218.14	40.14%	1.00
2015 年度	127.07	51.21	295.30	40.30%	1.20
2016 年度	146.84	64.66	381.05	44.03%	1.00
2017 年度	172.84	79.01	476.27	45.71%	1.20
2018 年度	202.31	—	587.62	—	
合 计	807.25	270.77	2 111.43		

资料来源：Wind。

美的集团分红连续性和稳定性强,传递出上市公司财务良好、经营状况稳定的重要信号。充足的流动资金也为美的集团实施高分红提供了底气。图 3-16 显示,美的集团的现金分红总额从 2013 年的 33.73 亿元持续增长至 2017 年的 79.01 亿元,年化增长率约 23.7%;股利支付率从 2014 年的 40.1%逐步提升至 2017 年的 45.7%,稳定保持在 40%以上。

图 3-16 美的集团上市以来分红情况

资料来源:Wind。

由于股利政策存在黏性,一旦未来公司利润下滑导致股利下降,很可能会对投资者信心和公司价值造成严重的负面影响。因此,美的集团需要在维持现金分红和分红率稳定的同时,灵活运用股份回购进行动态市值管理。与现金分红相比,股份回购注销提升了每股价值,也免缴股息红利税和手续预付费,减少了市场的摩擦成本,对于长期稳定增长的白马蓝筹极具吸引力。

2018 年,美的集团预计派发 86.62 亿元的现金股利,加上价值 40 亿元的股份回购,合计金额超过 126 亿元,占公司净利润的 62.6%。随着股份回购纳入现金分红相关比例计算,"稳定现金分红+股份回购"的政策组合有望成为常态,对公司股价形成良好的支撑。

六、结语:标杆效应,回购进行时

股份回购并非所有公司对抗股价下跌的良药。一方面,对于现金流紧张的公司而言,股份回购会消耗现金储备,增加资金链断裂的风险;另一方面,对于质地一般、股价虚高的公司而言,回购对股价的提振作用也难以持续,股价中长期仍取决于公司盈利能力和估值水平等因素的综合影响。因此,企业应充分考虑内外部环境,并结合自身情况,确定回购的力度,避免陷入回购陷阱。

2018年,A股市场共有782家公司开展股份回购,回购金额高达617.02亿元,创历史纪录。然而,资本市场的回购乱象层出不穷,包括回购期间减持套现、不履行回购承诺(忽悠式回购)、高比例股权质押风险等。具体而言:

(一) 回购期间减持套现

以索菱股份(002766.SZ)为例,2018年7月5日午间,索菱股份发布了《关于回购公司股份以实施员工持股计划的预案》,拟回购金额不超过2亿元,回购价格不超过12元/股,预计回购股份约1 667万股,占公司总股本的3.95%。回购计划推出前,公司股价已于7月2日至7月4日连续三日跌停;公告后,公司股价一度从跌停触及涨停。回购预案公布后,不仅迟迟没有实质性进展,公司高管反而集体减持并陆续辞职。2019年4月17日,索菱股份公告称"因为资金紧张,决定终止回购计划",至此,这场闹剧终告结束。索菱股份的董事及高管通过回购预案套路减持最终跑路,严重损害了中小股东的利益,造成了非常恶劣的影响。

(二) 不履行回购承诺("忽悠式"回购)

部分上市公司在回购期间囿于资金短缺,或缺乏"诚意",出现终止回购、象征性回购、回购金额大幅缩水等情况。例如,利欧股份(002131.SZ)拟回购金额为3亿元至6亿元,但由于"公司股票价格一直高于股份回购方案规定的回购价格",导致回购实施期限已过半,公司尚未实施股份回购。东吴证券(601555.SH)拟回购金额为2亿元至3亿元,但直至2019年4月10日回购期满,公司实际回购股份290万股,不到公司总股本的0.1%,使用资金1 922万元,与当初的回购方案相差甚远。华铁股份(000976.SZ)拟回购金额为4亿元至10亿元,但直至2019年4月8日,公司实际回购股份126.3万股,占公司总股本的0.08%,成交金额近670万元。值得注意的是,公司账面货币资金仅5.24亿元,尚不足以完全覆盖回购金额。4月8日,公司更是大幅减少了回购金额至1亿元至2亿元。另外,部分回购方案存在猫腻,如规定回购上限却不规定下限;回购价格过低,仅略高于市价甚至低于市价等,均为上市公司蹭回购热度提供了便利。

(三) 高比例股权质押风险

部分披露回购预案的公司存在股东股权大比例质押的情况。一旦股价跌破平仓线,大股东又无力担保或无法追加保证金,二级市场抛售因缺乏流动性将引发连锁反应和控制权变更风险,对上市公司的经营环境造成难以预计的破坏。尽管监管层肯定了股份回购对短期推升股价远离预警线、平仓线的积极作用,但投资人仍然应该警惕高比例股权质押的风险。

尽管回购市场存在乱象,但可喜的是出现积极的变化。一方面,股份回购的规范性正在加强。2019年1月11日,沪深交易所正式发布了《上市公司回购股份实施细则》,既进一步明确了上市公司股份回购情形、程序、方式、信息披露、已回购股份的处理等事项,也明确了市场各方主体的应尽义务,防范内幕交易、操纵市场、利益输送和证券欺诈等违规违法行为;另一方面,美的集团等一批优质的公司正在积极开展"真回购",引领回购市场健康稳定发展。

表3-21 2018年以来已回购金额排名前二十的公司

排名	代码	简称	已回购金额(亿元)	已回购数量(亿股)
1	000333.SZ	美的集团	46.91	1.10
2	601668.SH	中国建筑	37.06	6.00
3	601225.SH	陕西煤业	25.03	3.05
4	001979.SZ	招商蛇口	21.19	0.97
5	600699.SH	均胜电子	18.01	0.72
6	002024.SZ	苏宁易购	12.66	0.94
7	600273.SH	嘉化能源	7.78	0.81
8	002601.SZ	龙蟒佰利	7.50	0.57
9	600482.SH	中国动力	6.85	0.30
10	600352.SH	浙江龙盛	6.81	0.70
11	000683.SZ	远兴能源	6.20	2.24
12	000100.SZ	TCL集团	6.09	1.79
13	600572.SH	康恩贝	5.85	0.97
14	600185.SH	格力地产	5.80	1.23
15	000876.SZ	新希望	5.58	0.73
16	600337.SH	美克家居	5.45	1.16
17	002537.SZ	海联金汇	5.43	0.52
18	000338.SZ	潍柴动力	5.00	0.63
19	000718.SZ	苏宁环球	4.99	1.53
20	002008.SZ	大族激光	4.90	0.15

资料来源:Wind。

案例三　美的集团股票回购的双重目的：维护市值和激励员工

股份回购赋予上市公司更多的自主权，使公司在维护市值、保障股东权益，推行长效激励机制等方面有了更便捷、更市场化的选择，有利于提高上市公司质量，优化投资者回报机制，促进资本市场健康稳定地发展。A股市场的回购故事才刚刚上演，美的集团作出了表率。

思 考 题

1. 上市公司进行股份回购的目的、方式与资金来源是怎样的？
2. 股份回购与现金分红有何区别？
3. 上市公司应该在何时进行股份回购？
4. 美的集团股份回购对于提振股价、维护市值的效果如何？为什么？
5. 美的集团股份回购对于增厚每股收益、凸显股票价值的效果如何？为什么？
6. 美的集团为什么要在吸收合并小天鹅前推出第二次40亿元的股票回购计划？可能有哪些方面的考虑？
7. 美的集团为什么要将第三次股份回购用于股权激励而非注销？美的集团的股权激励体系有哪些特点？
8. 美股市场和A股市场的股份回购实践有何区别？美股回购对我国证券市场有怎样的启示？
9. 为什么政策持续支持上市公司开展股份回购？
10. 如何规范A股市场中的回购乱象？

分析思路

这里提供的案例分析主要是根据案例的推进过程和思考题的顺序进行。
1. 上市公司进行回购的目的主要包括：（1）释放股价低于内在价值的信号，起到稳定股价、增强投资者信心的作用；（2）其他条件不变，提升EPS、ROE等指标，凸显股票价值；（3）通过回购买入股票用于股权激励；（4）集中控制权，防止恶意收购。而稳定股价通常为首要诉求之一。在回购方式上,公司多使用自有资金,以集中竞价交易的方式,在公开市场进行回购。回购后,股票被注销或保留为库存股。

2. 股份回购和现金分红均为上市公司进行利润分配的主要方式。相比分红,股份回购的优势主要体现在:(1)回购对 EPS 有增厚效果;(2)从预期管理角度,持续且稳定的分红比例对锚定投资者预期有重要意义,相比之下,回购作为分红的补充,可以更为灵活;(3)相比分红按个人所得,回购按资本利得的处理方式具有一定的税收优势;(4)回购后股份可以作为库存股而无须强制注销。因此,在美股市场,股份回购较现金分红应用更为广泛。在 A 股市场,随着股份回购纳入现金分红相关比例计算,"稳定现金分红+股份回购"的政策组合有望成为常态,对公司股价形成良好的支撑。

3. 公司进行股份回购之前,必须确保:(1)拥有满足日常运营所需之外的富余资金,包括现金及合理的举债能力。(2)市场交易价格低于保守计算的内在价值。在实践中,上市公司应制定常态化的回购机制,在股价处于低谷时启动回购。具体而言,可以依据动态市净率通道(PB-Band),当公司估值水平降至底部区间时开展回购维护市值。

4. 总体而言,美的集团股份回购对稳定股价起到了一定作用,但不明显;股价急跌后,公司市值的逐渐修复离不开良好业绩的支撑和市场预期及投资者情绪的改善。具体来看,前两次回购推出于市场下行阶段,公告当日,公司股价分别上涨 2.3% 和 2.1%,体现出良好的公告效应;但在整个回购期内,公司股价分别下跌 6.9% 和 18.3%,维稳效果均不理想。可能的原因包括:受大盘持续走弱拖累、公司股价此前高位坚挺出现的补跌效应以及市场对回购方案能否足额完成的隐忧等。美的集团第三次回购推出于市场上行阶段,向市场传达出成长信心。由于第二次回购顶格完成且实施速度快,市场对新一轮回购反响热烈,公司股价于公告当日上涨 7.8%;回购方案推出至今,公司股价已累计上涨 14.9%。

5. 除 2014 年和 2016 年通过转增股份增加了总股本外,美的集团常态化的股权激励政策也导致公司总股本不断增加。不考虑转增影响,2014 年至今,公司总股本增长了近 5.4%。尽管美的集团历史回购金额高达 116 亿元(10 亿元+40 亿元+66 亿元),但也仅仅对应 1.25 亿股(回购注销部分),只能在一定程度上抵消股权激励对公司总股本的影响。因此,从财务角度,股份回购对公司每股收益(EPS)的增厚并不明显。

6. 美的集团在 2018 年 7 月 5 日推出第二期股份回购计划,一方面是为了稳定股价。2018 年,中美贸易摩擦作为超预期的中长期问题开始成为市场的"主要矛盾"。6 月 15 日,人民币汇率出现较大幅度的贬值,A 股市场也大幅调整。7 月 4 日,美的集团股票报收 45.11 元/股,较年初已跌去 18.6%。为维护市值、稳定投资者预期,美的集团积极开展股份回购。另一方面,美的集团通过换股吸收合并小天鹅,而换股比例对合并成本至关重要。如果美的集团股价相对于小天鹅的股价跌幅扩大,可能导致小天鹅股东不再愿意按照既定的换股比例进行换股。因此,美的集团的股份回购计划可能也隐含了通过避免股价大幅下跌,从而增加合并成功率、降低合并成本的诉求。

7. 2014年至今,美的集团已先后推出5期全球合伙人计划、2期事业合伙人计划、3期限制性股票激励计划和6期股票期权激励计划。公司多层次、常态化的激励体系彰显出良好的治理结构。美的集团的激励政策具有以下特点:(1)覆盖范围不断扩大;(2)激励对象的选择标准匹配公司转型方向;(3)期限延长承接公司长期战略;(4)绩效衔接机制日趋完善。考虑到美的集团换股合并小天鹅将使公司的总股本从65.77亿股增加至69.19亿股,每股净资产和每股收益将分别摊薄0.74%和1.63%。因此,公司2019年将回购的股份全部用于股权激励(而非定向发行新股),有助于合理控制股本增加速度,进而增厚股东权益。

8. 美国市场对股份回购的监管相对宽松,可以概括为"原则允许,例外禁止";大量且持续的回购是美股区别于全球其他市场的鲜明特点。整体来看,美股回购呈现出"顺市而为"的特点,即在市场上行、企业盈利和现金流情况向好时进行回购。行业层面,由于信息技术和大消费板块整体盈利增速较快、现金流良好、在手现金充裕,往往作为股份回购的主力。A股市场的股份回购并不活跃,且多集中发生在市场下跌阶段(如2012年9月—2013年5月、2015年下半年及2018年)。上市公司寄望于通过回购来稳定股价、增强投资者信心。从两市集中回购后的大盘走势来看,尽管没有显著反弹,但回购在一定程度上延缓了市场下跌。另外,A股公司的回购比例也小于美股公司。

9. 本轮经济复苏以来,股份回购已伴随美股走过10年长牛。2018年以来,监管层持续鼓励符合条件的上市公司依法合规回购股份。2018年,"去杠杆"叠加"贸易战",股权质押风险集中爆发。对于高比例质押融资的上市公司而言,一旦股价跌破平仓线,大股东又无力担保或无法追加保证金,将不得不面临平仓和控制权变更的风险,对市场环境造成难以预计的破坏。2018年9月至11月,为化解民企股权质押、债务风险,一系列政策解决方案密集发布,包括:深圳、北京、上海等地政府成立纾困专项基金;11家券商出资设立系列资管计划;保险资管成立的纾困专项产品;沪深交易所发行纾困专项债等。监管层同样肯定了股份回购对于短期推升股价远离预警线、平仓线的积极作用。

10. A股市场回购充斥着乱象,部分公司股东在回购时不断减持,侵害了中小股东利益;部分公司在回购期间囿于资金短缺,或缺乏"诚意",出现终止回购、象征性回购、回购金额大幅缩水等情况;部分回购方案存在猫腻,如规定回购金额上限却不规定下限;回购价格过低,仅略高于市价甚至低于市价;部分公司存在股东股权大比例质押的情况等。监管方面,应强化特殊主体回购期间的减持限制和信息披露义务,规范已回购股份的用途变更,进一步完善已回购股份出售制度并惩治"忽悠式"回购。

 附 件

附件1 美的集团合并资产负债表

(单位:亿元)

报 告 期	2014年	2015年	2016年	2017年	2018年
货币资金	62.03	118.62	171.96	482.74	278.88
衍生金融资产	1.63	1.59	4.13	3.53	2.20
应收票据及应收账款	264.59	232.61	208.82	283.83	319.46
应收票据	170.97	128.89	74.27	108.54	125.56
应收账款	93.62	103.72	134.55	175.29	193.90
预付款项	14.14	9.89	15.87	16.72	22.16
其他应收款(合计)	12.27	11.01	11.40	26.58	29.71
应收股利	0.46				
其他应收款	11.81	11.01	11.40	26.58	
存货	150.20	104.49	156.27	294.44	296.45
其他流动资产	265.94	338.28	435.30	468.47	764.74
流动资产差额(特殊报表科目)	93.47	117.20	202.46	121.79	113.28
流动资产合计	864.27	933.68	1 206.21	1 608.11	1 826.89
可供出售金融资产	16.55	32.90	51.88	18.31	19.07
长期应收款			0.34	3.62	0.35
长期股权投资	9.52	28.88	22.12	26.34	27.13
投资性房地产	1.72	1.51	4.94	4.21	3.92
固定资产(合计)	195.22	187.30	210.57	226.01	224.37
在建工程(合计)	6.62	9.55	5.81	8.80	20.78
无形资产	34.32	33.92	68.69	151.67	161.87
商誉	29.32	23.93	57.31	289.04	291.00

续表

报　告　期	2014年	2015年	2016年	2017年	2018年
长期待摊费用	7.59	7.81	6.26	8.59	11.91
递延所得税资产	37.80	22.24	30.30	40.23	44.21
其他非流动资产		6.70	41.59	6.15	5.50
非流动资产合计	338.65	354.74	499.79	782.96	810.12
资产总计	1 202.9	1 288.42	1 706.01	2 481.07	2 637.01
短期借款	60.71	39.21	30.24	25.84	8.70
衍生金融负债	0.75	0.33	0.90	0.90	7.56
应付票据及应付账款	327.86	345.27	438.42	603.53	602.27
应付票据	126.48	170.79	184.85	252.08	233.25
应付账款	201.37	174.49	253.57	351.45	369.02
预收款项	39.93	56.16	102.52	174.09	167.82
应付职工薪酬	22.00	22.29	31.54	52.48	57.88
应交税费	32.80	16.07	23.64	35.44	38.75
其他应付款（合计）	13.40	12.68	16.98	33.61	33.46
应付利息	0.23	0.09	0.21	0.95	0.95
应付股利	0.94	1.19	1.06	0.95	1.11
其他应付款	12.24	11.39	15.71	31.70	31.40
一年内到期的非流动负债	6.12		1.59	1.37	71.23
其他流动负债	227.79	220.98	245.63	262.58	313.20
其他金融类流动负债	0.07	7.04	0.37	1.09	1.44
流动负债合计	731.43	720.04	891.84	1 190.92	1 302.31
长期借款	0.19	0.90	22.54	329.86	320.91
应付债券	1.53		48.19	45.53	
长期应付款（合计）	8.52	0.01	3.69	2.51	0.89
长期应付款			3.67	2.48	
专项应付款	8.52	0.01	0.02	0.03	
长期应付职工薪酬			14.50	24.66	24.80
预计负债	0.26	0.39	3.25	3.31	2.69
递延所得税负债	0.26	0.40	18.32	39.73	44.22
递延收益—非流动负债	3.42	4.79	5.02	5.36	6.48

续 表

报　告　期	2014 年	2015 年	2016 年	2017 年	2018 年
其他非流动负债		1.57	8.88	9.94	10.16
非流动负债合计	14.18	8.06	124.40	460.90	410.16
负债合计	745.61	728.10	1 016.24	1 651.82	1 712.47
实收资本（或股本）	42.16	42.67	64.59	65.61	66.63
资本公积金	130.25	145.11	135.97	159.12	184.51
减：库存股				3.67	49.18
其他综合收益	−7.74	−10.71	0.13	−2.45	−13.32
盈余公积金	11.90	18.47	28.04	38.82	50.79
一般风险准备		1.19	1.49	3.67	3.67
未分配利润	218.14	295.30	381.05	476.27	587.62
归属于母公司所有者权益合计	394.70	492.02	611.27	737.37	830.72
少数股东权益	62.61	68.30	78.50	91.88	93.82
所有者权益合计	457.31	560.32	689.77	829.25	924.55

资料来源：Wind。

附件2　美的集团综合利润表

（单位：亿元）

报　告　期	2014 年	2015 年	2016 年	2017 年	2018 年
营业总收入	1 423.11	1 393.47	1 598.42	2 419.19	2 618.20
营业收入	1 416.68	1 384.41	1 590.44	2 407.12	2 596.65
其他类金融业务收入	6.43	9.06	7.98	12.07	21.55
营业总成本	1 297.19	1 265.23	1 438.09	2 247.35	2 376.34
营业成本	1 056.70	1 026.63	1 156.15	1 804.61	1 881.65
税金及附加	8.10	9.11	10.77	14.16	16.18
销售费用	147.34	148.00	176.78	267.39	310.86
管理费用	74.98	74.42	96.21	147.80	95.72
研发费用					83.77
财务费用	2.51	1.39	−10.06	8.16	−18.23

续 表

报 告 期	2014 年	2015 年	2016 年	2017 年	2018 年
其中：利息费用					7.04
减：利息收入					21.56
资产减值损失	3.50	0.05	3.81	2.69	4.48
其他业务成本（金融类）	4.06	5.64	4.42	2.54	1.93
加：其他收益				13.11	13.17
投资净收益	15.11	20.11	12.86	18.30	9.07
其中：对联营企业和合营企业的投资收益	0.95	4.21	1.66	3.10	3.49
公允价值变动净收益	−6.53	0.82	1.17	−0.25	−8.10
资产处置收益				13.27	−0.35
营业利润	134.51	149.17	174.36	216.28	255.64
加：营业外收入	10.57	17.07	18.19	4.67	4.35
减：营业外支出	5.17	5.73	3.40	2.40	2.26
其中：非流动资产处置净损失	2.70	2.87	1.73		
利润总额	139.91	160.51	189.15	218.55	257.73
减：所得税	23.44	24.27	30.53	32.44	41.23
净利润	116.46	136.25	158.62	186.11	216.50
持续经营净利润				186.11	216.50
减：少数股东损益	11.44	9.18	11.78	13.28	14.20
归属于母公司的净利润	105.02	127.07	146.84	172.84	202.31
加：其他综合收益	−5.96	−4.69	11.88	−3.11	−12.16
综合收益总额	110.50	131.55	170.50	183.01	204.35
减：归属于少数股东的综合收益总额	10.42	7.45	12.81	12.75	12.91
归属于母公司普通股东综合收益总额	100.08	124.10	157.69	170.26	191.43
每股收益：					
基本每股收益	2.490 0	2.990 0	2.290 0	2.660 0	3.080 0
稀释每股收益	2.490 0	2.990 0	2.280 0	2.630 0	3.050 0

资料来源：Wind。

附件3　美的集团现金流量表

（单位：亿元）

报告期	2014年	2015年	2016年	2017年	2018年
经营活动产生的现金流量					
销售商品、提供劳务收到的现金	1 054.99	1 259.02	1 533.24	1 958.20	2 112.31
收到的税费返还	36.62	39.01	51.24	54.77	57.05
收到其他与经营活动有关的现金	24.94	32.11	31.39	47.71	55.58
经营活动现金流入(金融类)	5.61	9.50	7.84	12.48	22.74
经营活动现金流入差额(特殊报表科目)		3.14	2.87		15.73
经营活动现金流入小计	1 122.15	1 342.78	1 626.59	2 073.16	2 263.42
购买商品、接受劳务支付的现金	512.81	717.33	894.41	1 165.08	1 273.68
支付给职工以及为职工支付的现金	104.26	104.94	116.53	227.41	247.10
支付的各项税费	84.65	83.24	88.24	111.39	137.39
支付其他与经营活动有关的现金	156.06	163.36	218.03	291.40	324.01
经营活动现金流出(金融类)	16.48	6.27	42.28	33.45	1.99
经营活动现金流出差额(特殊报表科目)			0.15		0.65
经营活动现金流出小计	874.27	1 075.14	1 359.64	1 828.73	1 984.81
经营活动产生的现金流量净额	247.89	267.64	266.95	244.43	278.61
收回投资收到的现金		420.62	739.05	851.27	657.12
取得投资收益收到的现金	13.45	20.89	19.54	27.28	20.98
处置固定资产、无形资产和其他长期资产收回的现金净额	12.73	5.48	1.91	14.41	1.64
处置子公司及其他营业单位收到的现金净额			2.73		0.24
收到其他与投资活动有关的现金		0.42			
投资活动现金流入小计	26.19	447.41	763.23	892.96	679.98

续表

报　告　期	2014年	2015年	2016年	2017年	2018年
购建固定资产、无形资产和其他长期资产支付的现金	26.78	31.31	23.23	32.18	56.12
投资支付的现金	288.01	593.16	908.81	949.67	807.14
取得子公司及其他营业单位支付的现金净额	0.02	2.84	29.00	258.50	3.15
投资活动现金流出小计	314.81	627.30	961.04	1 240.36	866.40
投资活动产生的现金流量净额	−288.62	−179.89	−197.81	−347.40	−186.42
吸收投资收到的现金	0.08	17.02	8.15	16.68	27.13
其中：子公司吸收少数股东投资收到的现金	0.08	0.53	0.33	0.43	6.15
取得借款收到的现金	372.89	245.15	324.22	621.70	25.24
收到其他与筹资活动有关的现金		1.67			
发行债券收到的现金			20.00		
筹资活动现金流入小计	372.97	263.84	352.36	638.38	52.38
偿还债务支付的现金	396.54	293.52	269.61	360.74	33.78
分配股利、利润或偿付利息支付的现金	40.53	49.08	60.46	79.08	93.03
其中：子公司支付给少数股东的股利、利润	5.30	5.53	5.63	8.15	8.16
支付其他与筹资活动有关的现金			0.69	2.04	59.43
筹资活动现金流出差额（特殊报表科目）	10.00	10.00	20.00		
筹资活动现金流出小计	447.07	352.60	350.76	441.86	186.25
筹资活动产生的现金流量净额	−74.10	−88.77	1.60	196.52	−133.87
汇率变动对现金的影响	−0.08	0.17	2.53	−0.37	2.89
现金及现金等价物净增加额	−114.92	−0.85	73.26	93.18	−38.79
期初现金及现金等价物余额	167.64	52.72	51.87	125.14	218.32
期末现金及现金等价物余额	52.72	51.87	125.14	218.32	179.52

资料来源：Wind。

案例四

千山药机的商誉减值风险和大股东质押爆仓

案例摘要

顶着"中国制药装备第一股"的光环,千山药机2011年在创业板上市。上市以后,千山药机不断对外扩张,旨在打造"市值千亿的大健康公司"。但是由于并购太过激进,公司在对并购标的的选择和事后整合上出现了很大的问题,严重拖累了公司业绩,导致公司商誉爆雷、股价暴跌、大股东股权质押爆仓事件相继发生。本文通过分析千山药机如何从资本市场的宠儿一步步走向退市的边缘,探究在大股东掏空的背景下,商誉减值风险和股权质押爆仓对公司产生怎样的影响。并结合 A 股市场现状对商誉减值和股权质押这两个热点事件进行探讨,为投资者提供借鉴。

理论分析:商誉及其风险

一、商誉与商誉减值

学术界对商誉的理解主要有三种观点:

(1)商誉的要素观。这一观点认为商誉是导致企业获得超额利润的一切要素和情形,由此形成了好感价值论、核心能力论、人力资本论、企业资源论等各种理论。

(2)商誉的超额利润观。这一观点认为商誉是企业预期未来超额利润的折现值。

(3) 商誉的剩余价值观。这一观点将商誉表示为企业的整体价值和企业的可辨认价值之差。

广义的商誉分为外购商誉和自创商誉，企业的外购商誉源于并购活动，无论是中国会计准则、美国会计准则还是国际会计准则，都沿用剩余价值观对其进行确认。根据《企业会计准则第 20 号——企业合并》的要求，非同一控制下的企业合并，购买方对合并成本大于合并中取得的被购买方可辨认净资产公允价值的差额，应当确认为商誉。

对于商誉的后续计量，历史上曾有四种观点：

(1) 永久保留法。顾名思义，这一观点主张将商誉作为永久性资产入账，这不符合会计的稳健性原则。

(2) 直接冲销法。认为商誉价值创造存在风险，本着稳健性原则，将其一次性冲减所有者权益，但这显然不符合配比原则。

(3) 系统摊销法。将商誉在有效年限内进行逐年摊销。这一摊销方法的主要问题是难以合理确定摊销的年限，同时，商誉的利润创造能力并不是逐年下降的。

(4) 减值测试法。商誉在持有期间不要求摊销，但在每一个会计年度期末，应对其进行资产减值测试。这是目前中国、美国和国际会计准则都采用的方法。

事实上，20 世纪 70 年代，美国采用的方法是，商誉应在不超过 40 年的期限内进行摊销。20 世纪 90 年代末，受并购潮导致的巨额商誉的影响，美国会计准则委员会拟将摊销年限改为 20 年，这遭到实务界强烈的反对，最终选择了减值测试法，中国的会计准则同样经历过类似的历程。

《企业会计准则第 8 号——资产减值》第五条规定，资产存在七种减值迹象时，表明资产可能发生了减值，需要计提减值准备。

(1) 资产的市价当期大幅度下跌，其跌幅明显高于因时间的推移或者正常使用而预计的下跌；

(2) 企业经营所处的经济、技术或者法律等环境以及资产所处的市场在当期或者将在近期发生重大变化，从而对企业产生不利影响；

(3) 市场利率或者其他市场投资报酬率在当期已经提高，从而影响企业计算资产预计未来现金流量现值的折现率，导致资产可收回金额大幅度降低；

(4) 有证据表明资产已经陈旧过时或者其实体已经损坏；

(5) 资产已经或者将被闲置、终止使用或者计划提前处置；

(6) 企业内部报告的证据表明，资产的经济绩效已经低于或者将低于预期，如资产所创造的净现金流量或者实现的营业利润（或者亏损）远远低于（或者高于）预计金额等。

二、业绩承诺

业绩承诺的本质是解决交易双方对企业价值判断存在信息不对称的问题,是重大资产重组中防范标的估值虚高的一种重要的机制设计。证监会在 2014 年公布的《上市公司重大资产重组管理办法》中规定,采用收益现值法、假设开发法等基于未来收益预期的方法对拟购买资产进行评估或估值作为定价参考依据的,上市公司应当在重大资产重组实施完毕后 3 年内的年度报告中单独披露相关资产的实际盈利数与利润预测数的差异情况,交易对方应当与上市公司就相关资产实际盈利数不足利润预测数的情况签订明确可行的补偿协议。

上市公司并购重组的实践中,业绩承诺补偿的方式主要包括估值补偿、股份补偿和净利润差额补偿三种方式。

估值补偿是指按业绩未达标的比例向下调减公司的估值。比如业绩承诺期内公司只达到业绩承诺 90% 的业绩,就下调公司 10% 的估值。

股份补偿是指以重组标的估值的金额为基准,乘以业绩未达标的比例,计算应补偿股份的数量,进行回售。举个例子,如果标的资产连续三年的业绩为零,就需要将之前所并入的股票全部回售;如果业绩为负,在将股票全部回售之后还要支付一定额度的现金。

相对于以上两种补偿方式,现金补偿或者称为净利润差额补偿是很轻的一种惩罚,只需要交易对手按照承诺利润和实际利润的差额用现金支付补偿款即可。

三、大股东股权质押

股权质押是指公司股权的持有者(出质人)将自己所持有的股权向银行、证券公司等金融机构(质权人)进行抵押而获取相应贷款的一种融资方式。只要出质人在质押期间没有发生违约行为,到期后出质人可解除质押收回股权。在股权质押中,质权人并不享有质押品的所有权,只享有相应的担保范围内的优先受偿的权利。出质人虽然进行了股权质押行为,但仍享有被质押股份所对应的表决权、余额返还请求权以及优先认购新股权。在某种程度上,出质人的控制地位并不会因为股权质押而发生改变,这是股权质押在资本市场上广受欢迎的原因。

股权质押可以分成主动型和被动型。主动型为出质人拥有某公司高比例的股权,出质人为了充分发挥该股权在融资方面的作用,并增加其流动性,将该股权进行质押,以活的资金来实现对外投资;被动型则是在资金链断裂等急需资金的情况下,运用股权质押行为来获取所需资金。

大股东股权质押带来的信息不对称问题主要体现在逆向选择和道德风险上。

案例研究：千山药机的并购商誉

刘祥华，1963 年生，大专学历。1981 年从技校毕业后，进入中南制药机械厂工作。十多年的工作经历，使他从一名车间工人，成长为技术员、计划员、销售主管，最终成为机械一厂的销售科科长。1998 年，机械厂倒闭，刘祥华带领 15 个工友凑了 8 万元，创办了衡阳市千山制药机械有限公司，并于 2002 年变更为股份公司。在新的平台上，刘祥华的商业才能得到充分的施展。

公司成立后不到一年时间，刘祥华便带领团队研发出超声波洗瓶技术，用于玻璃瓶大输液自动生产线，该产品线速度快、产品质量稳定，与传统产品线相比极具竞争优势。但好酒也怕巷子深，公司的产品一开始并没有市场，多亏刘祥华带领团队全国推销，并成功地说服内蒙古自治区偏僻县城的一个小药厂尝试他们的设备。自此，产品的销路逐渐打开，带领着公司迅猛发展。在那个供给还没有跟上需求的年代，得到市场认可的产品往往能迅速给销售者带来大量财富。2002 年，逐渐做大做强的公司搬迁到长沙。不久，刘祥华又发现了商机。医院里给病人打点滴的大输液盖瓶是拉环盖，曾经发生过护士拉断拉环弄伤手的事故，带来一定的安全和卫生隐患。刘祥华抓住商机，带头研发出易折盖，推出之后迅速占领了市场，又一次带来公司业绩大涨。

从以上两个故事中不难看出，刘祥华在研发、销售、市场等方面有着超群的能力，是个实打实的商业能人。在他的带领下，千山药机迅速做大做强。但凡事都有两面，正是因为这样的创业经历，让刘祥华对自己的能力产生极大的自信，也逐渐掌控了公司的话语权。后来业界数落刘祥华的数宗罪，包括爱吹牛、独断专裁和过度自信，或许和他早期的经历有些关系。

刘祥华是一个迷恋技术的人，早期的千山药机走的是一条稳健的创新发展之路。2003 年，公司自主研发成功国内第一条非 PVC 膜软袋大输液生产自动线，填补了国内在这一领域的空白；2004 年，自主研发成功塑料瓶大输液生产自动线；2006 年，研发成功旋转式吹瓶机，生产速度为当时国内的最高水平。公司的这些生产线都是当时国内领先的水平，不仅被纳入国家、省级的科技发展计划，还成为相关行业标准的起草单位。随着自主创新的持续推进，公司的主营业务也逐渐形成，那就是各类注射剂生产设备的制造商。2008 年，公司自主研发成功 16 针高速剥离安瓿注射剂自动生产线；2009 年，又研发成功国内第一条剥离安瓿注射剂生产线自动线,填补国内空白。凭借这些创新,公司占据较大的市场份额,在当时国内排名前十的大输液生产企业中,已有8家企业使用公司的成套制药设备。伴随着业绩的腾飞,公司的财务数据也节节攀升,从2008年到2010年,公司营收的年复合增长率达到30.22%,净利润年复合增长率更是超过60%。

2011年,顶着"中国制药装备第一股"的光环,公司在创业板上市,股票发行价格为29.3元,IPO估值为19.63亿元人民币,按2010年利润水平,发行PE高达42.5倍。这次募资,极大增强了公司的实力,也让千山药机的命运发生改变。公司上市新发行1 700万股,总共融资4.6亿元人民币,而在2010年年底,公司的总资产仅为3亿元,净现金流仅为6 472万元。从公司上市时的股东机构来看,公司的股权结构相对分散,第一大股东刘祥华的持股比例仅为18.43%。但是值得关注的一个现象是,千山药机的早期发起人,同时持有一家叫湖南乐福地医药包材科技有限公司的股份,而这家公司,将会在对千山药机未来的发展产生重大影响。

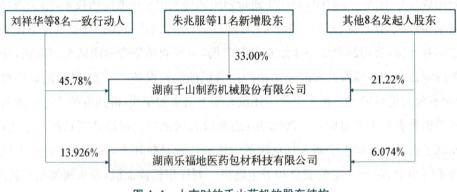

图4-1 上市时的千山药机的股东结构

资料来源:招股说明书。

一、千山药机的资本盛宴

(一) 政策春风起

2011年,新世纪的第二个十年的起点。从这一年开始,中国的并购市场进入了持续几年的高速增长,这既源于中国经济持续强劲的发展,也受益于这一时期国家并购重组相关政策的扶持。就在公司上市的前一年,国务院出台了《关于促进企业兼并重组的意见》,这一文件提出了包括放开对跨地区并购的限制、放宽民营资本的市场准入、对并购给予税收优惠、加大金融支持力度在内的一系列政策,对企业的并购重组提供了强有力的支持。政策的春风迅速吹暖了并购市场,就在政策公布后的一年,A股市场上的并购案例数同比上升86%,披露的并购金额数同比上升92%。

更让刘祥华和他的团队看到机遇的是,随着人们生活水平的提高,"大健康"成为市场热议的一个话题。尤其是在政府发布的"十三五规划"中,医疗信息、高性能医疗器械和医药生物三大领域成为重点突破领域,以基因测序、靶向治疗为代表的精准医疗,有望沐浴着政策的春风快速成长。

面对浩浩荡荡的机遇大潮,一向自信又手握巨额现金流的刘祥华自然不会放过。十多年筚路蓝缕的创业,让他把千山药机从一家小公司变成市值接近20亿元的上市公司,他自己的身价也突破亿元,而他的下一个目标,正如他在那几年不停地对公众提到的那样,"打造千亿市值的大健康公司"。

(二) 审时度势的炒作者

和绝大多数公司并购思路相似,千山药机一开始也遵循着"做大做强主业—产业链上下游延伸—多元化布局"的逻辑,公司上市后的扩张行为可以简要地划分成两个阶段。

2011—2013年,公司一方面做大医疗设备制造的市场份额;另一方面,沿着产业链,通过生产低端医疗耗材,向下游发展。2011年8月,公司投资4800万元在上海成立千山远东,生产粉针剂设备;2012年3月,与加拿大一家公司在美国成立合资企业金星制药机械;2012年10月,投资6000万元成立全资子公司千山医疗机械,生产低端医疗耗材真空采血器;2013年2月,投资800万元发起成立千山医疗科技,主营导尿管支架、导管和窥镜的生产。这一阶段公司最引人注目的举动是斥资410万欧元(约合3370万元人民币)成立德国子公司,并通过它出资210万欧元收购德国R+E公司100%的股权。公司投资逻辑主要在于R+E公司拥有一套完整的医用预灌封注射器生产线和其他医疗设备的生产技术。预灌封注射器当时在国内是一片蓝海,市场需求旺盛,而国内具备相关生产能力的企业较少,公司如果能够凭借这笔收购切入预灌封注射器的市场,确实会大大受益。

从2014年开始,公司并购路径发生微妙的变化。一方面,"十三五"的规划图景呼之欲出,大健康领域成为市场热议的话题;另一方面,并购市场进入了持续几年的狂热期,市场情绪空前高涨。销售出身的刘祥华,深谙牛市热炒"概念与题材"之道。他"审时度势",将公司的远景定位为"市值千亿的大健康公司",朝着平台化的方向进行布局。2014年1月,公司以5960万元收购宏灏基因52.57%的股权,同年6月,增资4248万元将持股比例提升至接近80%。宏灏基因具有核心基因检测技术,千山药机通过对其的收购,在精准医疗领域打入第一枚楔子;2015—2016年,公司又斥资7010万元控股上海申友,进入基因测序领域。对宏灏基因和上海申友的收购一度让公司声名鹊起。公司的股价开始飞涨,最高时增幅超过11倍,整个资本市场对公司的未来充满想象。公司的步子越来越大,除了上面提到的两起并购之外,公司还收购了乐福地、Glucovation、三谊医疗等标的,并成立了以千山慢病健康管理中心为代表的一系列子公司、合资公司，全面布局大健康领域。其中，公司为收购主营医疗包装材料的乐福地，投入5.6亿元，形成了超过3亿元的商誉，引起市场的普遍关注。千山慢病健康管理中心的建设，更是号称要投资50亿元，建成包括检测中心、医生专家远程医疗、大数据管理、互联网智能药房在内的一个大健康平台，按照当时的设想，很多公司旧有的服务将会被整合到这个平台上，如基因测序。

通过大举对外扩张，公司的资产在短短的5年内扩张了5倍，从上市之初的7.95亿元快速增加至2016年年末的43.36亿元，公司的参控股企业数量在2016年年末已经达到26家，业务涉及传统医疗器械生产、医疗包装材料、医学检验、医学服务、医疗大数据、大健康开发等领域。公司的股价在2015年年中一度突破100元，甚至被拿来与华大基因媲美，一时风头无两。

表4-1 千山药机的主要并购行动

时间	交易标的	所属行业	支付	商誉（2016年年末）
2012.12	R+E 100%的股权	医疗保健设备	210万欧元	
2014.01	宏灏基因52.57%的股权	医疗保健设备	5 960万元	2 431.30万元
2014.06	宏灏基因27.16%的股权	生物科技	4 248万元	
2015.01	乐福地100%的股权	生物科技	55 619万元	31 387.92万元
2015.01	上海申友51%的股权	医疗保健设备	6 000万元	407.16万元
2015.06	上海申友56.47%的股权	医疗保健设备	7 009.82万元	
2015.07	Glucovation 20%的股权	医疗保健设备	200万美元	
2015.07	三谊医疗51%的股权	医疗保健设备	1 050万元	218.46万元
2016.03	南京申友45%的股权	生物科技	300万元	

资料来源：公司公告。

二、暗流汹涌的并购帝国

（一）独断专行的管理者

在表面的无限风光下，千山药机的并购帝国实际上已经暗流汹涌。尽管公司的危机一直到2017年年底才集中爆发，但是一些端倪早已显现，公司的掌舵者刘祥华与此并非没有关系。刘祥华的能力自然不必多言，他不仅是一个白手起家的创业者，还是一个优秀的销售，一个拥有900多项专利的技术人员，一个口若悬河的营销家。但超群的才能也带给他过度的自信。接触过刘祥华的人都说，刘祥华是一个极度自信甚至有点爱吹牛的人；他迷恋技术，认为自己产品比谁都好；他善于讲故事，不仅能哄住投资者，有些故事自己说着说着也信了。公司上市之后没过多久,就发生了重大的人事变动。2012年7月,董秘朱兆服股票套现走人,公司的财务总监也于同月辞职。公司刚上市一年,两位高管就相继走人,而且恰巧在公司推出股权激励计划的前两个月,不能不让人对公司管理层之间的关系浮想联翩。2017年,瑞华会计师事务所对千山药机的年报出具非标意见,其中一条便是公司的董事长兼总经理刘祥华凌驾于公司的内控之上。刘祥华的过度自信和独断专行,为公司未来的走向埋下了伏笔。

(二) 高悬于顶的商誉

刘祥华热衷于并购,但在选择并购标的和对价上并不是行家。纵观千山药机的并购经历可以发现,公司选取的标的并不优质。在公司进行溢价并购的四家公司中,仅有乐福地具备盈利能力,其余三家标的在收购当年的净利润均为负数。以R+E公司为例,这家公司被并购前的净资产为−18万欧元,净利润为−22万欧元,营业额仅为140万欧元,但公司却为这些标的支付了十分高昂的对价。对R+E的并购,公司足足支付了210万欧元,并承诺将并购当年50%的利润支付给交易对家。公司收购的唯一具备盈利能力的标的乐福地,被外界指责有利益输送之嫌。这并非空穴来风。乐福地作为一家医药包材公司,于2004年由刘祥华等人创立。2009年,公司上市前夕,股东(也是千山药机的股东)出让80%的股权。而在2015年公司对乐福地以5.5亿元进行重新收购时,并购溢价达到3.14亿元,此时,乐福地的第一大股东正是千山药机的董事长刘祥华的弟弟,其余的多数股东也在千山药机中身居要职。公司的盲目并购行为立竿见影地反映在公司的账面上,从2013起,公司的并购商誉开始剧增,到2016年已经达到3.4亿元人民币,而公司在当年的营业收入仅有7.6亿元。

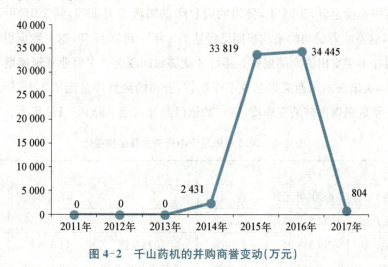

图 4−2　千山药机的并购商誉变动(万元)

资料来源:iFinD。

制造了高额商誉,公司却没有让它实现软着陆的能力。在一系列声势浩大的并购活动的背后,公司的整合能力令人汗颜。R+E公司没有发挥出其应有的潜力,在2016年因为经营不善向德国法院申请了破产;宏灏基因拥有基因检测领域的核心技术,又由著名院士、科研带头人的团队领衔,在并购之后却仅开发出高血压基因芯片(测序盒)这一款产品,且因为产品性价比较差和销售渠道迟迟难以打开,净利润经历了从2015年的5 891万元到2017年上半年的98万元的断崖式下跌;乐福地公司商誉的主要来源,则在2015和2016两年未能实现业绩承诺,2016年,乐福地更是只实现了281.04万元的净利润,与作出5 000万元利润的业绩承诺相去甚远,为此,乐福地还向公司支付了1.67亿元的业绩补偿。虽然千山药机并没有在2016年对乐福地计提减值,并且还交出1.99亿元净利润的答卷(绝大部分来源于千山药机的业绩补偿金),但是明眼人已经意识到,此时头顶3.4亿元巨额商誉的千山药机已经处于大厦将倾的前夜,压垮公司的最后一根稻草,可能是任何一个突发事件。

(三) 不堪重负的资金链

并购标的的经营不善最终也拖累了母公司自身的业绩。随着时间的推移,原来支撑公司业绩增长的主营业务——医疗设备生产线制造——已经开始出现衰退,声势浩大的外延式并购并没有给公司带来新的足以持续支持公司业绩增长的主营业务。事实上,从2013年开始,公司排名第一的业务不停地发生变化,甚至在2016年的时候,与大健康毫无相关的烟花生产线成为公司最大的营收来源。业务结构的持续变动,没有形成强有力的主业,公司的营业收入非但没有和公司规模一起一飞冲天,相反在有些年份还陷入了衰退。

伴随着主营业务的哑火,公司的账款回款也出现了问题。从2015年开始,公司的应收账款周转率不断走低,2014年,公司的应收账款周转率为1.73,到2015年这一数值已经下降到1,这意味着公司的平均账期已经达到1年。到2017年,这一数据更是降到0.3,相当于公司在本年卖出的商品要在3年后才能够收回现金。主营业务规模增长出现了停滞甚至下滑,卖出去的东西又迟迟收不回账款,公司的经营现金流从2016年开始变成负数,在2017年危机爆发前的三季度,这一数值已经夸张地下降到-1.2亿元。

表4-2 2013年以后千山药机主营结构变化

2013年			2014年		
业 务	金额(万元)	占 比	业 务	金额(万元)	占 比
医疗设备生产线	14 645.48	46.70%	其 他	23 036.56	39.09%
其 他	13 346.91	29.00%	塑料安瓿	14 338.46	24.32%
塑料安瓿	7 418.8	16.11%	医疗设备生产线	12 114.62	20.56%

续 表

2015 年			2016 年		
业　务	金额(万元)	占　比	业　务	金额(万元)	占　比
药用包装材料	16 863.55	30.89%	烟花生产线	22 435.9	29.36%
其他	12 121.08	22.20%	药用包装材料	19 894.54	26.04%
医疗器械	8 673.03	15.59%	医疗设备生产线	19 597.89	25.64%

2017 年		
业　务	金额(万元)	占　比
药用包装材料	17 234.58	55.97%
医疗设备生产线	6 352.89	20.63%
其他	3 269.96	10.62%

资料来源：公司公告。

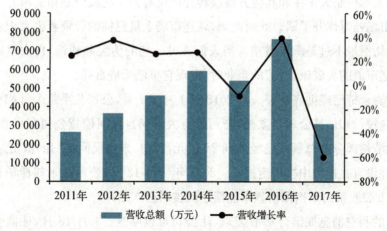

图 4-3　千山药机营业收入和营收增长率

资料来源：iFinD。

不计成本的对外扩张、主营业务哑火，账款又迟迟收不回来。为缓解公司运行的资金链压力，只能借助融资手段。公司近几年的融资情况如何呢？除了 IPO 募资以外，公司没能成功地获得任何一笔股权融资。公司在 2014、2015、2016 年分别发起三次定增预案，平均募资金额达到 23.77 亿元人民币，但这三次预案都以失败而告终。股权融资行不通，公司只能将目光转向债权融资。上市以来，公司通过借款收到的现金累计达到 57 亿元，占到公司总融资的 92%，成为融资的主要手段。一般来说，在中国资本市场上，通常绩效较好的公司更偏好债权融资，因为这不会稀释原有股东对公司的占有份额，绩效较差的公司则更加偏好股权融资，因为这种资金没有硬性还本付息的要求，财务负担较低。千山药机是典型的绩效较差但频繁使用债权融资的公司。由于多元化布局需要大量资金，千山药机早在2013年就已经将IPO所募得的资金全部用完,公司在之后的大量资本运作,除了不断消耗公司通过经营活动积累下来的现金流,其余都是通过大量举债支持。随着公司的主营逐步恶化,公司只能借新债还旧债,并借更多的新债来支撑公司越来越大的资金缺口。但长期看来,通过举债维持公司运营的做法是不可持续的。随着债务越滚越大,公司的资产负债率开始飙升。2013年,这一指标仅为28%,到2014年就达到43%,在2016年年底时更是达到74%。随着资产负债率的走高,公司从银行中取得贷款的难度越来越高,但公司的资金缺口仍然存在。为了解决迫在眉睫的生存问题,公司走上最后一条路——民间借贷。

三、环环相扣的财务危机

危机的真正爆发是在2017年12月25日。当天,公司发布《重大事项停牌公告》,宣告8名公司实际控制人正在和其他方商谈转让所持有公司的股份的相关事宜。消息一经公布,资本市场顿时炸开了锅。此时此刻,就连市场上最迟钝的投资者也意识到这家公司所描述的一切愿景不过是海市蜃楼。当人们透过一切的伪装和粉饰,再次审视这家号称要"打造千亿市值的大健康公司"的企业时,发现它早已千疮百孔。

公司的资金链已经彻底断裂。从2018年1月至7月,公司几乎每个月都有债务违约到期,除了向银行和信托公司贷款外,公司还有大量来自民间信贷公司和自然人的借款,仅到期未能清偿部分的总额就已经达到21亿元,其中,来自民间部门的借贷达到6.09亿元,而公司并没有在报告中按规定披露。2018年1月13日,公司股东刘祥华和邓铁山的共计6 200万股股票由于担保借款未能偿还而被司法冻结。

一系列的利空消息如组合拳般袭来,让公司难以喘息。1月18日,证监会以信息违法违规披露为由对公司立案调查,按照相关规定,调查期间实际控制人不能转让股权,故2017年年底发起的股权转让事宜旋即宣告终止。1月29日,公司发布了业绩预告,针对乐福地的3.1亿元的商誉全额计提减值,公司的股价应声而跌。公司在2017年前三季度盈利4 436万元,但巨额的商誉减值迅速吞噬了公司的全部利润。在最终的财务报表中,公司的归属母公司净利润亏损达到3.24亿元。商誉爆3.1亿元大雷,这放在任何一个公司都是引发股价大跌的重磅消息,但是已经千疮百孔的千山药机,选择在这个时候全额计提商誉减值,背后的深意值得玩味。4月3日,公司违规为关联人和管理企业提供担保的事件被爆出,担保金额达2.98亿元,另外,以公司名义为关联人融资金额达到9 000万元。6月5日,公司几经推迟的2017年财报终于发布,净利润共计亏损3.4亿元。

资金链断裂,违规担保,被证监会立案调查,商誉又爆出大雷,公司业绩上的糟糕表现难以避免地转移到公司的股价上。2018年开年以来,公司股价狂跌的趋势似乎就没有停过,在一些重大事件上,公司的股价都毫无疑问地出现了断崖式下跌。2018年年末,公司的股价仅为3.83元,考虑到公司当年没有分红,公司的股价相比年初的17.42元,实打实地下降了78%,这对比起公司2015年年中突破100元的盛况,着实令人唏嘘。

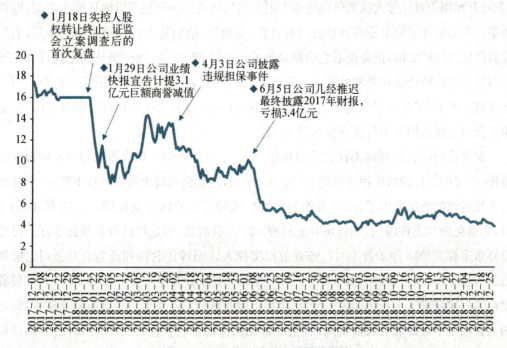

图4-4 2018年以来公司的股价变动

资料来源:iFinD。

股价下跌自然而然地带来一系列恶果,包括投资者的财富缩减,公司融资难度的进一步增长等。但对于千山药机的管理层来说,公司股价的下跌还有更为致命的后果,这背后的原因,还要从他们的股权质押经历说起。

2012年5月,在公司上市后没多久,刘祥华就将他的1 040万股股票质押给华夏银行获取资金,按照当时的股价估算,大约可以融资约1亿元。股权质押不但能够简单高效地获得大量资金,并且这种债务不会反映到公司的资产负债表上。尝到甜头的刘祥华,和当时很多上市公司的大股东一样,进行了大量的股权质押,2013—2017年,刘祥华分别向国泰君安、中信证券、华泰证券、财富证券进行多次股权质押,质押的理由依然是融资。截至2017年12月8日最后一次进行补充股权质押,刘祥华累计质押的股份达到4 980.8万股,占公司总股本的13.78%,占到他个人持股的92.91%。

刘祥华融资的钱都去哪了呢?结合刘祥华的质押时间节点(见本案例附件4)可以看到,刘祥华开始频繁进行股权质押的时期是在2015—2017年,这恰恰是公司的资金链开始陷入困境的时期。刘祥华融资的钱是为了解决公司的困境吗?这并不好下判断,因为公司所披露的信息较少。但是根据公司回复深交所的问询函来看,至少大部分资金并不是用来解决公司的困境。据公司回复深交所问询函的文件披露,公司向国泰君安证券质押股权融资共计 3.918 亿元,其中的 3.238 亿元用于投资苋草种植的相关项目,另外的 6 800 万元用于对江苏大红鹰恒顺药业有限公司的增资。一些更直接的证据也表明,以刘祥华为首的管理层完全没有拯救公司的打算,正相反,他们将上市公司当作一条"沉船",在其彻底"沉没"之前,拼命攫取它的剩余价值。2017 年 12 月,刘祥华与其一致行动人开始与他人磋商转让公司股权的事宜。只可惜,这一"弃船"的尝试因为证监会的介入而宣告失败。在 2018 年公司回复深交所问询函的文件中,指出刘祥华和其胞弟刘华山、中苋生态公司违规占用千山药机资金 9.26 亿元。

参与公司股权质押的不仅仅是刘祥华一人,千山药机的 9 名大股东都有不同程度的质押,公司的总计股权质押率达到 25.52%。于是,随着公司股价的进一步下跌,一个管理层不想看到的情况发生了,那就是他们的股权质押将会面临平仓风险。2017 年 12 月 8 日,为避免股权质押爆仓,刘祥华补充质押 129 万股股票,但这样的补救措施实际上已经是杯水车薪。2018 年 1 月 19 日,随着公司实控人计划转让股权和证监会对公司立案调查的消息传出,在公司股票复盘的第二天,刘祥华质押给国泰君安证券的 2 980.8 万股股票就再一次跌破了平仓线。这一次,已经接近满仓线的刘祥华无力再进行补充质押,只是因为公司处于被证监会调查期间,股票一时无法进行平仓操作。1 月 23 日,公司的两位实控人邓铁山和黄盛秋分别有 943.57 万股和 11.83 万股质押给国泰君安的股票跌破平仓线;1 月 25 日,公司的三位实控人钟波、王国华和彭勋德分别有 250 万、412.4 万和 361.1 万股质押给财富证券的股票跌破平仓线。

表 4-3 2018 年 6 月底公司股权质押平仓情况

股东名称	2017 年年末持股数量	2018 年 6 月末已减持股数	质押数量	已达到质押平仓线的股数	已被司法冻结的股数
刘祥华	5 160 万	0	4 980.8 万	4 980.8 万	5 160 万
刘燕	1 185.6 万	0	1 185.6 万	1 185.6 万	1 185.6 万
邓铁山	1 185.6 万	0	943.6 万	943.6 万	1 185.6 万
钟波	1 000 万	113.3 万	136.7 万	136.7 万	0
王国华	1 000 万	0	412.4 万	412.4 万	1 000 万
黄盛秋	789.4 万	247.6 万	411.8 万	411.8 万	424.9 万
彭勋德	789.4 万	328.8 万	239.6 万	239.6 万	296.5 万
郑国胜	700 万	0	688.9 万	688.9 万	700 万

资料来源:公司公告。

四、商誉爆雷与股权质押爆仓

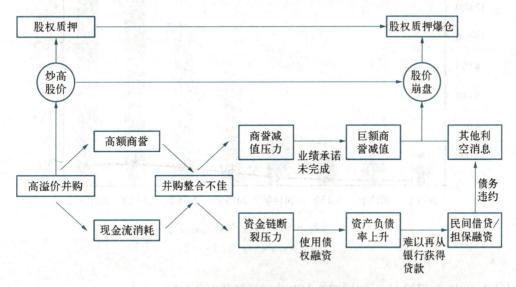

图 4-5 公司股权质押爆仓逻辑链

资料来源：公司公告。

通过以上的分析，我们基本上梳理了千山药机是怎样从意气风发的资本市场宠儿一步步地走向经营乏力、资金断裂、股价崩盘的困境，也梳理了公司的大股东们股权质押爆仓的逻辑链。

纵观千山药机的发展历程，它其实是近年来中国资本市场的狂热与非理性的一个缩影。它的发展经历基本上集齐了近年来资本市场上所有热议的话题，如炒作热点概念和题材、盲目的高溢价并购、大股东掏空效应、商誉爆雷、违规担保、虚假信息披露、股权质押爆仓等。这里重点讨论其中两个比较突出的话题——商誉爆雷与股权质押爆仓。

（一）商誉与商誉减值

随着很多公司发布 2018 年业绩快报，A 股市场的投资者们很快发现，继 2017 年之后，商誉又一次成为上市公司的业绩杀手，其中，传媒、医药领域更是重灾区。截止到 2019 年 1 月 31 日，已经有 260 家上市公司预亏超过 1 个亿，其中，87 家预亏超 10 亿元，35 家预亏超 20 亿元，更有 20 家预亏超 30 亿元。天神娱乐由于计提商誉减值导致 2018 年净利润预亏 78 亿元，对比公司的市值仅为 39 亿元，亏出两倍市值的罕见表现令其一时成为资本市场的"明星"。截至 2018 年三季度，A 股市场的商誉总额达到 1.45 万亿元，占所有上市公司净利润的 45.6%，占所有上市公司净资产的 4.6%，看清了这一点，就明白为

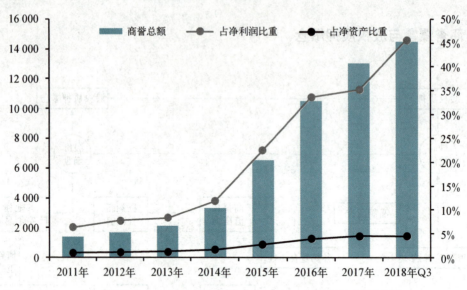

图 4-6　A 股市场商誉总额变动及其占比情况

资料来源：iFinD。

什么在 2018 年报季，商誉能够成为左右公司盈利状况的关键。

根据《企业会计准则第 20 号——企业合并》的要求，非同一控制下的企业合并，购买方对合并成本大于合并中取得的被购买方可辨认净资产公允价值的差额应当确认为商誉。这基本上是公司账面商誉的唯一来源。可以看到，支付的溢价越高，形成的商誉也越多。近年来，中国资本市场上的商誉不断走高，其罪魁祸首就是 2014—2016 年那一波高溢价的并购热潮。

《企业会计准则第 8 号——资产减值》第二十条规定，商誉在持有期间不要求摊销，但在每一个会计年度应当对其进行资产减值测试。根据该规定第五条，当出现市价大幅下降、未来要求报酬率提高、未来预计净现金流量下降等七种情况时，应计提资产减值。正是因为商誉不摊销而进行减值测试的特性，在实务中，常用并购标的的业绩承诺是否达成作为是否计提商誉减值的标准。而业绩承诺的年限通常为 2—4 年，这就解释了为什么 2017 年和 2018 年成为 A 股市场爆雷的重灾区。虽说业绩承诺成为判断商誉是否减值的一个标尺，但它并不是硬性的，事实上，商誉不摊销而是每年进行减值测试，给予上市公司盈余管理的空间。实务中，很多公司的操作方法是：在公司业绩不好的年份，一次性大额计提商誉减值，给公司业绩彻底"洗一个大澡"。没有了商誉的负累，公司又可以轻装上阵。这样做的好处有很多，一个最显而易见的优点就是有效地避免了退市风险。从这两年的经验来看，商誉减值计提的随意性为公司股东"捂盘"或者操纵股市提供了便利，对中小股东造成严重的伤害。在商誉减值方面，公司大股东与中小股东所掌握的信息完全不对等,中小股东难以预料公司在什么时候计提减值。一家公司在前三季度实现较大幅度的正利润,因为年终大量计提减值业绩骤然变脸,继而带来股价崩盘,中小投资者对此猝不及防,最后沦为待割的"韭菜",类似的故事在并购市场反复上演。本案例中的千山药机也是类似套路。2016年,子公司乐福地仅仅盈利281.04万元,远远没有达到约定的业绩承诺5 000万元。公司在公告中披露的原因,包括市场变冷、竞争激烈等,以常理分析,可以合理预计未来现金流出现明显下降,根据企业会计准则,应当计提减值。但事实上,2016年,商誉减值公司分毫未提,直到2017年才将乐福地的3.1亿元巨额商誉全部计提。背后的动机很简单,2016年,公司的危机尚未爆发,公司不提减值,同时又收到来自子公司高达1.67亿元的业绩补偿款,借此把公司对外的财务报表粉饰得非常好看。这样做,既可以继续从上市公司这个平台攫取剩余价值,又可以为自己及一致行动人的撤离争取充分的时间;而到了2017年,特别是业绩快报发布前的2018年1月份,公司已经风雨飘摇。之前接二连三的利空消息已经让公司的股价崩盘,此时放出商誉减值,对公司股价影响的边际效益相对较小,从图4-4公司股价的变动图中也可以看出,公司公布计提商誉减值导致业绩巨亏的消息并没有让公司股价暴跌,只是在原来就较低股价的基础上轻微下跌,盈余管理的效果非常显著。

正是因为通过减值的方法处理并购商誉存在非常明显的缺陷,加上这两年A股市场上商誉爆雷的问题过于引人注目,2019年1月4日,财政部下属的会计准则委员会发布《关于咨询委员对会计准则咨询论坛部分议题文件的反馈意见》,认为对商誉的后续处理应该和无形资产一样使用摊销法,瞬间引爆了市场的话题。摊销法还是减值测试法,其实并不是最近新涌现出来的热点,而是一个老生常谈的议题。在2007年以前,中国使用的就是直线摊销法对商誉计提减值;为了适应当时并购市场的情况,也为了与国际会计准则接轨,从2007年开始,我国转而使用减值测试法。事实上,即使在拥有成熟资本市场的国家,使用摊销法还是减值法同样没有定论。美国从2002年开始用减值测试法替换摊销法,而这也是美国会计程序委员会(CAP)对业界妥协的结果;日本在引进国际会计准则的时候就没有使用减值法,而是坚持使用摊销法处理商誉。

减值法和摊销法之争之所以没有得出结果,在于这两种方法既有各自明显的优势,又有相当令人头疼的不足。上文已经列举过减值法的数宗罪,其最大的缺点在于减值测试的过程中主观性太强,存在很大的操纵空间,这一点在中国目前相对不完善的资本市场上更是被无限放大。近两年来,商誉频频爆雷,中小股东苦不堪言,成为监管层想要改变现有会计准则的重要原因。另外,减值的处理方法相对比较极端,要么不减值,要么一次清洗,有时候不能反映公司业绩。但这不意味着摊销法就是更好的方法,摊销法同样存在严重的问题。首先,摊销法对企业的业绩造成很大的负担。摊销法无视公司的实际经营整合情况,每年固定计提摊销,结合A股市场大量存量商誉的现实情况,使用摊销法可能严重拖累一大批公司的业绩,让一大批公司戴上 ST 的帽子。这可能会产生更深远的影响,那就是公司不愿意花高价去整合那些优质标的,从而使整个并购市场的活跃性受到抑制;其次,虽然摊销法相对客观很多,但同样存在主观判断因素,比如商誉使用寿命和消耗方式的确定方法,这在 20 世纪 90 年代美国的实践中得到了印证。

采用摊销还是减值,应当面对不同的情况,对商誉进行分类,判别其会计处理。(1) 并购商誉中的组成是复杂的,可以分成"真"商誉和仅仅因为竞价而支付过高的溢价。"真"商誉包括企业品牌、发明专利、大客户资源等,这些事实上在未来持续存在且能够给企业带来持续的现金流入,对于这类商誉,未来不宜摊销也不能摊销,而应该采用减值测试的方法。沃尔沃作为一款汽车高端产品,它自身的品牌就代表着市场的号召力,如果让吉利自行研发一款高端车型,且不提性价比和技术可能性,要立刻得到消费者的认可,是一件很难的事情;再有就是通过教科书般并购成长起来的电子行业龙头立讯精密,2011年通过对昆山联滔的高溢价收购迅速切入苹果这个大客户的产业链,是其之后业绩一飞冲天的关键。昆山联滔的大客户资源,作为支持立讯精密后续业务源源不断在增长的动力,对其进行摊销是不公允的。(2) 那些来源于并购竞价而形成的商誉,未来不能给企业带来持续的价值,究竟适用摊销还是减值,应当就企业类型进行进一步的讨论。像传统制造业和传媒、医药等行业的并购商誉有很大的不同。传统制造业的标的具有一定规模的固定资产,未来增长的来源通常是产品的销售,现金流相对较为稳定,这种情况下的商誉适合摊销处理。传媒、医药等行业则不一样,这类相对轻资产的行业,存在重大资产减值风险,包括人才流失、政策变动等事件对公司未来的盈利远景影响极深。对这一类公司实行减值测试,能够公允客观地反映公司的真实业绩。

表 4-4 对商誉处理方法的建议

商誉类型	公司类型	特 点	建议处理方法
"真"商誉	全部	长期稳定存在,给公司带来现金流入	减 值
因竞价而支付的过高对价	传统制造业	盈利远景相对稳定,适合直线摊销	摊 销
	传媒、医药等轻资产行业	商誉具有重大减值风险	减 值

(二) 股权质押与爆仓

除了商誉减值,大股东股权质押爆仓同样是 2018 年 A 股市场上非常引人关注的一个现象。根据中登网公布的数据,截至 2018 年 12 月 31 日,A 股市场 3 591 家上市公司中仅有 58 家未涉及股权质押,质押总股数达到 6 351 亿股,其中,质押比例超过 1/3 的达到 635 家,更是有 141 家超过了 1/2。

作为一种融资手段,股权质押深受上市公司特别是上市民企的喜爱。因为相对于其

图 4-7 A 股市场股权质押公司及股份数量(公司公告口径)

资料来源:iFinD。

他融资手段,股权质押来钱快,限制少,不体现在表内,还不动摇公司的控制权。股权质押的本质是一种抵押品,与房产类似。但由于股权这种抵押品价值波动大,风险系数很高。在股价上涨周期,大股东通过股权质押获得更多的资金,这些资金往往被投入到上市公司中从而支持上市公司的业绩增长,业绩的增长带动公司市值的增长,大股东得以使用更多的股权进行质押。然而,在股价下跌周期,股权质押爆仓的风险就显露出来,现实中有很多中小民营企业家股权质押的目的只是单纯地想要为获取资金支持企业发展,但股权质押爆仓的残酷现实往往让他们最后失去了公司的控制权。

股权质押爆仓伤害了谁?第一,公司的股东。可以将进行股权质押企业家分成两类,一是想要有所作为的企业家,二是掏空公司的蛀虫企业家。想要有所作为的企业家通过股权质押拓宽融资渠道,为公司的增长提供支持,尤其是一些中小民营企业的企业家,通常股权相对集中,将公司做大做强符合他们的自身利益,由于融资渠道窄、利率高,股权质押便成为一种相对便捷可行的办法。但由于市场行情波动以及投资在短期没有产生回报等原因,一旦公司的股价出现下跌,这些企业家可能面临着出局的结果,这对于他们无疑是巨大的伤害;蛀虫企业家就如同案例中千山药机的大股东们,通常会先炒作概念和题材来推高股价,然后通过粉饰业绩和"捂盘"欺骗市场,与此同时,不断地通过股权质押套现,或采用其他手段继续掏空公司的现金流,等到危机集中爆发,他们潇洒离场,即使股票被强制平仓,他们的现金已经到手,最终为其买单的便是中小投资者。第二,接受股权质押的金融中介机构。作为股权质押的接收方,券商等金融中介机构同样不希望发生股权质押爆仓。一方面,他们很难从转手出售股票价格中收益,因为跌破平仓线的股票往往都会继续下跌;另一方面,由于流动性问题,机构持有大量公司的股票一时间又无法变现,往往陷入被动接管公司的局面。因此,股权质押爆仓既让中介机构蒙受大量的损失,又给他们带来很多不必要的麻烦。第三,公司本身。蛀虫企业家掏空公司利益,被迫接手的中介机构又往往不懂经营,这种情况下,公司很可能陷入公用品悲剧的困境。第四,资本市场。既然公司、投资者、金融机构这些构成资本市场的主体受到了伤害,市场自身必定也难以幸免。就如同上面提到的,想要有所作为的企业家被平仓出局,掏空企业的蛀虫企业家大赚一笔,这对市场来说是一个劣币驱逐良币的过程,长此以往,将会打压企业家的积极性;券商等金融机构会努力地将所蒙受的损失转嫁出去,比如对股权质押设置更高的门槛或者收取更高的利率,最终会伤及那些真正融资难的中小企业的利益;除此之外,大股东"捂盘"、信息披露不完全、股价暴涨暴跌,都会伤害资本市场的长久机制。

  对现有的股权质押制度做一些适当的改变非常有必要。(1)允许股权质押违约展期。正如以上所分析的,有很多中小企业的企业家进行股权质押实在是无奈之举,他们希望借助股权质押获得相对低成本的资金实现公司成长,但是市场行情的变动难以预测,有时候公司的投入需要一年或者更长的时间才能收获回报。如果股权质押不能展期,会给企业的经营管理者带来额外压力,一些激进的经营者可能因为质押到期无法还钱而被强制平仓,久而久之,企业的经营者会变得短视,只会投资那些能很快收回成本的项目。而对于接手的金融机构,公司股权对他们来说也显得"鸡肋"。展期的意义在于给予企业的管理者更宽裕的时间,如果他们能够在这段时间里重振公司的股价,对金融机构和企业管理者来说,是一个双赢的结果。(2)国家的纾困基金接盘。纾困基金的方案,同样是为了解决那些有所作为的企业家短期资金压力。相比债务展期,纾困基金的作用更有针对性,能够对两类大股东区别对待,让那些真正想要有所作为的企业家得到资金支持,避免那些蛀虫企业家搭便车。(3)加强监督。回到千山药机的案例中,刘祥华等人能够大举地掏空企业,与监管的缺失并非没有关系,比如他违规占用公司资金、违规民间借贷,公司违规对外提供担保,刻意选择时点计提商誉减值,这些行为都是法律不允许的,应当由更严密的监管对此进行规范。只有通过严监管,扫清资本市场上的雷区,股权质押才能真正将资金的活水引流至那些具备增长潜力却受限于资金短缺的企业中。(4)设置股权质押比例上限。在股价上涨周期,经常会出现"大股东股权质押—更多资金投入企业—企业市值上升—更多股权质押"的循环,最终自发地导致公司股东的股权质押率越来越高。然而,当股价陷入下跌周期时,高股权质押率就成为公司大股东挥之不去的噩梦。由于高质押率,公司的股东难以追加股权质押,这使得股价一旦跌破平仓线,就很容易导致股权质押的爆仓。因此,通过设置上限,可以有效地抑制市场在股价上涨周期的非理性,进而降低资本市场的风险。

五、结语:没有赢家的闹剧

千山药机在 2017 年 7 月回复深交所对年报问询函的文件中,这样回应了刘祥华等人占用公司 9.26 亿元资金的事件:刘祥华及其胞弟刘华山正在积极筹措资金归还占用公司的资金和偿还民间借贷,筹资渠道主要是处置其自有资产,包括股权资产(上市公司股权除外)、房产及其他资产,计划于 2018 年年底之前还清占用公司的资金。至于承诺是否又是一次画饼充饥,刘祥华真的是否愿意处置自有资产来偿还资金占用和民间借贷,只能说见仁见智。

从资本市场的宠儿一步步地走向退市的边缘,千山药机只用了短短 7 年的时间。市场的实践反复证明,那些没有真实业绩支撑,只会贩卖梦想、炒作题材的资本市场的弄潮儿们,可能在涨潮时"勇立潮头",赢得万众瞩目。然而一旦资本的热潮退去,谁在裸泳便一目了然。值得思考的是,等到退潮之后才看到谁在裸泳是不是已经太迟? 到那时,那些"弄潮儿"们满载而归,留给中小股东、留给金融机构、留给资本市场的,是闹剧过后的一地鸡毛。通过规则的修正和监管的加强,进而改变当前资本市场这一畸形的现象,是维护市场秩序的必然要求,是保护中小股东利益和解决中小企业融资困境的合理途径,是刻不容缓的议题。

思 考 题

1. 刘祥华的个人风格对公司发展产生了哪些影响?
2. 公司上市后的市场形势对公司的发展产生了怎样的影响?
3. 公司并购标的的业绩状况都不好,为什么公司依然选择高溢价并购?
4. 当时的并购市场形势和公司的高额业绩承诺分别会对标的公司的估值产生怎样的影响?
5. 公司为什么无法完成业绩承诺?
6. 公司最终走上民间借贷进行融资的原因有哪些?
7. 商誉减值和摊销的优劣势是什么?
8. 在目前 A 股市场,有哪些商誉处理的建议?
9. 近年来大股东爆仓事件愈演愈烈背后的逻辑是什么?

10. 大股东股权质押爆仓带来的不利影响有哪些？
11. 应对股权质押频繁爆仓，有哪些可行的办法？

分析思路

这里提供的案例分析主要是根据案例的推进过程和思考题的顺序进行。

1. 刘祥华是一个商业能人，他在早期为公司的发展立下了汗马功劳，在他的带领下，公司从一个小公司迅速成长为一家上市公司。但刘祥华做事独断专裁，个人性格又过度自信，这为公司盲目扩张导致未来业绩崩盘埋下了伏笔。由于刘祥华常年凌驾于公司内控之上，无人制衡的权力和公司萎靡的业绩让他开始萌生了掏空公司的念头，最终通过股权质押套现、非法占用公司资金、通过并购进行输血等方式掏空公司，使得千山药机彻底走向了退市的边缘。

2. 公司上市前后正是国家大力鼓励并购重组的时期，2014—2016 年更在 A 股市场引爆了一场高溢价并购重组的高潮。在这种情况下，公司一改以前稳扎稳打，通过创新驱动公司增长的道路，追求外延式并购迅速做大公司规模；再加上当时市场对"大健康"概念的追捧，公司从 2014 年开始改变投资逻辑，没有等主业做大就开始寻求多元化布局，欲以高溢价并购迅速切入"大健康"领域，但过于仓促的整合使并购标的的协同效应完全没有发挥出来。

3. 当时，"大健康"概念刚刚兴起，行业竞争格局尚不明朗，公司希望通过快速并购的方式迅速扩大规模和产业链布局，追赶行业头部企业，占领行业高点，先做大再做强，其代价就是高溢价并购；2014—2016 年 A 股的并购市场行情也使得公司不得不使用高溢价购买股权和资产；管理层的过度自信是重要原因；公司对乐福地的收购，形成了 3.1 亿元的商誉，有为关联方输血之嫌。

4. 绝对估值法需要计算未来现金流，动态市盈率法需要预估后一年的净利润。过高的业绩承诺会导致用这两种方法算出来的估值偏高。同时，相对估值法受交易案例影响，并购市场的高溢价估值现象进一步推高相对估值法的估值。

5. 公司无法完成业绩承诺的主要原因是：业绩承诺标准过高；标的资产质量不高，盈利能力较弱；收购后公司没有对资产进行有效整合，协同作用没有发挥。

6. 公司的高溢价并购造成公司资金的大量消耗，事后对标的的整合不佳给公司未来的资金链带来极大的压力，主营萎缩、应收账款周转率降低使得公司不得不通过融资手段来缓解公司的资金压力。由于公司多次定增失败，只能通过银行借贷融资。然而，公司业绩的持续萎靡和大量的对外扩张不断提高公司的资产负债率,最终公司难以获得银行借款,只能依靠民间借贷。

7. 商誉减值法的优点在于减值测试的过程中主观性太强,存在很大的操纵空间,这一点在中国目前相对不完善的资本市场上更是被放大。但是,减值的处理方法相对比较极端,要么不减值,要么一次清洗,有些时候不能反映公司业绩。摊销法的主要缺点在于:首先,对企业的业绩造成很大的负担。摊销法无视公司的实际经营整合情况,每年固定计提摊销,结合A股市场的现实情况,使用摊销法,可能会严重拖累一大批公司的业绩,让一大批公司戴上ST的帽子。久而久之,导致公司不愿意花高价去整合那些优质标的,从而使整个并购市场的活跃性受到抑制;其次,虽然摊销法相对客观很多,但同样存在主观判断因素,如商誉使用寿命和消耗方式的确定方法。

8. 并购商誉中的组成是复杂的,可以分成"真"商誉和仅仅因为竞价而支付过高的溢价。"真"商誉包括企业品牌、发明专利、大客户资源等,这些事实上在未来持续存在且能够给企业带来持续的现金流入,对于这类商誉,未来不宜摊销,也不能摊销,应该采用减值测试的方法。那些因为仅仅来源于并购竞价而形成的商誉,未来不能给企业带来持续的价值,究竟适用摊销还是减值,应当就企业类型进一步地讨论。传统制造业和传媒、医药的并购商誉有很大的不同。传统制造业的标的具有一定规模的固定资产,未来增长的来源通常是产品的销售,现金流相对较为稳定,它的商誉是适合摊销处理的。传媒、医药等行业则不一样,包括人才流失、政策变动等事件对公司未来的盈利远景影响极深。对于这一类公司实行减值测试,能够公允客观地反映公司的真实业绩。

9. 股权质押具有低成本、流程简易等优势,受到上市公司的青睐。在股价上涨周期,大股东通过股权质押,将更多的资金投入到企业,企业通过经营业绩的提升带动企业市值的上升,从而大股东又能获得更多的股权质押。这样的循环最终自发地导致公司股东的股权质押率越来越高。当股价陷入下跌周期时,由于高质押率,公司的股东难以追加股权质押,这使得股价一旦跌破平仓线,就很容易导致股权质押的爆仓。

10. 第一,公司的股东。想要有所作为的大股东通过股权质押拓宽融资渠道,为公司的增长提供支持,股权质押爆仓让他们面临着多年心血毁于一旦,被扫地出门的厄运。蛀虫企业家则早已掏空公司的剩余价值,待股权质押爆仓,最终还是由中小股东为蛀虫企业家的行为买单;第二,金融中介。不仅遭受股价下跌的损失,还要被动接管公司;第三,公司本身。面临着陷入公用品悲剧的困境;第四,资本市场。蛀虫企业家得益,想要有所作为的企业家出局,使得资本市场出现劣币驱逐良币的现象。同时,大股东"捂盘"、信息披露不完全、股价暴涨暴跌、中小企业融资困境等,都是对资本市场的伤害。

11. 可行的办法包括:(1)对股权质押的大股东适当提供展期年限;(2)成立纾困基金对陷入困境的优质企业进行扶持;(3)加强金融监管;(4)设置股权质押比例上限。

 附 件

附件1 千山药机参控股公司详情(截至2018年6月30日)

序号	被参控公司	参控关系	直接持股比例(%)	净利润(万元)	主营业务
1	广东千山医疗器械科技有限公司	子公司	100	-571.28	医疗设备行业
2	华南千山慢病健康管理有限公司	子公司	100	-243.97	医学服务
3	湖南宏灏基因生物科技有限公司	子公司	79.73	-1 561.28	医疗设备行业
4	湖南千山医疗器械有限公司	子公司	100	-728.41	制造业
5	湖南乐福地医药包材料科技有限公司	子公司	99	-740.34	医用包材行业
6	佛山市顺德区千福水产养殖有限公司	孙公司			水产养殖
7	浏阳市乐福地花炮包材制造有限公司	孙公司			包材行业
8	广东千山生物医疗科技有限公司	子公司	100		医疗设备行业
9	衡阳祺华健康管理有限公司	孙公司			医学服务
10	上海申友生物技术有限责任公司	子公司	56.47		医学服务
11	湖南三谊医疗科技有限公司	子公司	51.22		医疗设备行业
12	湖南千海医疗科技研究院有限公司	子公司	80		医学研究
13	湖南千山投资有限公司	子公司	100		投资管理
14	湖南千山医药有限公司	孙公司			
15	湖南乐福地包装科技有限公司	孙公司			医用包材行业
16	南京申友生物技术有限公司	联营企业		-354.99	基因技术研发
17	长春豪邦健康科技有限公司	孙公司			医用包材行业
18	山东乐福地医药包材有限公司	孙公司			医用包材行业
19	六安市新锋医药包装有限公司	孙公司			医用包材行业
20	湖南千山磁谷医疗科技有限公司	子公司	60		医疗设备行业
21	ARTHUS BIOSYSTEMS,LLC	孙公司			商贸业
22	湖南天合生物技术有限公司	子公司	70		医疗设备行业

续表

序号	被参控公司	参控关系	直接持股比例(%)	净利润(万元)	主营业务
23	China Sun Europe GmbH	子公司	100		投资管理
24	VENUSPHARMACEUTICAL MACHINERY	子公司	100		制造业
25	上海千山医疗科技有限公司	子公司	80		制造业
26	上海千山远东制药机械有限公司	子公司	80		制造业
27	长沙宏灏医学检验有限公司	子公司			医学检验
28	GV Diagnosistics Holding, Ltd	联营企业	22.34	−351.74	医学研究

资料来源：iFinD。

附件2　千山药机合并资产负债表

（单位：万元）

	2015-12-31	2016-12-31	2017-12-31	2018-9-30
货币资金	50 007.96	76 107.25	19 760.52	4 323.51
应收票据及应收账款	62 749.46	113 540.41	97 562.92	85 113.13
预付款项	8 859.00	9 794.08	7 042.34	6 239.84
其他应收款	16 636.50	4 653.91	98 949.84	100 946.81
存货	36 755.73	32 696.63	41 571.03	44 621.21
划分为持有代售的资产				2 373.11
其他流动资产	1 473.70	18 318.04	49 598.94	44 968.80
流动资产合计	176 482.35	255 100.31	314 485.60	288 604.40
非流动资产：				
长期应收款	0.00	140.00	152.31	152.31
长期股权投资	0.00	1 599.69	2 768.04	2 588.63
固定资产	47 993.95	49 706.75	60 961.76	49 589.38
在建工程	13 286.42	27 420.30	22 552.26	23 931.54
无形资产	24 380.71	55 543.91	51 877.26	49 070.13
开发支出			326.63	661.04
商誉	33 819.22	34 444.84	804.09	804.09

续表

	2015-12-31	2016-12-31	2017-12-31	2018-9-30
长期待摊费用	34 084	638.68	1 259.85	1 292.49
递延所得税资产	2 400.00	5 644.45	7 767.98	8 207.91
其他非流动资产	6 426.91	3 377.14	5 227.80	2 202.92
非流动资产合计	128 648.05	178 515.76	153 697.96	138 500.44
资产总计	305 130.40	433 626.08	468 183.56	427 104.84
流动负债：				
短期借款	87 038.79	90 133.00	144 602.00	148 161.50
应付账款	19 082.93	22 937.68	27 594.23	17 965.62
预收款项	5 569.17	5 897.07	6 717.31	7 213.67
应付职工薪酬	584.94	616.64	796.34	2 703.75
应交税费	6 126.82	8 065.98	855.88	970.69
其他应付款（合计）	47 791.26	56 522.96	35 687.83	48 414.76
划分为持有代售的负债			0.00	1 140.86
一年内到期的非流动负债	306.13	8 825.82	50 842.33	137 047.83
流动负债合计	166 500.03	192 999.16	267 095.91	363 618.69
非流动负债：				
长期借款	23 500.00	75 865.67	89 871.02	14 373.44
长期应付款	7 230	35 308.67	20 185.31	1 386.45
递延所得税负债	997.55	2 010.02	1 277.86	1 176.42
递延收益—非流动负债	4 236.06	15 596.86	14 480.53	12 974.98
非流动负债合计	35 963.61	128 781.22	12 581 472	29 911.29
负债合计	202 463.64	321 780.38	392 910.63	393 529.97
所有者权益：				
实收资本（或股本）	36 143.49	36 143.49	36 143.49	36 143.49
资本公积金	21 622.04	21 622.04	22 469.84	22 469.84
其他综合收益	350.74	−234.95	−262.07	−208.67
盈余公积金	4 864.73	7 260.36	7 260.36	7 260.36
未分配利润	33 942.11	36 090.80	1 513.29	−38 842.33
少数股东权益	5 743.65	10 963.95	8 148.03	6 752.16
归属于母公司所有者权益合计	96 923.11	100 881.75	67 124.91	26 822.70

续表

	2015-12-31	2016-12-31	2017-12-31	2018-9-30
所有者权益合计	102 666.76	111 845.70	75 272.94	33 574.86
负债和所有者权益总计	305 130.40	433 626.08	468 183.56	427 104.84

附件3 千山药机到期未能清偿债务列表(截至2018年6月30日)

(单位:万元)

债 权 人	合同金额	逾期本金
中国邮政储蓄银行长沙分行	2 008.83	1 406.18
上海浦东发展银行衡阳分行	3 400	3 400
长沙银行银德支行	7 000	7 000
华融湘江银行长沙井湾子支行	20 000	20 000
渤海银行佛山分行	5 000	5 000
中国工商银行佛山分行	5 000	5 000
上海浦东发展银行衡阳分行	2 900	2 900
中国银行长沙星沙支行	5 000	5 000
中国建设银行长沙星沙支行	20 000	20 000
中国邮政储蓄银行长沙分行	3 000	3 000
广东顺德农村商业银行股份有限公司杏坛支行	5 300	5 300
华夏银行长沙分行	6 000	6 000
西藏信托有限公司	25 100	25 100
万向信托有限公司	4 670	4 670
万向信托有限公司	5 330	5 330
湖南省信托有限责任公司	19 800	19 800
浏阳市汇银小额贷款有限公司	500	500
民生金融租赁股份有限公司	7 000	629.33
安徽中安融资租赁股份有限公司	5 000	865.31
合肥市国正小额贷款有限公司	5 000	3 000
深圳市城正小额贷款有限公司	3 000	1 500

续 表

债 权 人	合同金额	逾期本金
苏州安泰成长投资发展有限公司	5 000	500
湖州吴兴华盛达中小企业金融服务有限公司	5 000	50 000
湖南昇平企业管理合伙企业(有限合伙)	4 000	4 000
长沙经济技术开发区经沣小额贷款有限责任公司	3 000	2 860
长沙金信置业投资有限公司	800	800
深圳赋格投资控股有限公司	5 000	5 000
永州市融成典当有限责任公司	7 000	7 000
浙江中财拍卖行有限公司	2 400	2 400
湖州市民间融资服务中心股份有限公司	7 000	7 000
安徽兴泰典当有限责任公司	5 000	5 000
舒邦凯	1 087.5	1 087.5
胡 菲	5 000	5 000
李星辉	1 000	1 000
曹 洪	3 000	3 000
李苓彰	3 000	3 000
邵海雄	3 000	2 500
熊斐伟	3 000	3 000
孔建宾	2 000	2 000
合 计		205 548.32

资料来源：iFinD。

附件 4 实控人刘祥华所有股权质押事件(截至 2018 年 6 月 30 日)

质押起始日	质押截止日	质押股数(万股)	质 押 方	是否质押式回购
2017-12-06	2018-05-11	80	国泰君安证券	否
2017-12-06	2018-06-29	49	国泰君安证券	是
2017-12-01	2018-11-30	2 000	国泰君安证券	是
2017-11-24	2018-05-11	70	国泰君安证券	否
2017-11-24	2018-06-29	60	国泰君安证券	是

续 表

质押起始日	质押截止日	质押股数(万股)	质 押 方	是否质押式回购
2017-11-24	2017-11-29	120	国泰君安证券	是
2017-11-20	2018-05-11	90	国泰君安证券	否
2017-08-30	2018-08-29	1 100	国泰君安证券	是
2017-06-30	2018-06-29	671.8	国泰君安证券	是
2017-05-11	2018-05-10	860	国泰君安证券	是
2016-11-29	2017-11-28	2 000	国泰君安证券	是
2016-08-29	2017-08-28	1 100	国泰君安证券	是
2016-06-29	2017-06-28	671.8	国泰君安证券	是
2016-05-11	2017-05-11	860	国泰君安证券	是
2015-11-26		1 772	中信建投证券	否
2015-08-28		1 100	国泰君安证券	否
2015-05-06		860	国泰君安资管	否
2014-11-20	2015-11-20	1 040	中信建投证券	是
2014-08-11	2015-08-11	590	中信建投证券	是
2013-10-29	2014-10-29	1 040	华泰证券	是
2013-06-24	2015-06-23	617	国泰君安证券	是
2013-06-24	2015-06-23	914	国泰君安证券	是
2013-06-24	2015-06-23	590	国泰君安证券	是
2012-05-14	2013-05-13	1 040	华夏银行	否

资料来源：iFinD。

案例五

新丽传媒：独立上市还是被腾讯并购

> **案例摘要**
>
> 作为影视制作行业中具有良好口碑的头部企业，新丽传媒的影视作品频频被人称赞，但与此同时，笼罩着公司的却是三次申请 IPO 失败，财务出现危机。影视行业特有的资产周转周期长、盈利不确定性高，以及新丽传媒自身发展中的股权变更频繁、引入股东为同行竞争对手等，使其上市之路异常坎坷。在此种情况下，新丽传媒是继续排队 IPO 上市，还是选择接受阅文集团抛出的橄榄枝，这成为其未来发展的重要转折点。2018 年 8 月，阅文集团发布公告称，以不超过 155 亿元人民币收购新丽传媒 100% 的股权，最终选择接受阅文集团的新丽传媒是如何作出抉择的？国内网络文学龙头阅文集团与头部影视制作公司新丽传媒强强联手，未来又将如何拓展版图？本案例将重现新丽传媒 2018 年的财务情况与抉择比较，分析新丽传媒三次 IPO 失败和最终放弃 IPO 的原因，并对此次交易的估值进行分析，帮助读者了解影视行业的财务特征、行业估值和收购的交易机制等。

理论分析：股东退出的两种选择

一、首次公开发行股票

首次公开发行股票（Initial Public Offerings，IPO）是指一家股份有限公司首次向社会公众公开出售其股份。通常,上市公司的股份是根据证监会出具的招股书或登记声明中约定的条款通过经纪商或做市商进行销售。

A股IPO的发行体系由三个层次组成。

第一个层次是法律,《证券法》第13条第1款规定了公司公开发行新股应当符合的四个条件,包括:(一)具备健全且运行良好的组织机构;(二)具有持续盈利能力,财务状况良好;(三)最近三年财务会计文件无虚假记载,无其他重大违法行为;(四)经国务院批准的国务院证券监督管理机构规定的其他条件。

第二个层次是中国证监会的行政规章,中国证监会根据《证券法》的上述授权性规定颁布了《首次公开发行股票并上市管理办法》(2018修正)(简称《首发办法》)和《首次公开发行股票并在创业板上市管理办法》(简称《创业板首发办法》),对"其他条件"进行了明确。在主板、中小板上市的企业须满足《首发办法》的相关规定;在创业板上市的企业须满足《创业板首发办法》的相关规定。规定包括:持续经营时间应当在3年以上;发行人最近3年内主营业务和董事、高级管理人员没有发生重大变化;实际控制人没有发生变更;发行人的内部控制制度健全且被有效执行;能够合理保证财务报告的可靠性、生产经营的合法性、营运的效率与效果,等等。

第三个层次是交易所的上市条件,体现在《上海证券交易所股票上市规则》《深圳证券交易所股票上市规则》和《深圳证券交易所创业板股票上市规则》中,分别适用申请在上交所主板、深交所中小企业板、深交所创业板上市的企业。近期,上交所还发布了《上海证券交易所科创板股票上市规则》,对应科创板。以创业板举例,上市条件包括:(1)股票已公开发行;(2)公司股本总额不少于3 000万元;(3)公开发行的股份达到公司股份总数的25%以上;公司股本总额超过人民币4亿元的,公开发行股份的比例为10%以上;(4)公司股东人数不少于200人;(5)公司最近3年无重大违法行为,财务会计报告无虚假记载;(6)深交所要求的其他条件。

二、业绩承诺

业绩承诺是并购重组交易中交易对方就标的企业在一定业绩承诺期内提出的经营业绩的保证,是重大资产重组中防范标的估值虚高的重要机制设计。根据《上市公司重大资产重组管理办法》(2016年修订)第三十五条,采取收益现值法、假设开发法等基于未来收益预期的方法对拟购买资产进行评估或者估值并作为定价参考依据的,上市公司应当在重大资产重组实施完毕后3年内的年度报告中单独披露相关资产的实际盈利数与利润预测数的差异情况,并由会计师事务所对此出具专项审核意见;交易对方应当与上市公司就相关资产实际盈利数不足利润预测数的情况签订明确可行的补偿协议。上市公司向控股股东、实际控制人或者其控制的关联人之外的特定对象购买资产且未导致控制权发生变更的,上市公司与交易对方可以根据市场化原则,自主协商是否采取业绩补偿和每股收益填补措施及相关具体安排。目前,上市公司业绩承诺呈现"高承诺、高估值、低兑现"的特征。

上市公司并购重组的实践中,业绩承诺补偿的方式主要包括估值补偿、股份补偿和净利润差额补偿三种方式。

估值补偿是指按业绩未达标的比例向下调减公司的估值。如果业绩承诺期内公司只达到业绩承诺90%的业绩,就下调公司10%的估值。

股份补偿是指以重组标的估值的金额为基准,乘以业绩未达标的比例,计算应补偿股份的数量,进行回售。举个例子,如果标的资产连续三年的业绩为零,就需要将之前所并入的股票全部回售;如果业绩为负,在将股票全部回售之后还要支付一定额度的现金。

现金补偿(或者称为净利润差额补偿)指交易对手按照承诺利润和实际利润的差额用现金支付补偿款。

三、产业链与协同效应

产业链是同一产业或不同产业的企业,以产品为对象,以投入产出为纽带,以价值增值为导向,以满足用户需求为目标,依据特定的逻辑联系和时空布局形成的上下关联的、动态的链式中间组织。

协同效应是指两个事物有机地结合在一起,发挥出超过两个事物简单总和的联合效果。企业之间或企业内部各部门之间通过发挥协同作用,可以挖掘企业总体的获利能力,实现1+1>2的效果。上下游企业的紧密沟通,可以促进产品的深入挖掘,节省两个环节之间的交易成本,从而向最终客户提供更优质的产品。

案例研究:新丽传媒的退出抉择

曹华益,1964年生,北京人,1986年毕业于复旦大学新闻系并获得文学学士学位后,他回到北京,在北京华艺出版社从事文学编辑工作。因为专业和工作原因,曹华益阅读了大量文学作品,也结交了很多优秀的作家,长年累月的文学熏陶正是他身上文人气质的来源,而总经理的文人气质也带领着新丽传媒在影视制作行业走出独特的"雅俗共赏"道路。

20世纪90年代末期,由于圈内一些朋友的建议和鼓动,曹华益开始进入影视剧制作这个领域,一干就是二十几年。2007年2月,新丽传媒前身东阳美锦成立,注册资本100万元。2010年4月29日,公司名称由东阳美锦影视文化有限公司变更为东阳新经典影业有限公司。在这期间,曹华益带领下的公司已出品了多部口碑、收视齐升的优秀电视剧,如获第27届飞天奖的《我是太阳》、获SMG集团2008年电视剧频道收视排行第二名的《血色迷雾》、获2009年度黄金档电视剧收视排行第一名的《秘密列车》等。2011年11月,东阳新经典影业有限公司依法整体变更为股份有限公司,更名为新丽传媒股份有限公司,注册资本为150 000 000元。

2011年后,运作步入正轨的新丽传媒开始爆发,《北京爱情故事》《你是我兄弟》《悬崖》多部影视剧作品均获得优异的成绩,仅一年,公司便囊括了金鹰奖、牡丹奖、飞天奖等多个电视剧行业重量级的奖项。同时,公司初涉电影行业,参与投资与制作的作品《山楂树之恋》《失恋33天》等大获成功。初出茅庐的新丽传媒在2011年斩获近三亿元的营业收入和六千多万的净利润。初试成功的新丽传媒从此在影视行业走上了属于自己的独特道路。

新丽传媒的运作方式与业内的许多影视公司不同,或许是受曹华益的影响,公司更崇尚电视剧最根本的文字创作,也可称为编剧中心制。好剧本是一部电视剧的灵魂,也是内在价值的体现,出身文学行业的曹华益深谙其道。平均一个项目在剧本阶段就要停留一年半到两年左右的时间,这也让新丽传媒成为业界知名的"抓剧本"公司。业界公司各有侧重,如华谊兄弟签约优秀制作人,完美影视签约导演,新丽传媒则招揽多位业内知名编剧,如曾获第20届上海电视节最佳编剧奖的于淼、李潇和知名作家马伯庸、吴雪岚(流潋紫)等。曹华益自称是"内容为王"的信徒,也称新丽传媒是一家"创作型"的公司。

除了深耕于剧本创作、讲好故事,对市场主流趋势的预判同样重要。当谍战剧风靡的时候,曹华益打造了非常规的"文艺范儿"《悬崖》;当现代家庭剧盛行的时候,他也在一众家长里短中恰逢其时地推出年轻一代现实主义的《北京爱情故事》;当家庭婚恋剧蒸蒸日上之时,《辣妈正传》借着主演孙俪生子后首次回归的东风,成功俘获市场。曹华益认为,电视剧的本质依然是戏剧,公司应该旗帜鲜明地做"主流的商业产品",要走"商业化创造"的路子,而不是曲高和寡地表达个人情怀。

文学性与商业性并存是新丽传媒一直以来的核心竞争力。近年来,市场审美发生了较大的变化,讲求现实观照性与审美品位的电视剧(也叫"正剧"),越来越不被观众接受;而讲求传奇性与故事性的电视剧(也被称为"雷剧"),则在一片骂声中成为市场主流。越来越多的影视公司开始急功近利,追求短平快,追求"正剧"的老牌影视公司则在这场变革中离市场越来越远。新丽传媒成为市场中难能可贵的兼顾大众性与好口碑的影视公司。

一、三次冲击 IPO 失败的背后

自 2011 年年底,新丽传媒就开始准备 IPO,为此,新丽传媒依法整体变更为股份有限公司,实际控制人曹华益清理了相关控制公司。2014 年 6 月,新丽传媒首次报送招股说明书,然而四年过后的 2018 年 3 月 11 日,随着新丽传媒第二大股东光线传媒发布公告称向林芝腾讯转让其持有的新丽传媒所有股份,此重大股权变动意味着新丽传媒就此终止了 IPO 的道路。六年时间里,新丽传媒三次提交招股说明书,最后以失败告终。

(一)为什么要 IPO

新丽传媒三次提交招股说明书的背后反映了其对上市的迫切,新丽传媒为何急于上市呢?

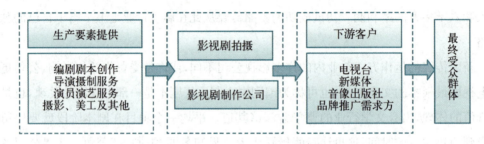

图 5-1 影视行业产业链

第一,公司受影视行业特征影响,现金回收较慢,易出现资金缺口。首先,从公司的资产周转率看,总资产周转率在 0.3—0.5,资产周转速度较慢。影视传媒公司属于轻资产行业,资产负债表中几乎没有固定资产等非流动负债(并购后产生大量商誉的除外),资产中大部分为应收账款与存货。但同时,影视传媒公司的收入确认往往存在较长的滞后周期,从新丽传媒总经理曹华益的采访中可知,公司从买下剧本到最终可拍摄的剧本往往需要 2—3 年的周期,而拍摄与后期制作又往往需要半年以上的时间,然后还需经过主管部门审批发行许可证,最后落到电视台的排片计划。如果省去之前的剧本打磨环节,仅拍摄到最后的排片这一资本密集投入的阶段,都可能需要长达一年甚至更长的时间。行业特征导致公司资产周转较慢,易出现资金缺口。

其次,从应收账款周转看,公司 2016 年平均应收账款周转天数达到 271 天,约为 9 个月,应收账款回收较慢,从过去几年的数据看,平均在 281 天左右,说明这属于公司经营的常态。公司电视剧的销售收入是在取得发行许可证以后,并同时满足母带已经交付、风险和报酬已经转移、未来经济利益能够流入、成本能够可靠地计量的条件时予以确认,而电视台一般在电视剧播出完毕一段时间后付款,一部电视剧的播出时间根据播出方式和集数的不同可能在 20 天到 3 个月不等,还受电视台排片计划和行业政策的临时出台等影响,同时,某些电视台还会集中在第四季度付款,导致应收账款期末余额与收入确认时间存在较大联系,公司对应收账款回收时间的控制力较弱。

再从存货周转看,公司近五年的存货周转天数平均水平在 627 天,2016 年为 833 天,同时,存货也往往是影视制作公司占比最高的资产,这是行业的特征。对影视公司而言,影视作品在生产过程中可以不需要购置形成固定资产的生产设备、土地、厂房等,投入的资金主要用于剧本创作、演职人员劳务及相关支出、摄制耗材、道具、服装、化妆用品等的采购,以及专用设施、设备和场景的经营租赁等,这部分投入在未销售之前均属于存货。影视制作公司的连续生产就是资金和存货的不断转换,如果是正常的扩大生产,则伴随着资金和存货的轮番增加。因此,公司只要在持续摄制影视作品,存货必然成为资产的主要构成部分。根据上文所说,一部影视作品从开始到确认营业收入需要较长的周期,正好对应此处存货 2—3 年的周转天数,这也使影视公司的周转速度较慢、易出现资金缺口。

最后,将周转情况结合现金流入来分析,可以看到公司的现金债务比除 2015 年为 0.49 外,长期处于较低水平,在 0 附近或为负数,这说明公司的债务负担相较于现金流入情况较重。这构成了新丽传媒迫切想要上市的第一个原因,急需资金来解决财务问题,减轻债务负担。

表 5-1 新丽传媒资产管理指标

财 务 指 标	2016 年	2015 年	2014 年	2013 年	2012 年
总资产周转率	0.32	0.42	0.47	0.42	0.38
应收账款周转率	1.33	1.21	1.53	1.38	1.05
应收账款周转天数	271.20	297.27	235.38	261.82	342.00
存货周转率	0.43	0.63	0.75	0.54	0.61
存货周转天数	833.14	570.00	478.13	663.75	591.43
现金债务总额比	0.00	0.49	0.06	−0.26	−0.81

注:总资产周转率=本期营业收入/(期初资产总额+期末资产总额)/2
　　应收账款周转率=本期营业收入/(期初应收账款+期末应收账款)/2
　　应收账款周转天数=360/应收账款周转率
　　存货周转率=本期营业成本/(期初存货+期末存货)/2
　　存货周转天数=360/存货周转率
　　现金债务总额比=经营活动现金净流量/期末负债总额

第二,新丽传媒正处于高速发展期,除维持正常运营外,还有扩大再生产的需求。2014—2016 年,新丽传媒每年取得许可证的国产电视剧为 2—5 部,电影为 1—4 部,并计划未来两年利用所募集的 20 亿元资金投拍 10 部电视剧、9 部电影,数量超过过去三年的平均水平,说明新丽传媒有扩大经营的趋势。与扩大趋势相反的是新丽传媒日渐拮据的财务情况,所以,为了公司的扩大发展,新丽传媒有动力通过上市获得股权融资资金。

表 5-2　新丽传媒电影、剧集数量

年　份	取得许可证的国产电视剧部数	取得许可证的国产电视剧集数	公司集数占全国比重	取得公映许可证电影
2014 年	5	215	1.36%	1
2015 年	2	108	0.65%	4
2016 年	3	136	0.91%	2
2017—2018 年计划	10			9

第三,新丽传媒董事长曹华益自 2014 年起频频接受媒体采访,并坦言过去未做好公司的品牌经营,未来希望不仅公司制作的电视剧被人熟知,新丽传媒也可被大众熟悉。公司上市无疑是增加公司曝光度和知名度的一大选择,从这一角度看,新丽传媒也有动机上市。

综上,新丽传媒上市主要是为了融资减轻债务负担并拓展公司规模,同时,公司上市也可增加其知名度,起到宣传的作用。

(二) IPO 失败之股权变更疑云与同行关联风险

新丽传媒与众多上市影视公司相同,股东中不乏耳熟能详的明星,如演员胡军与张嘉译(原名张小童),明星参股一直就是资本市场一个敏感的话题。此外,新丽传媒的多次股权变更历程和二股东王子文低调的高收益投资也让人较为唏嘘。

新丽传媒的前身是东阳美锦,2007 年成立之初注册资本仅 100 万元,由曹华益和曹阳各持股 50%。2010 年 4 月 12 日,经公司股东会决议,吸收王子文、曲雅倩为新股东,曹阳不再作为公司股东,随后,曹阳以原始出资额将其股权的 48% 转让给王子文,2% 转让给曲雅倩,转让价格参照发行人截至 2009 年 12 月 31 日经审计的净资产确定,王子文受让 48 万元出资额的股权转让价格为 1 251.51 万元,曲雅倩受转让 2 万元出资额的价格为52.15 万元。此时的股权结构如下图。

表 5-3　新丽传媒股权结构图(2010 年)

序　号	股　东	出资金额(万元)	出资比例(%)	出资方式
1	曹华益	50	50	货币
2	王子文	48	48	货币
3	曲雅倩	2	2	货币
	合　计	100	100	

案例五 新丽传媒：独立上市还是被腾讯并购

2011年3月27日，为进一步增强公司的资金实力，公司引入新股东喜诗投资，以货币形式投入9 000万元，其中，13.888 8万元作为注册资本，8 986.111 2万元进入资本公积。此次增资以公司整体估值9亿元为作价依据。穿透喜诗投资的股东可以发现，除大股东曹华益占比高达40%以上外，其他均为新丽传媒的高级管理人员、导演、编剧、合作演员和导演等，实为股权激励计划。

自2011年4月起，新丽传媒进一步引入外部私募股权投资者，分别是戴乐克思与融高投资，而此次增资的估值已达到24.5亿元。戴乐克思以货币形式投入5 000万元，其中，2.953 8万元作为注册资本，4 997.046 2万元进入资本公积；融高投资以货币形式投入5 000万元，其中，2.953 8万元作为注册资本，4 997.046 2万元进入资本公积。

2011年9月19日，新丽传媒在准备上市前完成了最后一次的股权分配，最早的三位股东曹华益、王子文、曲雅倩均将其股份转让，参考价格为前一次的24.5亿元。本次股权转让的对象包含三类：一是与公司建立了良好合作关系并有利于公司未来发展的演员、传媒界知名人士，如胡军、宋佳等；二是作为财务投资的若干自然人；三是知名机构投资者，有利于公司长远发展。

在2012年11月前，新丽传媒进行了一系列司股份制变更、名称变更、增资（但未引入新股东）、经营范围变更等流程，为上市做最后的准备。此时，新丽传媒的股权结构如表5-4所示。

表5-4 新丽传媒股权结构图(2012年) 单位：万元，%

序号	股东	出资金额	出资比例	出资方式
1	曹华益	5 407.974 0	32.775 6	货币
2	王子文	4 560.930 0	27.642 0	货币
3	曲雅倩	2 518.494 0	15.263 6	货币
4	喜诗投资	1 582.350 0	9.590 0	货币
5	世纪凯旋	673.200 0	4.080 0	货币
6	戴乐克思	336.600 0	2.040 0	货币
7	融高投资	336.600 0	2.040 0	货币
8	张瑞强	201.960 0	1.224 0	货币
9	联新投资	134.640 0	0.816 0	货币
10	华兴合创	67.320 0	0.408 0	货币
11	万达影视	67.320 0	0.408 0	货币
12	张军浩	67.320 0	0.408 0	货币

续 表

序 号	股 东	出资金额	出资比例	出资方式
13	谢 寅	67.320 0	0.408 0	货币
14	张小童	47.124 0	0.285 6	货币
15	胡 军	47.124 0	0.285 6	货币
16	杨伟洁	40.392 0	0.244 8	货币
17	林 勇	33.660 0	0.204 0	货币
18	夏 华	33.660 0	0.204 0	货币
19	陈德发	33.660 0	0.204 0	货币
20	刘运利	33.660 0	0.204 0	货币
21	萧绍瑾	33.660 0	0.204 0	货币
22	远东控股	20.196 0	0.122 4	货币
23	联想之星	20.196 0	0.122 4	货币
24	程晓虹	20.196 0	0.122 4	货币
25	张含雪	20.196 0	0.122 4	货币
26	宋 佳	20.196 0	0.122 4	货币
27	张梦雨	20.196 0	0.122 4	货币
28	苏 芒	20.196 0	0.122 4	货币
29	姚 伟	20.196 0	0.122 4	货币
30	冯大树	13.464 0	0.081 6	货币
	合 计	16 500.000 0	100.000 0	

在此一系列股权变更过程中,存在一个较大的疑点,也是新丽传媒经常被怀疑是股东代持和利益输送的原因。二股东王子文以净资产的价格购入新丽传媒48%的股权,以买价估算,当时的新丽传媒价值约在2 600万元,但短短一年的时间,新丽传媒估值已达到24.5亿元。同时,很难找到二股东王子文对公司经营的贡献,天价套利的背后存在较大疑点。

2013年10月26日,股东王子文与光线传媒签订《股权转让协议》,将其持有的27.642 0%股权以人民币82 926.00万元转让给光线传媒,转让后,王子文不再持有公司股份。本次股权转让以发行人整体估值30亿元为作价依据,该估值综合考虑了发行人的行业地位、项目储备以及未来盈利状况。王子文在三年间以1 251.51万元的投入获得总计9.65亿元的投资回报。

此外，王子文将超过 20% 的股权转让给光线传媒，还给新丽传媒上市带来同行关联的麻烦。因两家公司的业务有所重合，主要在广播电视制作和经营演出等业务上，而电视电影业务是新丽传媒的主营业务之一。在新丽传媒临近上市之前选择股权变更，本就给上市造成一定麻烦，且新股东是与新丽传媒存在同行关联风险的上市公司光线传媒，无疑让新丽传媒的上市之路变得更为坎坷。

（三）IPO 失败之财务数据存疑与持续盈利能力缺失

《证券法》第 13 条第 1 款规定了公司公开发行新股应当符合的四个条件，包括：（一）具备健全且运行良好的组织机构；（二）具有持续盈利能力，财务状况良好；（三）最近三年财务会计文件无虚假记载，无其他重大违法行为；（四）经国务院批准的国务院证券监督管理机构规定的其他条件。而根据证券法 IPO 的要求，新丽传媒没有完全满足第二条与第三条。

首先是新丽传媒的持续盈利能力，新丽传媒虽然营收在 2014—2016 年保持增长，但利润增长不及营业收入增长。同时，如果拆分公司净利润可发现，每年公司均接受政府补贴在 0.5 亿元左右，净利润中有 20%—30% 的比重来自营业外收入，属于非经常性损益，本身的盈利能力较为一般。从扣非净利润增长率看，公司在 2014 年、2015 年连续两年下降。

表 5-5　新丽传媒盈利能力比较　　　　　　　　　　　　单位：亿元

盈利能力	2016 年	2015 年	2014 年
营业收入	7.45	6.56	6.55
营业利润	1.73	1.18	1.22
净利润	1.56	1.16	1.31
归属于母公司所有者的扣非净利润	1.29	0.87	0.91
营收增长率	13.6%	0.2%	48.9%
扣非净利润增长率	48.3%	−4.4%	−13.3%

进一步关注其现金流情况可发现，在过去的六年里，新丽传媒有三年的经营活动净现金流为负，有两年接近于 0，虽然营业收入不断增长，但现金流情况不容乐观，新丽传媒"造血"能力令人担忧。连年的现金流不及利润也令人担心应收账款的坏账损失情况及可能存在的财务虚假，这都让我们对新丽传媒的持续盈利能力和财务状况打上了大大的问号。

表 5-6　新丽传媒现金能力分析　　　　　　　　　　　　　　　　　　　　单位：亿元

	2016 年	2015 年	2014 年	2013 年	2012 年	2011 年
经营活动净现金流	0.0	1.5	0.2	−0.7	−1.3	−0.7
营业收入	7.5	6.6	6.5	4.4	3.0	3.0
净利润	1.6	1.2	1.3	1.3	0.8	0.6

再从资产角度看，巨大的存货囤积也让人对新丽传媒的可持续发展感到担忧。受影视剧行业的自身特点决定，如果存货太久，可能会血本无归，毕竟，没有人愿意高价购买过时的片子。根据广电总局发布的《2009 年中国电视剧播出和制作业调查主要数据和结论》，我国国产电视剧仅有八成左右可以进入电视台实现播出。在精品剧单价节节上升的同时，约有近 4 成的电视剧无法实现卫视播出，保本都出现困难。这也就说明，新丽传媒庞大的存货能否收回成本本身就值得推敲。尤其在 2016 年，存货价值甚至超过营业收入不少，这也同样产生一个疑问，新丽传媒的大量存货是否没办法在未来转化成营业收入？有多少存货可能已经无法变现而没有计提减值损失？

表 5-7　新丽传媒存货分析　　　　　　　　　　　　　　　　　　　　　　单位：亿元

	2016 年	2015 年	2014 年	2013 年	2012 年	2011 年
存　货	11.4	4.8	4.7	3.8	2.1	2.5
营业收入	7.5	6.6	6.5	4.4	3.0	3.0
存货增速	137.5%	2.1%	23.7%	81.0%	−16.0%	
营收增速	13.6%	1.5%	47.7%	46.7%	0.0%	

可持续盈利能力存疑、财务报表中存在一定水分，使得新丽传媒并不完全满足上市标准。

二、新丽传媒的抉择：继续 IPO 还是"卖身"

继续 IPO 之路还是被收购，2018 年的新丽传媒面临着这个重大的选择，一方面是财务连年困境和 3 次 IPO 失败；另一方面是丧失对公司的控制权和未来企业成长的潜在回报。

（一）阅文收购新丽传媒细节还原

2017 年 6 月 20 日，新丽传媒第三次报送招股说明书，然而由于之前存在的现金流瑕疵、同业竞争风险等仍旧存在，2018 年 1 月 26 日，新丽传媒得到了反馈意见，仍对多项问题提出质疑。

2018年3月10日,光线传媒与林芝腾讯科技有限公司签署《股份转让协议》,以33.17亿元的对价将持有的新丽传媒27.64%的股份出售给林芝腾讯,第三次IPO就此告终,在IPO申报期间的重大股权变更意味着所有之前的IPO流程均作废,需重新来过,这可以作为主动放弃IPO的表现,3月12日,新丽传媒总经理曹华益在记者电话采访中明确表示已经放弃IPO了。在此次交易中,光线传媒的股份转让显然经过了与新丽传媒间的沟通,并不是自身为了撤出而不顾公司正在IPO的举动。光线传媒在转让股份后还与新丽传媒签署了合作协议,双方同意结成战略合作伙伴关系,利用各自优势资源共同开发电影、电视剧项目。

这表明新丽传媒在此时此刻已经作出选择,这也是阅文收购新丽传媒所迈出的第一步,利用母公司腾讯的资金优势抢筹,获取流落在外的第二大股东的股权。本次交易完成后,光线传媒不再持有新丽传媒的股份,腾讯代替光线传媒,成为新丽传媒的第二大股东,此次交易中,新丽传媒的估值约为120亿元。

2018年年初的决定取决于公司当时的情况,根据新丽传媒2017年招股说明书、光线传媒公告披露和阅文集团的公告披露,新丽传媒2017年的财务情况如表5-8所示。从营业收入看,新丽传媒在短短一年内实现翻倍,从7.5亿元增长至16.7亿元,利润水平也实现翻倍,但同时新丽传媒一向的短板——现金流情况没有公布,故无法对真正的利润水平作出准确的评价。资产负债表端较为值得关注的是,公司在一年资产规模增长迅速,从23.7亿元增长至41亿元多,但同样增长迅速的是负债,从15亿元增长至29亿元,资产负债率达到70%之高。尽管没有现金相关数据,但可推测新丽传媒的债务负担已经较为严重,此时,可靠、快速的融资或许已经影响到新丽传媒的存活。

表5-8 新丽传媒2017年财务分析   单位:亿元

	2016年 招股说明书披露	2017年 阅文集团披露	2017年 光线传媒披露
营业收入	7.5		16.7
税前利润	2.16	4.19	
净利润	1.61	3.77	3.49
资产总额	23.67	41.18	41.55
净资产	8.99	12.99	12.47
负债总额	14.68	28.19	29.08

从另一个角度看,新丽传媒在2012年引入较多财务投资者和有合作关系的明星、导演、编剧、制作人等,三次IPO失败的打击也让这些股东的撤出遥遥无期,同时,总经理曹

华益与较早的投资者曲雅倩在近十年的公司发展中均未获得较大的资本回报,股东想要撤出的心情也助长了公司在此刻卖身的决定。

最后是阅文集团收购新丽传媒的价格,这一定是一个新丽传媒股东心动的价格。根据阅文集团公布的公告,阅文将收购新丽传媒100%的股份,最高交易价格为155亿元,但是在有业绩条件的前提下实现,支付给腾讯所持有股权部分为股份支付形式,而剩余所有股东为一半现金、一半股份支付的形式。

首先是在收购时的付款,除腾讯之外的所有股东可获得15%的现金支付和25%的股份支付,股份以每股80港元发行,较至最后交易日止连续30个交易日联交所所报股份平均收市价的每股70.37港元溢价约13.68%。同时,后续的分期付款具体金额将视后续新丽传媒的业绩情况,双方约定的最低净利润水平(不包括来自政府补贴的影响)为2018年5亿元、2019年7亿元、2020年9亿元,累计3年净利润为21亿元,如果该业绩承诺完成,除腾讯外的剩余股东将在2018年年底获得15%的现金支付和5%的股份支付、在2019年获得10%的现金支付和10%的股份支付、在2020年获得10%的现金支付和10%的股份支付。若当年未达到该业绩承诺,将以(承诺业绩-实际业绩)/承诺业绩的比重获得支付,并且优先支付现金,同时,从阅文集团财务报表上会相应下调估值。根据该协议,除腾讯外的剩余股东将在收购时直接到手23.25亿元现金及价值38.75亿的阅文集团股份。

2018年155亿元的估值水平较2013年光线传媒入股时的24.5亿元已增长超过5倍,该价格也让新丽传媒的原股东较为满意。

(二)新丽传媒的估值比较

自新丽传媒有估值价格以来的统计看,从2010年4月的0.7亿元,在短短八年间已发展至155亿元,估值增长超过200倍。

表5-9 新丽传媒估值发展　　　　　　　　　　　单位:亿元

	2010年4月曲雅倩入股	2011年3月员工入股	2011年4—9月引入财务投资者、合作明星等	2013年10月光线传媒入股	2018年3月腾讯入股	2018年8月阅文集团收购
估值价格	0.7	9	24.5	30	120	155

鉴于新丽传媒近两年没有公开其财务报表,可用于对公司估值的方法有限,这里采取相对估值法的PB、PS、PE,根据表5-9的估值时间和价格,将会选取相隔最近的年报数据进行分析比较。2018年新丽传媒被收购时根据2017年的年报数据计算,PS为9.28,PE为44.41,PB为12.43,从自身纵向的估值指标看,PS、PE均处于最高水平,PB也处于较高位置。

表 5-10 新丽传媒相对估值指标(2010—2018 年)　　　　　　　　　单位：亿元

	2010 年	2011 年	2013 年	2018 年
价　格	9	24.5	30	155
营业收入	1	3	4.4	16.7
净利润	0.3	0.6	1.3	3.49
净资产	0.5	3.2	5.3	12.47
PS	9.00	8.17	6.82	9.28
PE	30.00	40.83	23.08	44.41
PB	18.00	7.66	5.66	12.43

注：2011 年 3 月估值参考 2010 年年报数据，2011 年 9 月估值参考 2011 年年报数据，2013 年 10 月估值参考 2013 年年报数据，2018 年 8 月估值参考 2017 年年报数据。

同时，对新丽传媒估值水平的横向比较，将参考其余影视传媒的上市公司进行比较，通过业务分类，共剩余 13 家公司可比。分别是当代东方、光线传媒、当代明诚、北京文化、文投控股、中视传媒、慈文传媒、华谊兄弟、唐德影视、华策影视、中国电影、金逸影视、华录百纳，其中，有部分公司在 2010—2018 年期间存在重大资产重组、主营业务变更等行为，故仅录入主营业务为影视传媒时期的数据。

通过横向比较可发现，新丽传媒在前三次的估值并未出现明显高估，主要源于在 2010—2013 年影视公司在资本市场备受热捧，PE 基本都处在较高水平。但近年来影视公司伴随着股市的下跌估值连连走低，又受影视行业政策趋严，项目出现意外的概率明显上升，回报不及预期，外部金融去杠杆的大环境也使得高负债的传媒行业遭遇"融资难"困境，至 2018 年年底，A 股上市 13 家影视传媒公司的平均 PE 为 38.54，平均 PS 为 6.10，平均 PB 为 2.75，从纵向看，已到行业估值的最低水平。而新丽传媒被收购的 PE 仍高达 44.41，PS 为 9.28，PB 为 12.43，从数据看仍在 2010—2013 年影视公司被热捧而拉高估值的时间区间内，并未受到股市下跌和大环境所带来的影响。根据同时期可比公司的横向比较看，新丽传媒已被高估。

从绝对数据看，2018 年 8 月，A 股上市影视公司的平均日均总市值中超过 155 亿元的仅有 4 家，均为业界翘楚。新丽传媒虽已在短短几年建立了较好的口碑，但在公司规模上仍和这些公司存在一定差距，故新丽传媒 155 亿元的报价可认为是被高估的。

阅文集团接受采访时表明价格是可接受的，源于可选择的标的太少，即成一定规模、具有较好口碑且没有上市的影视传媒公司太少，价格高主要因为稀缺性。这说明新丽传媒在此次交易中的议价能力较好。

表 5-11 新丽传媒可比上市公司估值指标(2010—2018 年)

	2010 年	2011 年	2013 年	2018 年
PS	8.85	8.61	18.86	6.10
PE	54.82	47.56	79.40	38.54
PB	4.68	4.47	9.38	2.75

表 5-12 新丽传媒可比上市公司区间平均市值(2018 年 8 月)　　　单位：亿元

证券代码	证券简称	区间日均总市值
300251.SZ	光线传媒	256.81
600977.SH	中国电影	249.42
300133.SZ	华策影视	164.96
300027.SZ	华谊兄弟	158.59
	新丽传媒	155.00
600715.SH	文投控股	113.36
000802.SZ	北京文化	73.47
000673.SZ	当代东方	69.05
002343.SZ	慈文传媒	59.84
600136.SH	当代明诚	57.54
300291.SZ	华录百纳	49.63
002905.SZ	金逸影视	43.80
600088.SH	中视传媒	35.94
300426.SZ	唐德影视	35.00

(三) 新丽传媒的最终选择

新丽传媒最终选择被并购的最重要原因之一已在上文的分析中得出，即为价格优势。2018 年正处于股市低迷期，尤其是盈利能力不稳定、行业政策不明朗的传媒行业，更不受青睐，假设此时新丽传媒选择继续 IPO 并且审批通过，公司受行情影响估值可能会相应下降，从短期看并不能使股东利益最大化。而选择被阅文集团收购，可获得远高于当时市场情况下的估值，从短期看，股东获得了更多报酬。更何况新丽传媒的 IPO 之路并不明朗，第三次失败也有较高的概率。

从长期看,阅文集团和新丽传媒之间属于产业链上下游关系,对于阅文集团而言,收购新丽传媒是打通产业链的关键环节,而从新丽传媒角度看,阅文集团所拥有的热门优质IP可作为素材提供给公司,产业链的协同作用,将促进双方的长远发展。同时,新丽传媒的股东将在交易后持有一定比例的阅文集团股份,未来两家公司的协同效应也将在阅文集团的股价中反映,从而给新丽传媒管理层带来较好的长期回报。

三、并购后:中国版"漫威宇宙"

经历资产重组后的阅文集团同时掌握了中国内地市场最多的网文 IP 和优质的影视制作能力,其发展方向是对标美国的漫威宇宙。漫威宇宙由漫威漫画提供内容和 IP,漫威影业将其制作成电影和电视剧,其超级英雄系列受到全球观众的喜爱。

(一)并购后的股权结构

被并购后新丽传媒公司的 100% 股权归阅文集团所有,在业绩承诺期,新丽传媒的工作人员将继续正常工作,新丽传媒的管理层将持有阅文集团的一定股份。2018 年阅文集团的年报显示,新丽传媒总经理曹华益拥有其 5.38% 的股权,这对于新丽传媒公司管理层而言等于间接的股权激励。不超过 155 亿元的交易对价中可分拆为两部分:一是获得新丽传媒股权的价值,二是给予新丽传媒管理层的股权激励。

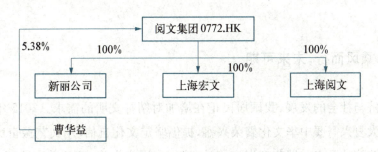

图 5-2　阅文集团及其下属子公司(并购后)

(二)并购后的企业发展后续

2018 年新丽传媒除去政府补贴所获得的实际净利润为 3.24 亿元,相较 5 亿元净利润的业绩承诺相差 1.75 亿元,根据合同,阅文集团应支付给新丽传媒的现金从 20.42 亿元减少至 11.88 亿元,同时,阅文集团不用发行股份向新丽传媒支付。2018 年新丽传媒业绩不达标的主要原因有二:一是因为部分项目的拖累及延后的收入确认,尤其是受吴秀波事件的影响,其主演的电影《情圣 2》已被撤档,于 2018 年 4 月杀青的电视剧《渴望生活》目前还未能播出;其二是因为部分项目由于排播的原因,从原来的网台联播模式改成独播的模式,主要是《如懿传》原本被电视台和视频网站高价买入预备网台联播,但因政策原因改为网播,这对收入和利润都产生了影响。

对于未来的业绩,新丽传媒总经理曹华益表示很有信心,新丽传媒将在2019年制作5部电影、7部电视剧,下半年拿到许可证的会有《惊蛰》《精英律师》《鹿鼎记》等,预计2019年新丽传媒的业绩将得到较好的释放。

从阅文集团的角度看,2018年公司版权运营收入同比上升174%至10亿元,其中的2亿元来自新丽传媒,公司主营结构中版权运营占比从2017年的9%上升至20%,且随着与新丽传媒的深度合作,预计该板块将持续上升,阅文集团作为上游内容IP龙头的同时成功地向下游内容制作产业铺设。

阅文集团的IP优势结合新丽传媒的影视制作能力,将在长期发挥产业链的协同效应。阅文集团已经开始与新丽传媒合作挑选作品进行内部改编,正在探索一种系统的方法以开发具有版权改变潜力的内容。阅文的目标是像漫威宇宙一样,利用中国网络小说的世界观和IP开发出一系列影视作品,成为中国的"漫威"。

目前,产业链协同效应已经初露头角,在新丽传媒制作的视频内容发布时,阅文集团同时在阅读平台上进行联合营销活动,同步推广相关的文学作品,如在2018年播出的《斗破苍穹》《如懿传》等,在《如懿传》播出期间,其小说在阅文阅读平台上的日均销售额增加了近五倍。鉴于收购发生在2018年8月,更长期的协同效应还需要时间窗口来验证。

四、结语:乘风而行,未来可期

随着经济与社会的发展,我国居民正在增加对精神文明的需求。2015年,我国提出中华民族伟大复兴需要中华文化繁荣兴盛,提倡坚定文化自信,用文艺振奋民族精神,文化内核成为关注的重点。据艾瑞咨询统计,当一个国家人均GDP首次达到5 000、8 000美元时,政府将有意识地重视文化娱乐产业发展,并在此后十年享受因人们精神文明需求的增加所带来的红利,如20世纪70年代美国电影产业的空前繁荣、90年代韩流文化的兴起。中国在2011年人均GDP超过5 000美元,2015年人均GDP超过8 000美元,中国文化产业正进入高速发展期。

近年来,影视行业出台一系列规范化政策,如广电总局颁布《关于电视剧网络剧制作成本配置比例的意见》,规定各会员单位及影视制作机构要把演员片酬比例限定在合理的制作成本范围内,即全部演员的总片酬不超过制作总成本的40%,其中,主要演员不超过总片酬的70%。"一剧两星"政策使得电视剧购片更加谨慎,促进更多优质剧集的生产。

2017年颁布的《关于把电视上星综合频道办成讲导向、有文化的传播平台的通知》指出，要倡导具有中华文化特色的原创节目，黄金时段电视剧不得编排娱乐性较强、题材内容较敏感的节目。一系列严监管政策正在打击以往以"流量明星＋超级 IP"为核心的制作策略，市场回归理性。

在监管寒冬下，其实笼罩着影视行业的不确定性正在减少。2019 年 1 月，国家税务局表明影视行业自查自纠申报税款已入库，针对行业突出问题的有效解决，将促进行业未来健康持续发展。针对 2018 年影视行业受金融去杠杆波及的"融资难"问题，2018 年 12 月，国务院办公厅印发了《进一步支持文化企业发展的规定》，指出要创新文化产业投融资体制，推动文化资源与金融资本有效对接，推动资产证券化，鼓励有条件的文化企业利用资本市场发展壮大。

影视行业正在从粗放式的数量型增长向精细化质量型转变，在此过程中，影视制作公司对内容的把控能力、制作的精良程度等将更被关注，拥有优秀影视制作能力的头部公司将脱颖而出。

新丽传媒长久以来以电视剧关注社会热点、内核深刻、制作精良等享有好口碑，在此时点下选择放弃有较高不确定性的 IPO，投身阅文集团以做好更充分的准备应对机遇或许是不错的选择。充足的现金注入使新丽传媒的制作优势得以完全释放，业绩承诺与间接的股权激励让公司上下齐心，一起迎接挑战，与阅文集团的紧密沟通将更丰富新丽传媒的选材并提高对题材的把握力。随着新丽传媒的风险与不确定性尘埃落定和行业的恢复发展，新丽传媒发展可期。

思 考 题

1. 公司总经理曹华益的个人经历和风格对公司发展产生了哪些影响？
2. 影视传媒行业有哪些行业特征？
3. 公司为什么迫切想要 IPO？
4. 三次 IPO 失败的背后公司主要存在哪些问题？
5. 为什么新丽传媒的应收账款、存货占比较重？
6. 新丽传媒有较多明星、员工持股，股权激励有什么好处？
7. 阅文集团为什么要收购新丽传媒？
8. 阅文集团为什么愿意以 155 亿元的高估值收购新丽传媒？

9. 公司 2018 年为什么无法完成业绩承诺？
10. 中国影视行业未来的发展趋势是什么样的？

分析思路

这里提供的案例分析主要是根据案例的推进过程和思考题的顺序进行。

1. 曹华益毕业于复旦大学新闻系,毕业后从事文学编辑工作。因为专业和工作原因,曹华益阅读了大量文学作品,也结交了很多优秀作家,长年累月的文学熏陶使其更像是一个文人,总经理的文人气质也带领着新丽传媒在影视制作行业走出自己独特的"雅俗共赏"道路。公司比起流量、名导等,更崇尚电视剧最根本的文字创作,也可称为编剧中心制。好剧本是一部电视剧的核心灵魂,也是内在价值的体现。曹华益自称是"内容为王"的信徒,也称新丽传媒是一家"创作型"的公司。但与此同时,曹华益也认为,电视剧的本质依然是戏剧,公司应该旗帜鲜明地做主流的商业产品,要走商业化创造的路子,而不是曲高和寡地表达个人情怀。在曹华益带领下,公司正走着文学性与商业性并存的道路。

2. 影视传媒行业主要有三项特征：一是应收账款占比较高,且对现金回收议价能力较弱,又因为影视制作公司的下游大客户之一是电视台,而电视台往往会集中在第四季度付款,故其应收账款数据又存在季节性；二是存货占比较高,一方面,存货反映了公司影视作品的库存,而拍摄完毕一部剧集到便显得周期较长；另一方面,影视制作公司的非流动资产占比非常小,几乎没有固定资产；此外,由于影视作品具有时效性,制作完成的作品如果一直未能播出,题材与制作技术都可能会过时,从而对存货的变现能力造成影响；三是盈利能力不确定性高,影视行业受行业政策、监管影响较大,一旦有一部或更多作品无法按时播出,均会对公司利润造成较大影响,因为影视行业的产品集中,并且是集中变现。同时,市场对影视作品的审美变化较大,即使是极富经验与口碑的公司,也有可能失手,影视制作公司并不具备品牌价值。

3. 公司想要迫切上市的最主要原因是债务负担较重、现金流无法支持其正常运营和扩大再生产。公司资产负债率常年在 50% 以上,且 2018 年达到 70%,现金债务比更是多年为负,公司陷入财务困境。

4. 公司 IPO 失败主要有两方面原因：一是股权变更频繁,小股东较多,股东中还存在股东代持、利益输送的疑点,且 2013 年公司引入光线传媒作为二股东,带来了同行竞争和关联风险;二是公司财务情况存在瑕疵,主要是现金流远远不及利润,且应收账款、存货占比较高,财务可能存在注水,公司的可持续盈利能力存疑。

5. 受行业特征的影响,电视剧的销售收入是在取得发行许可证以后,并同时满足母带已经交付、风险和报酬已经转移、未来经济利益能够流入、成本能够可靠地计量的条件时予以确认,而电视台一般在电视剧播出完毕一段时间后付款,一部电视剧的播出时间根据播出方式和集数的不同可能在20天—3个月不等,但同时还受电视台排片计划和行业政策的临时出台等影响;一部影视作品开始到确认营业收入需要较长的周期,对应存货2—3年的周转时间,使得影视公司的存货周转速度较慢,存货占比较重。

6. 新丽传媒在2011年引入员工持股和合作演员、导演等与影视制作相关的人员入股,股权激励使得他们与公司的利益捆绑在一起,他们的认真工作将使公司有更高的价值,从而回报给他们更高的收益。股权激励是从中长期的角度来激励员工和合作人员,使他们与公司的利益追求达成一致。

7. 阅文集团在收购新丽传媒前的主要营业收入来自在线阅读板块,2017年该板块贡献了83.5%的营业收入,在在线阅读领域,阅文集团是国内当之无愧的第一。但在线阅读行业存在一定的行业天花板,阅文集团该业务已出现增速下滑,为了更好地发展,阅文集团计划向下游铺设,进军内容制作行业,以获得更多的盈利,而新丽传媒的影视制作能力是已经存在的,并在过去得到较好的反馈,这是阅文集团较快地介入影视制作行业的机会。

8. 虽然对比同行业的上市公司,新丽传媒的155亿元收购价显示了过高的估值,但从阅文集团角度讲,想要尽可能快地介入该行业,并且收购拥有较好的影视制作能力、口碑较好的优质企业,并且还没有上市,其可选择的标的公司很少,稀缺性导致了高溢价。

9. 2018年新丽传媒业绩不达标的主要原因有二:一是因为部分项目的拖累及延后的收入确认,尤其是受吴秀波事件的影响,其主演的电影《情圣2》已被撤档,于2018年4月杀青的电视剧《渴望生活》目前还未能播出;二是因为部分项目由于排播的原因,从原来的网台联播模式改成了独播的模式,《如懿传》原本被电视台和视频网站高价买入预备网台联播,但因政策原因改为网播,这对收入和利润都产生了影响。

10. 根据国际经验,中国已进入了影视文化行业的黄金发展期,且近三年来影视行业内容严监管、成本控制等使影视行业经历了一波洗牌,随着行业景气度触底反弹,未来优质的影视制作公司将脱颖而出,并获得较好收益。同时,中国影视行业正从粗放式增长向质量型增长转型,未来是否反映了文化内核、是否是社会关注的热点等,将更多地成为好剧的标准。

附 件

附件1　新丽传媒前十大股东明细(截至2017年6月30日)

排　名	股东名称	出资金额(万元)	出资比例(%)
1	曹华益	5 495.49	33.306 0
2	光线传媒	1 582.35	27.642 0
3	曲雅倩	673.20	15.263 6
4	喜诗投资	336.60	9.590 0
5	世纪凯旋	336.60	4.080 0
6	戴乐克思	201.96	2.040 0
7	融高投资	134.64	2.040 0
8	张瑞强	67.32	1.224 0
9	联新投资	67.32	0.816 0
10	华兴合创	67.32	0.408 0
	合　计	8 962.80	96.409 6

数据来源：公司2017年招股说明书。

附件2　新丽传媒合并资产负债表

(单位：亿元)

	2016年	2015年	2014年	2013年	2012年	2011年
货币资金	2.8	2.9	1.4	0.7	1.4	1.4
应收票据		0.0	0.1	0.3	0.0	
应收账款	5.5	5.8	5.1	3.4	3.0	2.7
预付款项	0.9	0.9	0.9	1.4	0.7	0.3
其他应收款	0.1	0.0	0.3	0.0	0.0	0.0

续表

	2016 年	2015 年	2014 年	2013 年	2012 年	2011 年
其他应收款	0.1	0.0	0.3	0.0	0.0	0.0
存货	11.4	4.8	4.7	3.8	2.1	2.5
其他流动资产	0.6	0.4	0.2	0.5	0.4	0.0
流动资产合计	21.4	14.8	12.8	10.2	7.7	6.9
长期股权投资	0.0	0.0	0.0	0.0	0.0	0.0
固定资产	0.0	0.0	0.0	0.0	0.0	0.0
无形资产	0.0	0.0	0.0	0.0	0.0	0.0
长期待摊费用	1.8	0.5	0.5	0.2	0.2	0.0
递延所得税资产	0.4	0.3	0.3	0.1	0.1	0.0
非流动资产合计	2.3	0.8	0.8	0.4	0.3	0.1
资产总计	23.7	15.6	13.7	10.5	8.0	7.0
短期借款	2.7	1.6	2.4	1.0	0.6	0.2
应付票据						
应付账款	1.3	1.0	0.8	0.6	0.5	0.3
预收款项	7.2	1.9	1.1	0.5	0.9	2.3
应付职工薪酬	0.0	0.0	0.0	0.0	0.0	0.0
应交税费	0.3	0.2	0.6	0.4	0.3	0.6
其他应付款	1.5	2.1	1.4	1.0	0.7	0.5
应付利息	0.0	0.0	0.0	0.0	0.0	
应付股利			0.3	0.3		
其他应付款	1.5	1.7	1.1	1.0	0.7	0.5
一年内到期的非流动负债			0.8	0.6	1.0	
其他流动负债	0.1	0.1				
流动负债合计	13.1	7.6	7.0	4.6	3.0	3.9
长期借款	1.6	0.6	0.4	0.7		
应付债券					1.0	
非流动负债合计	1.6	0.6	0.4	0.7	1.0	
负债合计	14.7	8.2	7.4	5.3	4.0	3.9
实收资本	1.6	1.6	1.6	1.6	1.6	1.5
资本公积金	0.6	0.6	0.6	0.6	0.6	0.7

续 表

	2016 年	2015 年	2014 年	2013 年	2012 年	2011 年
盈余公积金	0.2	0.2	0.1	0.1	0.1	0.0
未分配利润	6.5	5.0	3.9	3.0	1.7	0.9
所有者权益合计	9.0	7.4	6.3	5.3	4.0	3.2

数据来源：Wind。

附件3　新丽传媒合并利润表

（单位：亿元）

	2016 年	2015 年	2014 年	2013 年	2012 年	2011 年
营业总收入	7.5	6.6	6.5	4.4	3.0	3.0
营业收入	7.5	6.6	6.5	4.4	3.0	3.0
营业总成本	5.7	5.4	5.3	3.1	2.1	2.1
营业成本	3.5	3.0	3.2	1.6	1.4	1.5
税金及附加	0.0	0.0	0.1	0.1	0.1	0.2
销售费用	1.2	1.3	1.1	0.7	0.3	0.1
管理费用	0.4	0.2	0.2	0.2	0.1	0.2
研发费用						
财务费用	0.1	0.2	0.3	0.3	0.1	0.1
其中：利息费用						
减：利息收入						
资产减值损失	0.4	0.5	0.4	0.2	0.1	0.1
加：其他收益						
投资净收益	0.0			0.0	0.0	0.0
其中：对联营企业和合营企业的投资收益					0.0	0.0
资产处置收益						
汇兑净收益						
营业利润	1.7	1.2	1.2	1.4	1.0	0.8
加：营业外收入	0.4	0.4	0.5	0.3	0.2	0.0
减：营业外支出	0.0	0.0	0.0	0.0	0.1	0.0

续表

	2016 年	2015 年	2014 年	2013 年	2012 年	2011 年
利润总额	2.1	1.6	1.8	1.7	1.1	0.9
减：所得税	0.5	0.4	0.4	0.4	0.3	0.2
加：未确认的投资损失						
净利润	1.6	1.2	1.3	1.3	0.8	0.6
持续经营净利润						
终止经营净利润						
减：少数股东损益	0.0	0.0	0.0	0.0	0.0	0.0
归属于母公司所有者的净利润	1.6	1.2	1.3	1.3	0.8	0.6
加：其他综合收益						
综合收益总额	1.6	1.2	1.3	1.3	0.8	0.6
减：归属于少数股东的综合收益总额	0.0	0.0	0.0	0.0	0.0	0.0
归属于母公司普通股东综合收益总额	1.6	1.2	1.3	1.3	0.8	0.6
每股收益：						
基本每股收益	0.950 0	0.710 0	0.790 0	0.770 0	0.500 0	0.390 0
稀释每股收益	0.950 0	0.710 0	0.790 0	0.770 0	0.500 0	0.390 0

数据来源：Wind。

附件 4　新丽传媒合并现金流量表

（单位：亿元）

	2016 年	2015 年	2014 年	2013 年	2012 年	2011 年
经营活动产生的现金流量：						
销售商品、提供劳务收到的现金	13.4	6.7	6.7	5.3	4.2	1.3
收到的税费返还						
收到其他与经营活动有关的现金	2.2	2.1	1.2	0.9	1.3	3.4
经营活动现金流入小计	15.5	8.8	7.9	6.2	5.5	4.7
购买商品、接受劳务支付的现金	12.0	3.8	5.1	4.4	3.7	3.6
支付给职工以及为职工支付的现金	0.3	0.2	0.2	0.2	0.1	0.1

续　表

	2016年	2015年	2014年	2013年	2012年	2011年
支付的各项税费	0.9	1.1	0.8	0.7	0.7	0.1
支付其他与经营活动有关的现金	2.3	2.2	1.5	1.7	2.2	1.7
经营活动现金流出小计	15.5	7.3	7.6	6.9	6.7	5.4
经营活动产生的现金流量净额	0.0	1.5	0.2	−0.7	−1.3	−0.7
投资活动产生的现金流量：						
收回投资收到的现金				0.0		
取得投资收益收到的现金						
处置固定资产、无形资产和其他长期资产收回的现金净额				0.0	0.0	
收到其他与投资活动有关的现金						
投资活动现金流入小计				0.0	0.0	
购建固定资产、无形资产和其他长期资产支付的现金	0.0	0.0	0.0	0.0	0.0	0.0
投资支付的现金	0.0					0.0
取得子公司及其他营业单位支付的现金净额						
支付其他与投资活动有关的现金						
投资活动现金流出小计	0.1	0.0	0.0	0.0	0.0	0.1
投资活动产生的现金流量净额	−0.1	0.0	0.0	0.0	0.0	−0.1
筹资活动产生的现金流量：						
吸收投资收到的现金	0.0	0.0	0.0		0.0	2.0
其中：子公司吸收少数股东投资收到的现金			0.0		0.0	
取得借款收到的现金	5.6	3.2	3.7	2.5	1.1	0.4
收到其他与筹资活动有关的现金		0.6				0.5
发行债券收到的现金					1.0	
筹资活动现金流入小计	5.6	3.8	3.7	2.5	2.1	2.9
偿还债务支付的现金	4.3	3.7	2.9	1.4	0.7	0.5
分配股利、利润或偿付利息支付的现金	0.5	0.2	0.3	0.2	0.1	0.0

续　表

	2016 年	2015 年	2014 年	2013 年	2012 年	2011 年
其中：子公司支付给少数股东的股利、利润						
支付其他与筹资活动有关的现金	0.8	0.0		0.8	0.0	0.6
筹资活动现金流出小计	5.7	3.9	3.2	2.4	0.8	1.2
筹资活动产生的现金流量净额	0.0	−0.1	0.5	0.1	1.3	1.8
汇率变动对现金的影响	0.0	0.0	0.0	0.0	0.0	
现金及现金等价物净增加额	−0.1	1.4	0.7	−0.6	0.0	1.0
期初现金及现金等价物余额	2.9	1.4	0.7	1.4	1.4	0.4
期末现金及现金等价物余额	2.8	2.9	1.4	0.7	1.4	1.4

附件 5　影视行业上市公司相关财务指标

证券简称	PS 2011-03	PE 2011-03	PB 2011-03	PS 2011-09	PE 2011-09	PB 2011-09
当代东方						
光线传媒				11.83	46.98	4.62
当代明诚						
北京文化						
文投控股						
中视传媒	4.41	64.81	5.21	3.54	62.42	4.41
慈文传媒	2.26	33.71	2.79	2.33	41.70	2.89
华谊兄弟	8.59	61.73	5.93	11.48	50.49	6.07
唐德影视						
华策影视	20.14	59.02	4.78	13.84	36.24	4.38
中国电影						
金逸影视						
华录百纳						
行业平均	8.85	54.82	4.68	8.61	47.56	4.47

续 表

证券简称	PS 2013-10	PE 2013-10	PB 2013-10	PS 2018-08	PE 2018-08	PB 2018-08
当代东方				17.70	132.366 3	6.74
光线传媒	36.26	99.96	14.77	15.25	34.476 8	3.34
当代明诚				6.65	47.299 5	2.40
北京文化				5.92	25.189 8	1.63
文投控股				5.73	30.091 9	1.82
中视传媒	6.65	121.74	7.45	5.29	46.194 2	3.48
慈文传媒	1.11	30.86	1.37	4.34	17.699 2	2.74
华谊兄弟	23.39	70.79	11.95	4.13	19.662 8	1.69
唐德影视				3.32	20.353 6	3.25
华策影视	25.54	91.04	13.36	3.26	26.934 3	2.48
中国电影				3.10	28.818 8	2.69
金逸影视				2.36	24.461 6	2.74
华录百纳	20.25	62.02	7.38	2.32	47.406 5	0.82
行业平均	18.86	79.40	9.38	6.10	38.54	2.75

数据来源：Wind。

案例六

东方园林：控股股东股权质押与股权崩盘风险

案例摘要

2015年以来，时逢PPP模式兴起，成功转型的东方园林中标了一个又一个的PPP工程订单，在建筑工程行业大放异彩，公司市值也增长近3倍。然而，2018年5月21日，一纸公司债发行失败公告，彻底释放了投资者对东方园林经营状态的忧虑。公司股价一泻千里，并引发大股东质押股权被强制平仓的风险。本案例将控股股东股权质押借款视为集团的隐性负债，从上市公司显性负债和集团隐性负债两个视角，通过对比分析，剖析东方园林的过度负债行为。本文发现东方园林考虑股权质押借款后的资产负债率畸高，存货及应收账款过多而资产周转效率很低，融资能力下滑但现金流依旧紧张。尽管2018年东方园林的股权质押爆仓风险被北京市朝阳区国资委的纾困基金缓解，但其过度负债的教训值得投资者与企业管理层的进一步思考。

理论分析：股权质押

一、PPP模式

PPP模式的起源可以追溯至18世纪欧洲的收费公路建设计划。从我国实践看，PPP不仅是一个新融资模式，还是管理模式和社会治理机制的创新。PPP作为制度供给的创新,其顺利运行和长久发展,特别需要强调现代文明演进中的法治建设和契约精神建设的相辅相成。

PPP管理模式的运行具有三个重要特征:伙伴关系、利益共享和风险分担。

(1) 伙伴关系。伙伴关系是PPP的首要特征。它强调各个参与方平等协商的关系和机制。伙伴关系必须遵从法治环境下的契约精神,建立具有法律意义的契约伙伴关系,即政府和非政府的市场主体以平等民事主体的身份协商订立法律协议,双方的履约责任和权益受到相关法律、法规的确认和保护。

(2) 利益共享。PPP项目一般具有很强的公益性,也具有较高的垄断性(特许经营特征)。政府和社会资本之间共享项目所带来利润的分配机制是PPP项目的第二个基本特征。PPP项目的标准至少包括两个,即政府公共投资的项目和由社会资本参与完成的该政府公共投资项目,包括建设和运营。PPP项目中政府和非政府的市场主体应当在合作协议中确立科学合理的利润调节机制,确保社会资本按照协议规定的方式取得合理的投资回报,避免项目运营中可能出现的问题造成社会资本无法收回投资回报或者使政府违约。

(3) 风险分担。PPP模式中合作双方的风险分担更多是考虑双方风险的最优应对、最佳分担,尽可能做到每一种风险都能由最善于应对该风险的合作方承担,进而达到项目整体风险的最小化。要注重建立风险分担机制。风险分担原则旨在实现整个项目风险的最小化,要求合理分配项目风险,项目设计、建设、融资、运营维护等商业风险原则上由社会资本承担,政策、法律和最低需求风险等由政府承担。

二、大股东股权质押

股权质押是指公司股权的持有者(出质人)将自己所持有的股权向银行、证券公司等金融机构(质权人)进行抵押而获取相应贷款的一种融资方式。只要出质人在质押期间没有发生违约行为,到期后出质人可解除质押收回股权。在股权质押中,质权人并不享有质押品的所有权,只享有相应的担保范围内的优先受偿的权利。出质人虽然进行了股权质押行为,但仍享有被质押股份所对应的表决权、余额返还请求权以及优先认购新股权。在某种程度上,出质人的控制地位并不会因为股权质押而发生改变,这是股权质押在资本市场上广受欢迎的原因。

股权质押可以分成主动型和被动型。主动型为出质人拥有某公司高比例的股权,出质人为了充分发挥该股权再融资方面的作用,并增加其流动性,将该股权进行质押,以活的资金来实现对外投资;被动型则是在资金链断裂等急需资金的情况下,运用股权质押行为来获取所需资金。

大股东的股权质押带来的信息不对称问题主要体现在逆向选择和道德风险上。

案例研究：东方园林的股权质押

2018年9月4日，全国工商联举办了"民营企业和小微企业金融服务座谈会"，29家民营企业代表，14家银行业机构主要负责人等悉数到场。对面坐着中国人民银行行长易纲，东方园林董事长何巧女的一番发言道出了民营企业家们的心声。

"北京各家银行的行长我都见过了，但是今天一下子见到这么多总行的行长，我就准备说点真心话……现在民营企业太难了，如果易行长给我批准一个银行，我一定拯救那些企业于血泊之中，一个一个地救。"

宏观经济下行，杠杆积危。早在2016年，我国非金融部门企业的债务比上GDP就已达到145%，同期，美国、日本低于100%，德国、印度不到50%，再加上政府部门与居民部门债务，我国实体经济总杠杆水平超过260%，在全世界范围内仅次于日本和欧元区。为避免债务水平过高引发系统性危机，"去杠杆"成为我国供给侧改革重要的组成内容，但在实务过程中，低生产效率的国有企业在融资方面往往更具效率，在加杠杆时如履平地，在去杠杆时，许多国企只是暂时感到呼吸困难，民企则是被紧紧地扼住了咽喉，乃至窒息死亡。

即便是东方园林，享有"园林景观龙头""大型综合生态集团""PPP第一股"等美誉的行业翘楚，曾实现三年（2015—2017年）市值翻三倍的优质蓝筹，在恶劣的市场环境中也难逃被无情抛弃。2018年5月20日，东方园林公告公司债券发行失败，认购比例仅5%，市场震惊，东方园林的股价从此"跌跌不休"，截至座谈会当日，东方园林收盘价为11.75元，相较3月份的历史高位已跌去43.4%，几近腰斩。

公司股价大幅下跌，股权质押的爆仓风险不断加大。2018年10月16日，中国证监会北京监管局发布《请债权人谨慎采取措施的建议函》，建议第一创业证券、华创证券等23家债权人暂不采取强制平仓、司法冻结等措施，为东方园林争取到极为珍贵的喘息时间。

一、综合性生态集团崛起

（一）发展历程

东方园林全称北京东方园林环境股份有限公司，成立于1992年8月，于2009年11月登陆深圳创业板，股票代码002310.SZ。

公司最初从事高端酒店植物租摆业务，逐步扩展至房地产园林工程与市政园林业务。2003年，公司剥离副业，专注于景观领域，并逐渐发展成为园林环境景观领域龙头。2012年后，由于行业下滑，公司寻求转型；2015年，公司确定了水环境综合治理与危险废弃物两大发展方向，完成"环境＋环保"布局；2016年，公司通过并购迅速扩大危废处理能力，并开展全域旅游业务。

目前，东方园林已发展成为环境、环保、文旅三轮驱动的大型综合生态集团，2017年实现营收152亿元，实现归属母公司净利润22亿元，公司在手订单超过1 500亿元。

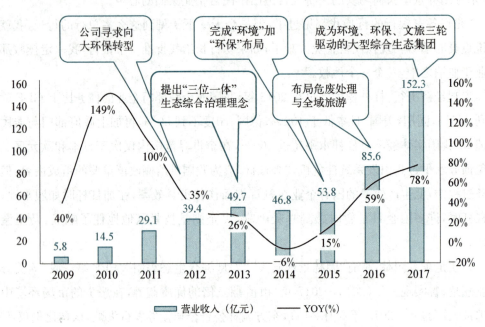

图 6-1　东方园林历史营业收入情况

资料来源：Wind。

（二）实控人与股权结构

截至2018年4月，公司总股本约为26.83亿股，公司创始人何巧女持股41.52%，为公司控股股东，公司实际控制人为何巧女、唐凯夫妇，合计持股49.17%。

何巧女，东方园林董事长，毕业于北京林业大学园林系园林学专业，高级经济师，第十二届北京市政协委员，中华工商业联合会女企业家商会常务理事。在企业家的身份之外，何巧女还热衷于公益事业，担任北京木兰汇公益基金会主席、北京巧女公益基金会会长，在2018福布斯中国慈善榜中，何巧女排名第16。

表 6-1　东方园林前十大股东情况（截至 2018 年 6 月 30 日）

序号	股东名称	持股数量（股）	持股比例（%）
1	何巧女	1 113 789 413	41.52
2	唐凯	205 349 530	7.65
3	中泰创展资管	100 621 920	3.75
4	员工持股计划信托	92 474 622	3.45
5	建设银行—博时基金(LOF)	61 400 000	2.29
6	全国社保基金一零四组合	52 488 840	1.96
7	云南国际信托有限公司	46 047 584	1.72
8	山东省国际信托股份有限公司	42 181 368	1.57
9	全国社保基金一一零组合	33 638 974	1.25
10	何国杰	17 227 080	0.64
	合计	1 765 219 331	65.80

注：何国杰为公司董事何巧女的亲属，担任东方园林基金管理公司的法人代表。
资料来源：Wind。

（三）业务发展情况

东方园林的业务由环境集团、环保集团、文旅集团三大板块组成。

环境集团的业务主要包括市政园林、水系治理、生态修复等；环保集团成立于 2015 年，业务方向主要为危险废弃物的处理与资源化；文旅集团主要从事全域旅游项目的建设与运营，推动城市旅游全域运营系统建设及生态升级。

从财务数据来看，环境集团业务是公司经营的绝对重心，2017 年，公司环境集团业务实现营收 125.8 亿元，占公司同期总营收的 82.6%，其中，水系治理业务收入 70.0 亿元，占比 46.0%；园林工程业务收入 54.38 亿元，占比 35.7%，土壤矿山修复业务收入 1.3 亿元，占比 0.9%；环保集团业务（固废处理）、文旅集团业务（全域旅游）实现营收 15.0 亿元、11.0 亿元，分别占公司同期总营收的 9.9% 与 7.2%。

2018 年 1—6 月，东方园林的文旅集团业务增长迅速，实现营收 11.6 亿元，占当期总营收的比例大幅上升至 18.0%。

1. 环境集团业务

自 2004 年起，东方园林逐渐发展成为园林环境景观领域的龙头企业，2013 年公司提出了水资源管理、水污染治理和水生态修复、水景观建设的"三位一体"生态综合治理理念，筹划多元化发展。2015 年，公司布局水生态修复 PPP 项目，工程内容一般为截污、清

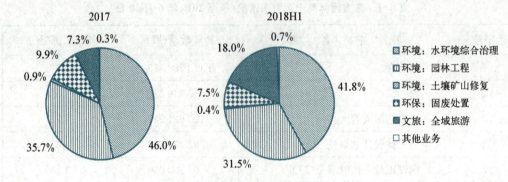

图 6-2　东方园林营业收入结构

注：园林工程业务涵盖了市政园林建设、园林景观设计和苗木对外销售业务。
资料来源：Wind。

淤、管网建设、河道堤坝重建、水体治理、景观绿化等。

园林工程是东方园林的传统强项业务，其中以市政园林建设为主要内容，近年来依旧保持着强劲的增长势能，2015—2017 年，市政园林业务收入由 20.2 亿元高速上升至 46.0 亿元，复合增速超 50%，但业务毛利率由 31.6% 逐渐下降至 28.8%。在战略转型下，公司业务范围有序扩容，市政园林业务在公司总收入中的占比由 37.5% 较快下降至 30.2%。

图 6-3　东方园林市政园林业务表现

注：市政园林业务层次划分为环境、园林工程、市政园林
资料来源：Wind。

自 2017 年起，东方园林将水系治理与生态修复工程统归为水环境综合治理，营业收入由 2015 年的 29.3 亿元增长至 2017 年 70.0 亿元，年复合增速约 55%，2017 年迎来爆发式增长，年增速为 76.2%；业务毛利率稳定在 30% 以上，在 2017 年略有下降。近两年水环境综合治理业务占总收入的比例保持稳定，未来仍将继续作为公司业绩增长的最主要推动力。

东方园林的增长引擎得以由单一的市政园林工程扩大为水环境综合治理与园林工程并驾齐驱，PPP 模式的兴起发展当居首功。

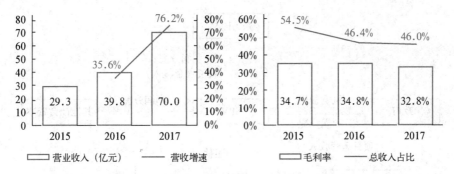

图 6-4 东方园林水环境综合治理业务表现

资料来源：Wind。

PPP 是 Public Private Partnership 的缩写，即政府和社会资本合作，基本运行的逻辑如下：由社会资本（通常是工程公司，以东方园林为例）与政府合资成立 SPV 项目公司；SPV 公司承接政府 PPP 项目并获得特许经营权，再将工程承包给东方园林；东方园林按完工进度百分比法确认工程收入，未能实收部分确认为应收账款；建设期内（通常为 2—3 年），SPV 公司利用自身的资本金与银行贷款支付工程费用；在建设完成的运营期内（通常 8—10 年），政府每年向 SPV 公司支付租赁费用，SPV 在向银行偿贷后将剩余的资金对政府公司、东方园林、社会资本联合体进行利润分配，保证 5%—8% 的资本回报率；运营期结束后，SPV 公司将工程项目的所有权移交给政府。

PPP 模式诞生于去杠杆的宏观大背景下，过去，地方政府融资的方式主要是各种融资平台，通过发行债券、银行贷款、信托等各种渠道获取资金用于投资建设，产生了大量债务。随着 43 号文《国务院关于加强地方政府性债务管理的意见》与 23 号文《关于规范金融企业对地方政府和国有企业投融资行为有关问题的通知》的出台，地方政府的负债问题逐步规范，PPP 模式便开始流行起来。

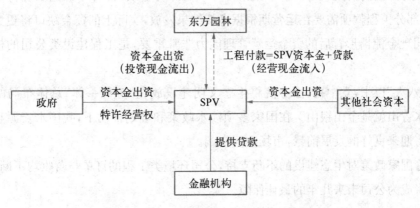

图 6-5 PPP 模式项目设立现金流示意图

资料来源：公开资料。

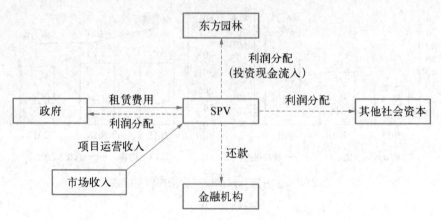

图 6-6　PPP 模式项目运营现金流示意图

资料来源：公开资料。

与传统的 BT（建设—移交）、BOT（建设—运营—移交）模式相比，PPP 的负债主体是项目公司，政府只需要按照协议支付租赁费用，并无实际负债，而且政府用少量资本金即可撬动上亿的环保工程，实现政绩目标。对工程建设方来说，传统模式下的政府还款不一定有明确的资金安排，而 PPP 模式下还款主体是项目公司，还款来源包括资本金、银行贷款以及未来的政府预算，更明确也更有保障。

从 PPP 项目的全周期来看，工程公司的现金支出主要是前期资本金投入与工程建设成本，现金收入包括工程建设付款。运营期间利润分配以及 SPV 权益处置收益。

根据东方园林董事会秘书杨丽晶提供的数据，SPV 公司项目资本金占工程款约 30%，其中，工程承包方出资 60%—80%，承包方自有出资比例大概 18%—24%，按照 20% 的中位数算，假定某工程总投资额为 10 亿元，则东方园林需要出资 2 亿元，政府出资 1 亿元，剩下 7 亿元由银行贷款获得；东方园林近年销售净利率约为 15%，从总额的现金流上看，东方园林将存在 −5%×10 亿 = −1.5 亿的资金缺口，若考虑到工程付款是分批支付，且部分工程款项需要在运营期根据考核结果发放，实际上的资金缺口将更大。因而 PPP 公司现金流情形背后的资金运营管理能力非常重要，是工程建设类公司的核心竞争能力之一。

"十八大"以来，党中央、国务院将生态文明建设放在"五位一体"总体布局的重要位置，"绿水青山就是金山银山"，在国家多项涉水政策和规划推动下，我国水资源与环境治理业务将迎来良好的发展前景，市场空间广阔。

随着国家政策对生态建设的不断支持，公司环境类工程的订单与营收均不断增长，在手订单将成为公司未来几年的最佳保障。

2. 环保集团业务

公司环保集团始于 2015 年，业务方向主要为工业危险废弃物的资源化与无害化处

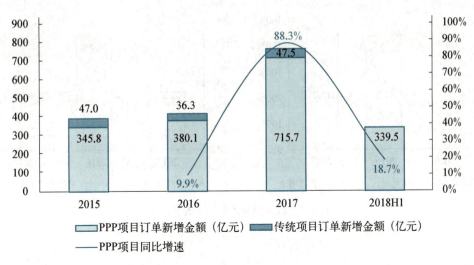

图 6-7　东方园林工程订单中标金额

资料来源：Wind。

理。公司先后并购了金源铜业 100% 的股权、吴中固废 80% 的股权、申能环保 60% 的股权。(2017 年 4 月公司将所持有的申能环保 60% 的股权以 15.115 亿元的价格转让给申联环保)，并结合自建产能，以应对快速增长的市场空间。

截至 2018 年 6 月，公司累计取得工业危险废弃物的环评批复为 176 万吨，其中，资源化 114 万吨，无害化 62 万吨。同时，有 8 个项目仍在建设中，建成后将增加 49 万吨的持证处置规模。

表 6-2　东方园林公告危废处理并购标的

	申能环保（已转让）	金源铜业	吴中固废
产能或处理量	14.6 万吨	3.9 万吨	3 000 吨，另有 2 万吨待建
估　值	24.4 亿元	2 000 万元	1.77 亿元
收购比例与金额	60%，14.64 亿元	100%，2 000 万元	80%，1.416 亿元
业绩承诺	2015 年 1.8 亿元、2016 年 2.07 亿元、2017 年 2.38 亿元	未来两年年均达到增资额的 10%	2018 年 4 月至 2019 年年底合计 5 000 万
支付方式	100% 自有资金	100% 自有资金	100% 自有资金

资料来源：Wind。

公司固废处置业务 2016 年由 2.4 亿元增长至 12.2 亿元，同年的毛利率提升至 26.4%；2017 年公司未公告新产能并购，自建产能尚未完成，同年实现营收 15.0 亿元，占整体总收入的比例下降至 9.9%。

图 6-8　东方园林固废处置业务表现

资料来源：Wind。

3. 文旅集团业务

2017 年 6 月，国家旅游局正式发布《全域旅游示范区创建工作导则》，为全域旅游示范区创建工作提供行动指南。2018 年 3 月，国务院印发《关于促进全域旅游发展的指导意见》，强调要加强基础配套，提升公共服务……要加强环境保护，推进共建共享，为全域旅游行业奠定了发展基础。

公司文旅集团业务主要从事全域旅游项目的建设与运营，以国家全域旅游示范区为标准，以"投资＋建设＋运营"三轮驱动，推动城市旅游全域运营系统建设及生态升级。在具体的业务模式上，公司全域旅游业务主要通过 PPP 模式开展，和政府或其代表方共同设立项目公司，并通过项目公司实现对 PPP 项目的投资、融资、建设、运营等功能。

表 6-3　东方园林公告全域旅游中标订单情况（截至 2018 年 6 月 30 日）

公 告 时 间	项目总投资金额（亿元）	项 目 名 称
2017 年 7 月 17 日	4.59	南充市顺庆区文化旅游广播影视局西河生态村乡村旅游开发 PPP 项目
2017 年 7 月 24 日	8.56	东宝区圣境山旅游综合开发 PPP 项目
2017 年 8 月 31 日	—	凤凰县全域旅游基础设施建设 PPP 项目
2017 年 8 月 31 日	—	腾冲市全域旅游综合能力提升及生态修复政府和社会资本合作项目
2017 年 9 月 6 日	15.17	五莲县全域旅游建设 PPP 项目
2017 年 9 月 8 日	9.34	广西大新县全域旅游一期 PPP 项目
2017 年 12 月 27 日	13.70	佛山市高明区全域旅游基础设施工程 PPP 项目
2018 年 1 月 9 日	10.40	南宫市全域旅游基础设施建设 PPP 项目

续表

公告时间	项目总投资金额(亿元)	项目名称
2018年1月15日	5.60	从江县生态旅游城市环境提升工程PPP项目
2018年2月8日	16.21	广西龙州县全域旅游山水连城PPP项目
2018年2月12日	13.00	云南省文山州富宁县全域旅游基础设施建设政府和社会资本合作(PPP)项目
2018年4月10日	7.95	宜川县全域旅游基础设施项目
2018年4月10日	10.67	连云港市连云区全域旅游基础设施项目
2018年5月2日	18.13	滁州明湖文化旅游PPP项目
2018年5月17日	18.37	广西北流市全域旅游PPP项目
2018年6月15日	8.13	山西省晋城市沁水县全域旅游基础设施PPP项目
2018年6月23日	6.50	道真仡佬族苗族自治县全域旅游基础设施PPP项目(一期)
2018年6月26日	11.12	广西贵港市覃塘区全域旅游PPP项目

资料来源：Wind。

二、过度扩张与显性杠杆

PPP模式蓬勃发展的3年，也是东方园林狂奔猛进的3年。

2015—2017年，东方园林实现营业收入53.81亿元、85.64亿元和152.26亿元，同比增速为14.98%、59.16%和77.70%，市场PE(TTM)估值也由10倍暴涨至20倍，公司管理层不可不谓励精图治，然而，在"野蛮生长"的同时，资本市场对东方园林的发展是否超速、业务扩张是否过度的质疑与忧虑也不绝于耳。

如前文所述，在PPP模式下，对作为社会资本方兼任项目建设方主体的资金实力要求很高，在简化模型中，东方园林每开展规模价值10亿元的项目，便存在着1.5亿的资金缺口。近三年来，东方园林营业收入的飞速提升，是由公司不断中标的PPP工程订单直接转化而来，工程订单的快速增长，意味着公司的资金缺口不断扩大，在公司资本金有限的情形下，东方园林对外的融资需求也在不断提高：2015—2017年，上市公司的资产负债率由63.83%上升至67.62%，财务费用由2.26亿元上升至3.99亿元，公司的偿债压力不断加码，在不断地刺探着投资者的心理防线；公司现金流也难容乐观，2015—2017年，东方园林经营净现金流减去投资净现金流分别为−12.69亿元、−10.76亿元、−15.87亿元，纳入融资活动后的现金流量净额分别为−5.62亿元、−0.24亿元与0.21亿元，在危险的悬崖边缘游走，发债失败成为最后一根稻草，直接引爆资本市场的恐慌情绪。东方园林股价崩盘是投资者对公司"过度负债"经营的长期担忧,在叠加了宏观去杠杆等环境因素下的一次彻底释放。

为了更好地说明东方园林的过度扩张与杠杆程度,本文采用比较研究的方式,针对东方园林最主要的市政园林业务与水环境治理业务,结合盈利能力、业务规模、商业模式等因素综合考虑,分别选取5家上市可比公司,园林板块包括铁汉生态(300197.SZ)、蒙草生态(300355.SZ)、美晨科技(300237.SZ)、岭南园林(002717.SZ)与美尚生态(300495.SZ),环保板块包括碧水源(300070.SZ)、首创股份(600008.SH)、启迪桑德(000826.SZ)、中山公用(000685.SZ)与东江环保(002672.SZ)。

可比公司的估值情况如表6-4所示。

表6-4 可比公司的估值情况

证券代码	证券简称	EPS/元			PE/X		
		2016A	2017A	2018E	2016A	2017A	2018E
园林板块							
300197.SZ	铁汉生态	0.35	0.56	0.79	38.80	24.35	17.21
300355.SZ	蒙草生态	0.35	0.57	0.80	43.11	26.47	18.86
300237.SZ	美晨科技	0.55	0.84	1.20	30.62	19.97	14.02
002717.SZ	岭南园林	0.67	1.07	1.49	37.27	23.39	16.73
300495.SZ	美尚生态	1.03	0.65	0.89	15.39	24.15	17.78
平均值					33.04	23.67	16.92
环保板块							
300070.SZ	碧水源	0.60	0.82	1.12	31.82	23.16	17.07
600008.SH	首创股份	0.13	0.16	0.19	56.43	44.52	37.81
000826.SZ	启迪桑德	1.25	1.57	2.00	25.71	20.40	16.04
000685.SZ	中山公用	0.65		0.91	16.11	13.01	11.53
002672.SZ	东江环保	0.62	0.6	0.74	26.95	27.71	22.52
平均值					31.40	25.76	20.99

资料来源:Wind。

(一)经营性资产——结构与效率

1. 存货

对于建筑施工企业而言,存货的主要构成是建造合同形成的已完工未结算资产。施

案例六　东方园林：控股股东股权质押与股权崩盘风险

工企业通常根据完工百分比确认合同收入，但由于多种因素的影响，例如，业主在条款计量上比较严格，对完工工程质量考察期较长，或者刻意延长结算审批时间以达到占用建筑公司的资金等目的，都会使实际交划的工程结算金额少于理应确认的营业收入，即存在计量结算滞后，这种情形下形成的资金差额计入存货中的已完工未结算资产。

将铁汉生态(300197.SZ)、蒙草生态(300355.SZ)、美晨科技(300237.SZ)、岭南园林(002717.SZ)与美尚生态(300495.SZ)的存货金额相加，得到"园林板块存货"，同理计算得到"园林板块流动资产"等指标。

根据 2015H1—2018H1 期间，东方园林市政园林业务与水环境综合治理业务的营业收入情形计算二者的权重 P_i 和 Q_i，结果如表 6-5 所示。

表 6-5　东方园林环保业务，园林业务相对比例　　　　　　　　　单位：亿元

	2015H1	2015A	2016H1	2016A	2017H1	2017A	2018H1
环保业务	5.00	12.00	6.68	39.75	19.86	70.05	27.05
园林业务	16.09	37.31	23.88	29.33	17.31	45.96	16.97
环保权重 P_i	23.71%	24.34%	21.86%	57.54%	53.43%	60.38%	61.45%
园林权重 Q_i	76.29%	75.66%	78.14%	42.46%	46.57%	39.62%	38.55%

资料来源：Wind。

从权重数据可以发现，自东方园林业务转型以来，水环境综合治理业务(环保业务)在 2016 年下半年的营业收入正式超过公司传统的市政园林业务，成为公司业绩最核心的驱动力。至 2017 年年底，东方园林水环境综合治理业务(环保业务)：市政园林业务(园林业务)约为 6:4。

将"板块存货"与"板块流动资产"数据加权计算得到"拟合情形"下的存货占流动资产比例，以"拟合东方园林"的方式，得到其营收结构下可比下的市场同期数据，具体计算公式如下：

$$拟合情形期末存货/期末流动资产_i = \frac{P_i \times 环保板块存货 + Q_i \times 园林板块存货}{P_i \times 环保板块流动资产 + Q_i \times 园林板块流动资产}$$

考察东方园林与其余可比上市公司期末流动资产中的存货比例，计算得出园林板块，环保板块与拟合情形下的比例数据，可以看到东方园林的存货金额占期末流动资产的比例保持在 40%—50% 左右，始终高于板块数据与拟合情形数据。这是由于随着 PPP 模式的开展，东方园林近年业绩进入爆发式增长，大量项目处于施工阶段，出现大量工程来不及结算的情形，导致存货增长较快。在观察期内，拟合情形下的存货金额占流动资产的比例趋势下降，而东方园林则表现为波动稳定。

表6-6 期末存货/期末流动资产

	2015H1	2015A	2016H1	2016A	2017H1	2017A	2018H1
东方园林	47.24%	43.56%	50.32%	45.72%	47.84%	51.78%	45.04%
拟合情形	24.19%	22.55%	26.55%	14.89%	17.92%	19.95%	17.55%
园林板块	31.73%	28.62%	32.38%	28.98%	33.49%	39.57%	35.27%
环保板块	15.01%	14.21%	15.71%	9.09%	7.61%	7.26%	7.76%

资料来源：Wind。

图6-9 期末存货/期末流动资产

资料来源：Wind。

进而观察上市公司每单位营业收入对应的存货数据。

首先，在观察期内的每个会计年度，东方园林每单位的营业收入对应的平均存货金额由1.17元逐步下降至0.82元，但始终大于拟合情形下的0.21元下降至0.08元。这说明在每单位的营业收入上，东方园林的存货（主要是未结算完工资产）在绝对量上就要高于行业水平。东方园林该比值在相同会计区间内逐渐下降，即公司营业收入的增速要高于存货的增速。

表6-7 期间平均存货/期间营业收入

	2015H1	2015A	2016H1	2016A	2017H1	2017A	2018H1
东方园林	2.70	1.17	2.52	0.92	1.82	0.82	1.81
拟合情形	0.90	0.36	0.91	0.23	0.52	0.25	0.52
园林板块	1.05	0.48	1.16	0.47	1.00	0.63	1.10
环保板块	0.66	0.21	0.50	0.13	0.22	0.08	0.22

资料来源：Wind。

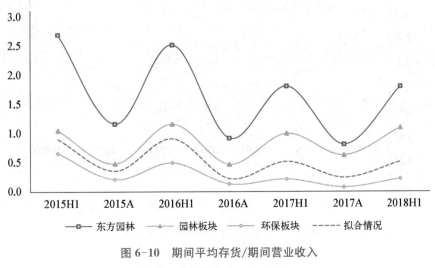

图 6-10 期间平均存货/期间营业收入

资料来源：Wind。

其次，分析对应的存货变动情况。在 2015—2017 年的会计年度内，东方园林每单位营业收入对应的存货增加额相对稳定，2015—2017 年分别为 0.28、0.20 与 0.24，高于同期拟合情形的 0.10、0.00 与 0.10。二者在 2016H1 与 2017H1 较为接近，这说明拟合情形在对应年份的下半年，存货增加放缓甚至是减少，结果表现为全年指标低于半年度指标，东方园林在 2016 年下半年存货的相对增速略有下降，2017 年下半年则是显著提升，2017 年每单位营业收入对应着 0.24 元的存货增加，而 2017 年上半年仅有 0.11 元。

表 6-8 期间存货变化/期间营业收入

	2015H1	2015A	2016H1	2016A	2017H1	2017A	2018H1
东方园林	0.44	0.28	0.23	0.20	0.11	0.24	0.26
拟合情形	0.12	0.10	0.23	0.00	0.13	0.10	0.12
园林板块	0.15	0.17	0.33	0.25	0.23	0.29	0.23
环保板块	0.08	0.03	0.06	−0.09	0.06	0.01	0.07

资料来源：Wind。

以存货周转率指标进行分析，东方园林的存货周转效率较差，但在逐渐改善，2015—2017 年，东方园林存货周转天数对应为 629 天、500 天与 435 天，远高于拟合情形下的参考水平 194 天、122 天与 129 天。类似地，可以观察到东方园林与拟合情形的存货周转率在下半年的大幅改善对全年结果的影响很大。

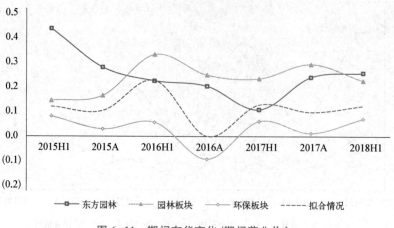

图 6-11 期间存货变化/期间营业收入

资料来源：Wind。

表 6-9 存货周转率（期间平均存货/期间营业成本）

	2015H1	2015A	2016H1	2016A	2017H1	2017A	2018H1
东方园林	0.25	0.58	0.28	0.73	0.37	0.84	0.38
拟合情形	0.73	1.88	0.77	3.01	1.33	2.83	1.31
园林板块	0.65	1.44	0.61	1.48	0.71	1.12	0.65
环保板块	0.96	3.11	1.37	5.01	3.15	8.86	2.96

资料来源：Wind。

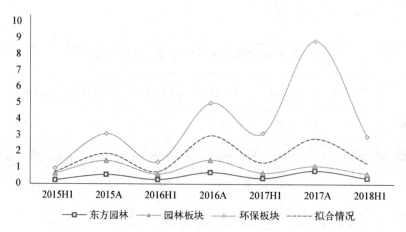

图 6-12 存货周转率（期间平均存货/期间营业成本）

资料来源：Wind。

重点分析东方园林与拟合情形的差异，发现在流动资产的结构上，东方园林的存货比例约为40%—50%，高于拟和情形的15%—25%；按年度数据看，2015—2017年，东方园林的每单位收入对应期间平均存货始终高于拟合水平，而差距在逐渐减小，分别是0.81、

0.07 与 0.57;类似地,东方园林的每单位收入对应存货变化程度也始终高于拟合水平,二者差距分别为 0.18、0.20 与 0.14;最后,考察存货周转率,东方园林始终劣于拟合水平,期存货周转天数分别要高出 435 天、378 天与 306 天。

因而可以判断,相较于拟合情形,东方园林存在存货占流动资产比例更高,每单位收入对应的存货数量及增速更大,存货利用的效率更低,暴露出以已完工未结算资产为主的存货增长迅速,而工程结算效率低下等问题,虽然在个别指标上东方园林有改善的趋势,但整体上东方园林仍呈现出规模庞大、力不从心的经营状态。

2. 应收账款

在建筑施工企业确认收入后,未实现的货币资金或银行账款部分则计入应收账款,因此,通过观察应收账款,也能反映东方园林的经营状态。

在流动资产的结构中,东方园林的应收账款占期末流动资产的比例保持在 25%—30% 左右,始终高于板块数据与拟合情形。在观察期内,东方园林与拟合情形的应收账款占流动资产的比例均表现出上升趋势。

表 6-10 期末应收账款/期末流动资产

	2015H1	2015A	2016H1	2016A	2017H1	2017A	2018H1
东方园林	27.03%	24.80%	26.09%	25.76%	28.75%	26.23%	31.90%
拟合情形	24.52%	22.15%	23.47%	21.68%	27.92%	25.22%	27.22%
园林板块	28.31%	24.12%	23.38%	23.87%	28.75%	22.30%	26.62%
环保板块	19.90%	19.44%	23.64%	20.78%	27.37%	27.11%	27.55%

资料来源:Wind。

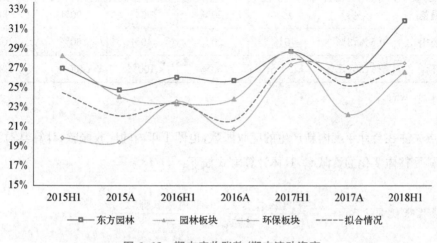

图 6-13 期末应收账款/期末流动资产

资料来源:Wind。

比较上市公司对不同账龄应收账款的坏账计提比例。

相较于园林板块,东方园林对1年以内、1—2年的应收账款计提比例与行业为相同的10%,而东方园林对2—3年的应收账款计提10%,低于可比公司的15%—30%,其3—4年与4—5年的计提比例也低于行业平均水平;相较于环保板块,东方园林对1年以内及1—2年的应收账款计提更谨慎,而对2—3年,3—4年与4—5年的计提比例则相对较低。考虑到东方园林工程项目周期一般为2—3年,相较其他可比公司较长,因而从整体上看,东方园林对应收账款计提政策是较为宽松的。

表6-11 应收账款坏账计提比例

	<1年	1—2年	2—3年	3—4年	4—5年	>5年
东方园林	5%	10%	10%	30%	50%	100%
园 林 板 块						
铁汉生态	5%	10%	15%	20%	50%	100%
蒙草生态	5%	10%	15%	30%	50%	100%
美晨科技	5%	10%	30%	50%	50%	100%
岭南园林	5%	10%	20%,30%	50%	80%	100%
美尚生态	5%	10%	20%	50%	80%	100%
环 保 板 块						
碧水源	5%	10%	30%	50%	80%	100%
首创股份	0%	5%	5%	20%	20%	100%
启迪桑德	5%	10%	50%	90%	90%	90%
中山公用	0.5%,3%	5%	20%	40%	60%	100%
东江环保	1.5%,3%,5%	20%	50%	100%	100%	100%

资料来源:Wind。

重点关注在会计年度内新产生的应收账款,也即1年内的应收账款,计算其对当年应收账款科目整体变化的贡献率,具体计算方式如下:

$$1年内应收账款贡献率_i = \frac{\Delta 1年内应收账款_i (1年内应收账款_i)}{\Delta 应收账款_i} =$$

$$= \frac{1年内应收账款_i}{1年内应收账款_i + 应收账款_{i-1}} (不考虑还款与计提比例变化)$$

结果如表 6-12 与图 6-14 所示,可以看到上市公司 1 年内应收账款的贡献率基本超过 50%,其中,东方园林近 3 年新产生应收账款贡献率分别为 130.19%、75.33% 与 86.83%,高于拟合情形下的 25.34%、66.05% 与 61.16%,二者差距在 2016 年缩小后于 2017 年稍有扩张。东方园林新产生的应收账款贡献率始终高于拟合参考水平,反映了公司的业务规模增速显著高于行业水平。

表 6-12 1 年内应收账款的变动贡献率

	2015H1	2015A	2016H1	2016A	2017H1	2017A	2018H1
东方园林	—	130.19%	—	75.33%	—	86.83%	—
拟合情形	—	25.34%	—	66.05%	—	61.16%	—
园林板块	—	52.13%	—	68.49%	—	68.01%	—
环保板块	—	−19.89%	—	64.04%	—	52.55%	—

资料来源:Wind。

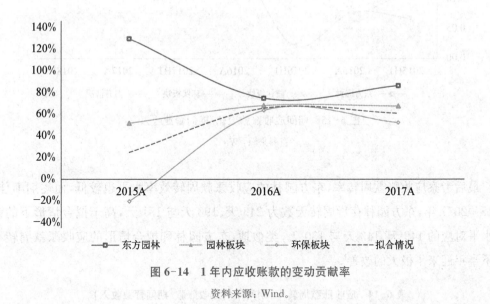

图 6-14 1 年内应收账款的变动贡献率

资料来源:Wind。

2015—2017 年,东方园林每单位营业收入对应的应收账款增加额分别为 0.08 元、0.16 元与 0.15 元,同期拟合情形下为 0.08 元、0.13 元与 0.08 元。东方园林在 2016 年首次超过拟合情形,之后东方园林趋势上升,拟合情形趋势下降,二者背离程度逐期扩大。每获得 1 元的营业收入,东方园林应收账款的增加速度在加快,也即现金回款情况在相对恶化,而拟合情形下应收账款的增速放缓,现金回款情形在相对改善。

表 6-13　期间应收账款变化/期间营业收入

	2015H1	2015A	2016H1	2016A	2017H1	2017A	2018H1
东方园林	0.07	0.08	0.02	0.16	0.13	0.15	0.25
拟合情形	0.11	0.08	0.12	0.13	0.12	0.08	0.12
园林板块	0.10	0.09	0.09	0.22	0.24	0.14	0.07
环保板块	0.13	0.06	0.16	0.10	0.04	0.05	0.14

资料来源：Wind。

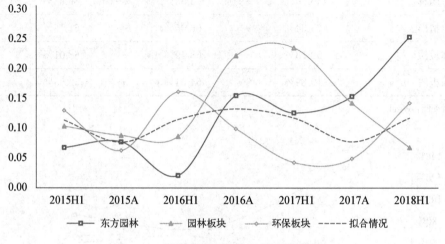

图 6-15　期间应收账款变化/期间营业收入

资料来源：Wind。

最后考察应收账款周转率，东方园林的应收账款周转效率水平也较低，而逐期渐佳。2015—2017 年，东方园林存货周转天数为 243 天、190 天与 151 天，高于拟合情形下的参考水平对应的 149 天、143 天与 130 天，类似地，东方园林和拟合情形的应收账款周转率在下半年迎来了极大的改善。

表 6-14　应收账款周转率（期间平均应收账款/期间营业收入）

	2015H1	2015A	2016H1	2016A	2017H1	2017A	2018H1
东方园林	0.65	1.50	0.76	1.92	0.92	2.42	0.78
拟合情形	1.09	2.83	1.24	3.03	1.23	3.21	1.24
园林板块	1.06	2.45	1.19	2.56	1.16	2.81	1.20
环保板块	1.14	3.46	1.33	3.26	1.28	3.42	1.26

资料来源：Wind。

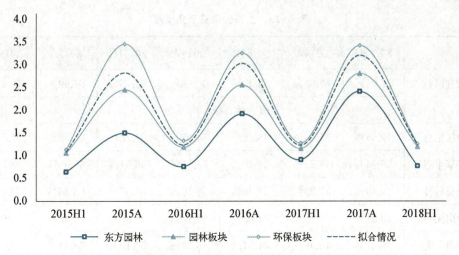

图 6-16　应收账款周转率(期间平均应收账款/期间营业收入)

资料来源：Wind。

重点分析东方园林与拟合情形的差异,发现在流动资产的结构上,东方园林的应收账款比例约在 25%—30%,高于同期拟和水平,约在 20%—30%;从应收账款内部结构看,一方面,东方园林的计提政策同比更为宽松;另一方面,公司当年新产生的应收账款的增加对应收账款整体的增加贡献很大;2015 年以来,东方园林的每单位收入对应应收账款增长为 0.08 元、0.16 元与 0.15 元,拟合水平为 0.08 元、0.13 元、0.08 元,二者差距由 －0.01 元扩大至 0.07 元;在应收账款周转率上,东方园林则始终低于拟合情形,应收账款周转天数分别高出 94 天、47 天与 21 天。

类似地,可以判断,东方园林相较于拟合情形,存在应收账款占流动资产比例更高,新增应收账款更快,每单位收入对应的应收账款的增加金额更多,而应收账款利用的效率更低,表现出营业收入更多是会计处理上的实现,实际的资金流入较为困难等问题,虽然东方园林在部分指标上表现好转,但整体上与存货分析得出的结论相同,东方园林呈现出规模庞大、力不从心的经营状态。

(二) 上市公司显性资产负债率

截至 2017 年年底,东方园林上市公司的资产负债率为 67.67%,在园林板块低于铁汉生态的 68.68% 与美晨科技的 68.55%,并高于环保板块的所有可比公司;截至 2018 年 6 月 30 日,东方园林上市公司的资产负债率为 70.21%,在园林板块仅次于铁汉生态的 70.54%,依然高于环保板块的所有公司。

在整个观察期内,东方园林上市公司的资产负债率在园林板块与环保板块中始终接近最高或最高的水平,上市公司体内的加杠杆空间已所剩无多。

表 6-15　上市公司资产负债率

	2015H1	2015A	2016H1	2016A	2017H1	2017A	2018H1
东方园林	57.04%	63.83%	63.49%	60.68%	62.76%	67.62%	70.21%
园林板块							
铁汉生态	49.56%	53.00%	48.89%	54.07%	61.78%	68.68%	70.54%
蒙草生态	56.96%	49.22%	49.49%	54.41%	56.67%	58.60%	58.30%
美晨科技	56.40%	51.20%	57.20%	56.19%	61.87%	68.55%	66.78%
岭南园林	73.31%	73.58%	51.08%	50.12%	54.28%	65.88%	69.92%
美尚生态	56.27%	40.96%	41.07%	46.19%	50.10%	58.11%	57.78%
环保板块							
碧水源	38.24%	23.27%	29.08%	48.65%	48.11%	56.44%	57.66%
首创股份	71.04%	67.33%	68.91%	65.65%	67.63%	66.40%	69.42%
启迪桑德	54.18%	60.35%	59.58%	63.51%	63.31%	54.77%	58.66%
中山公用	20.84%	19.69%	26.33%	23.60%	27.82%	22.77%	27.50%
东江环保	51.10%	51.84%	55.29%	52.79%	52.27%	53.23%	53.19%

资料来源：Wind。

"园林板块""环保板块"与"拟合情形"下的资产负债率计算结果如表 6-16 与图 6-17 所示。

表 6-16　对比测算资产负债率

	2015H1	2015A	2016H1	2016A	2017H1	2017A	2018H1
东方园林	57.04%	63.83%	63.49%	60.68%	62.76%	67.62%	70.21%
拟合情形	55.14%	51.17%	51.16%	54.09%	56.40%	57.67%	60.30%
园林板块	57.06%	54.36%	50.58%	52.84%	58.33%	65.50%	66.67%
环保板块	53.73%	48.84%	51.70%	54.36%	55.87%	55.72%	58.80%

资料来源：Wind。

在观察期内，东方园林的资产负债率长期高于园林板块、环保板块和拟合情形下的资产负债率。着重观察东方园林与拟合情形，二者差距在 2015 年达到峰值，经历了 2016 年的短暂收窄后于 2017 年再次扩张并维持相对稳定。截至 2018 年 6 月 30 日，东方园林的资产负债率相较拟合情形高出 9.92%。

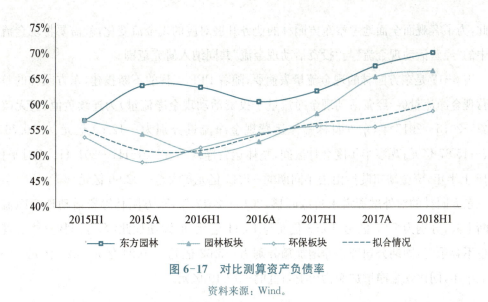

图 6-17 对比测算资产负债率

资料来源：Wind。

图 6-18 对比测算资产负债率差距

资料来源：Wind。

(三) 上市公司显性现金流

现金流是对工程建设类公司评判的黄金标准，在 PPP 模式下，对公司现金流变化的观察视角与传统的 BT、BOT 模式有很大的差别。如前所述，在 PPP 模式下，工程公司执行某订单首先需要设立项目的运营主体 SPV，这需要工程公司注入资本金，表现在现金流量表上则是"投资活动的现金流出"，随着工程的陆续推进，一般以完工百分比法确认公司的营业收入，此时，实际收到的工程款项在现金流量表上反映为"经营活动的现金流入"。

因此,为了客观而全面地考察东方园林的业务开展对应的现金流变化,就需要将现金流量表中的"经营活动现金流"与"投资活动现金流"共同纳入研究范围。

表 6-17 是东方园林的现金流量表摘要,随着 PPP 工程的不断投建,东方园林的整体运营现金净流量(=经营活动现金净流量+投资活动现金净流量)为连续负值,且无改善迹象。2015—2017 年,东方园林整体运营现金净流量分别为−12.69 亿元、−10.76 亿元、−15.87 亿元;观察半年度会计区间,整体运营净现金在 2015H1—2017H1 相对平稳,2018 上半年,资金缺口陡然由去年同期的−5.49 亿元扩大至−22.96 亿元。

东方园林的对外融资需求持续旺盛,2015—2017 年,东方园林筹资活动现金净流量不断上升,分别为 7.07 亿元、10.53 亿元与 16.11 亿元,但即便如此,东方园林整体的现金流也不容乐观,同期公司现金净增加额分别为−5.62 亿元、−0.24 亿元、0.21 亿元。2018年上半年,同比现金净增加额为历史新低的−12.19 亿元。

表 6-17 东方园林现金流量表摘要 单位:亿元

	2015H1	2015A	2016H1	2016A	2017H1	2017A	2018H1
经营活动现金净流量	−3.75	3.68	5.51	15.68	2.23	29.24	4.27
投资活动现金净流量	−0.68	−16.37	−9.63	−26.44	−7.72	−45.11	−27.23
整体运营现金净流量	−4.43	−12.69	−4.12	−10.76	−5.49	−15.87	−22.96
筹资活动现金净流量	−3.14	7.07	−0.22	10.53	9.67	16.11	10.77
本期现金净增加额	−7.57	−5.62	−4.35	−0.24	4.18	0.21	−12.19

资料来源:Wind。

结合比率分析,东方园林每单位营业收入对应的融资活动现金流入金额较低,仅是拟合水平下的 1/4—1/3。2015—2017 年,东方园林每单位营业收入对应融资现金流入为 0.54 元、0.72 元与 0.39 元,而同期拟合情形水平为 1.41 元、1.18 元与 1.37 元,差距相应为−0.87 元、−0.46 元与−0.98 元。

表 6-18 融资活动现金流入/期间营业收入

	2015H1	2015A	2016H1	2016A	2017H1	2017A	2018H1
东方园林	0.60	0.54	0.82	0.72	0.62	0.39	0.91
拟合情形	1.41	1.19	1.18	1.20	1.37	1.26	1.48

续 表

	2015H1	2015A	2016H1	2016A	2017H1	2017A	2018H1
园林板块	1.04	1.00	1.04	0.79	0.61	0.76	0.63
环保板块	2.01	1.41	1.42	1.35	1.85	1.47	1.91

资料来源：Wind。

图 6-19　融资活动现金流入/期间营业收入

资料来源：Wind。

三、股权质押与隐性杠杆

（一）集团整体资产负债率——考虑股权质押贷款

作为一种体外融资方式，股权质押业务的再次兴起与上市公司融资渠道受限、融资成本不断上升有直接关系。

2017年2月，证监会发布定增新规，大大增加了定增产品的退出难度；2017年5月，证监会发布《上市公司股东、董监高减持股份的若干规定》，对上市股东的减持行为进行严格限制；同时，在去杠杆形势下，债券违约，可转债破发，借贷利率抬升，而信贷资产、信托贷款、委托债权等"非标"融资业务也大幅度缩水，市场融资环境极为紧张。

在此情形下，上市公司股权质押业务再次受到热捧。股权质押拥有诸多优势，手续简单，无须监管审批，不仅不会稀释股东对公司的控股比例，而且限售股也可用于质押；在资金用途上，在2018年3月出台股权质押新规之前，质押融入的资金无用途限制，可用于资金周转、实业投资、参与定增等。根据市场数据统计，2015—2017年是股权质押规模的快速上升时期，巅峰时融资金额曾达到6万亿元。

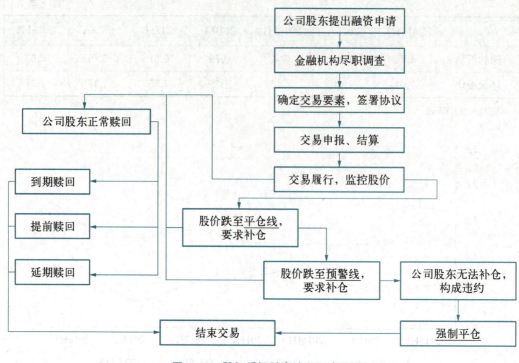

图 6-20 股权质押融资流程示意图

资料来源:公开资料。

在实务操作中,质押率(折价率)是股权质押业务的核心要素,这由资金方依据被质押的股票质量及借款人的财务和资信状况与借款人确定:

$$质押获得的融资金额 = 质押股票市值 \times 质押率 \times 100\%$$

此外,还需要商定预警线与平仓线,当质押股票的股价接近预警线时,金融机构会要求股东补仓;当到达平仓线时,若大股东无法补仓,金融机构有权将所质押的股票在二级市场上进行抛售,这往往意味着上市公司控制权的巨大变化。

为估计东方园林与可比公司的股权质押融资金额,利用 Wind 数据库得到上市公司控股股东及其一致行动人在会计报告期末尚未赎回的股权质押情形。作一定的简化假设,以质押开始日前一日收盘价计算得到质押股票市值,实务中上市公司的质押率一般在 30%—50%,选取 40% 作为参考质押率。

仅考察上市公司实际控制人及其一致行动人的股权质押行为,质押贷款金额的测算公式如下:

$$股权质押融资金额_i = \sum_j 未赎回质押股票数_{i,j} \times 质押开始日前一日收盘价(不复权)_{i,j} \times 质押率$$

东方园林及 10 家可比公司的股权质押融资金额估算结果如表 6-19 所示。

表 6-19　上市公司体外股权质押融资金额　　　　　　　　　　单位：亿元

	2015H1	2015A	2016H1	2016A	2017H1	2017A	2018H1
东方园林	30.33	99.52	104.46	50.58	52.65	54.38	56.70
园　林　板　块							
铁汉生态	19.73	24.73	28.24	26.61	15.40	22.11	24.37
蒙草生态	7.06	20.07	8.82	9.74	12.63	19.29	19.32
美晨科技	11.94	9.78	13.92	14.78	6.83	10.47	10.13
岭南园林	11.46	12.93	17.70	17.10	13.80	15.68	14.88
美尚生态	—	—	0.51	32.20	37.53	27.66	27.13
环　保　板　块							
碧水源	10.52	41.01	36.08	46.37	20.54	23.47	24.77
首创股份	—	—	—	—	—	—	—
启迪桑德	43.34	19.36	16.14	11.39	11.22	11.80	11.32
中山公用	—	—	—	—	—	—	—
东江环保	8.03	11.96	3.76	7.99	2.18	4.13	1.95

资料来源：Wind。

将股权质押融资金额计入上市公司资产负债表：

扩大总资产＝上市公司总资产＋期末股权质押贷款额

扩大总负债＝上市公司产总负债＋期末股权质押贷款额

再计算各家上市公司的考虑股权质押贷款下的资产负债率，结果如表 6-20 所示。

表 6-20　上市公司整体资产负债率：考虑股权质押

	2015H1	2015A	2016H1	2016A	2017H1	2017A	2018H1
东方园林	64.91%	76.85%	76.75%	67.53%	69.05%	71.96%	73.90%
园　林　板　块							
铁汉生态	61.84%	65.35%	60.69%	62.74%	65.52%	71.76%	73.30%
蒙草生态	65.31%	65.06%	57.46%	60.88%	63.51%	66.56%	65.91%
美晨科技	62.51%	60.26%	64.31%	60.05%	64.54%	69.55%	68.11%
岭南园林	80.58%	80.51%	65.34%	62.22%	62.58%	70.16%	72.88%
美尚生态	56.27%	40.96%	42.70%	67.68%	70.59%	70.08%	69.35%

续 表

	2015H1	2015A	2016H1	2016A	2017H1	2017A	2018H1
环保板块							
碧水源	43.68%	37.26%	39.86%	55.18%	51.11%	58.57%	59.68%
首创股份	71.04%	67.33%	68.91%	65.65%	67.63%	66.40%	69.42%
启迪桑德	66.08%	64.67%	62.91%	65.24%	64.81%	56.32%	59.89%
中山公用	22.09%	29.89%	32.42%	27.67%	30.70%	29.36%	34.10%
东江环保	56.74%	59.15%	57.36%	56.99%	53.44%	55.23%	54.12%

资料来源：Wind。

在考虑股权质押贷款后，2017年年底，东方园林的整体资产负债率由上市公司的67.67%提升至71.96%，均高于10家可比公司；截至2018年6月30日，东方园林的整体资产负债率由70.21%提升至73.90%，也高于其他10家可比公司。

同理计算"园林板块""环保板块"与"拟合情形"的考虑股权质押下的资产负债率，并计算在考虑股权质押后，相较于原水平的变化情形，计算结果如表6-21—图6-21与表6-22所示。

表6-21 对比测算整体资产负债率：考虑股权质押

	2015H1	2015A	2016H1	2016A	2017H1	2017A	2018H1
东方园林	64.91%	76.85%	76.75%	67.53%	69.05%	71.96%	73.90%
拟合情形	59.19%	56.26%	56.21%	58.55%	59.44%	61.11%	63.24%
园林板块	65.94%	65.42%	60.71%	62.80%	65.49%	70.03%	70.76%
环保板块	57.36%	53.56%	54.86%	57.07%	57.19%	57.22%	60.07%

资料来源：Wind。

图6-21 对比测算整体资产负债率：考虑股权质押

资料来源：Wind。

表 6-22 整体资产负债率与上市公司资产负债率差距

	2015H1	2015A	2016H1	2016A	2017H1	2017A	2018H1
东方园林	7.87%	13.02%	13.26%	6.84%	6.29%	4.34%	3.69%
拟合情形	4.05%	5.09%	5.05%	4.46%	3.04%	3.44%	2.95%
园林板块	8.88%	11.06%	10.13%	9.96%	7.16%	4.53%	4.08%
环保板块	3.63%	4.72%	3.16%	2.71%	1.32%	1.50%	1.26%

资料来源：Wind。

近年来，考虑股权质押后的整体资产负债率与上市公司自身资产负债率的差异在逐渐减小。从分项上看，园林板块的股权质押对整体杠杆水平的影响最大，东方园林次之。截至 2017 年年底与 2018 年 6 月 30 日，东方园林的整体资产负债率分别提升了 4.34% 与 3.69%，同期拟合情形下分别提升了 3.44% 与 2.95%。

东方园林的整体资产负债率在观察期内均高于两个板块和拟合情形下的同期水平，相较于拟合情形的变动趋势与未考虑股权质押融资时相似。至 2017 年年底与 2018 年 6 月 30 日，东方园林的整体资产负债率相较拟合情形的整体资产负债率高出 10.85% 与 10.66%，差距相较上市公司水平分别扩大了 0.90% 与 0.74%。

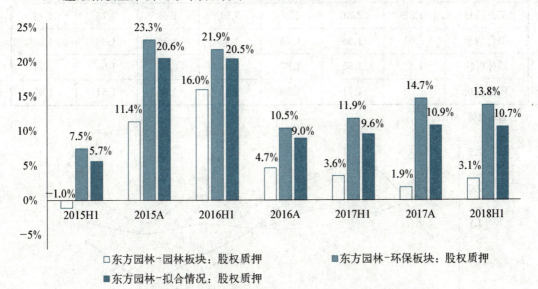

图 6-22 对比测算资产负债率差距：考虑股权质押

资料来源：Wind。

从上市公司本体来看，东方园林的杠杆水平与市场同业相比已然很高，截至 2018 年 6 月 30 日，东方园林表内计算的资产负债率相较同期拟合水平高出 9.92%。在考虑公司实际控制人等的股权质押融资之后，相较拟合情形下的资产负债率的差距扩大至

10.66%。由此可见,东方园林在公司业务快速扩张的同时产生了极大的融资需求,在体内杠杆已使用得接近极限的同时,控股股东何巧妹及一致行动人唐凯在上市公司体外利用股权质押的方式进一步获得借贷资金,这使得东方园林的整体杠杆与拟合参考的水平差距进一步扩大,如此激进的杠杆策略为公司的未来发展埋下了极大的风险隐患。

(二)集团整体现金流——考虑股权质押贷款

将上市公司的股权抵押贷款融资也计入融资活动中,以抵押起始日在会计区间内则计为融资活动现金流入。

扩大后的东方园林的每单位营业收入对应融资流入改善明显,2015—2017年分别为2.31元、1.51元与0.75元,而同期拟合情形为1.68元、1.48元与1.39元,差距缩小至为0.63元、0.03元与-0.64元。2015—2016年,东方园林通过股权质押获得大量的外部资金,而相对融资流入也高于同期拟合水平,2017年相较上市公司本体水平,股权质押将融资差距减小了0.34元。

表6-23 融资活动现金流入/期间营业收入:考虑股权质押

	2015H1	2015A	2016H1	2016A	2017H1	2017A	2018H1
东方园林	1.32	2.31	2.21	1.51	1.08	0.75	1.28
拟合情形	2.01	1.68	1.73	1.48	1.52	1.39	1.54
园林板块	1.81	1.65	1.87	1.47	0.87	1.04	0.71
环保板块	2.34	1.71	1.50	1.48	1.93	1.54	1.97

资料来源:Wind。

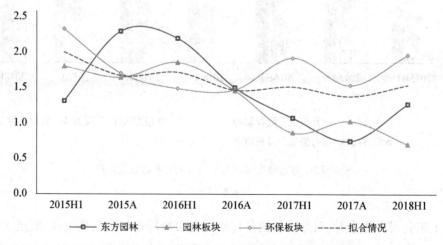

图6-23 融资活动现金流入/期间营业收入:考虑股权质押

资料来源:Wind。

即便将股权质押贷款计入融资活动,东方园林整体的融资增速仍难以追上营业收入的增速,单位收入对应的融资活动现金流入逐年下降。融资的需求在扩大,公司的资产杠杆在上升,这反过来又会损害公司的融资能力。截至 2018 年 6 月 30 日,考虑股权质押贷款后东方园林的整体资产负债率为 73.90%,相距拟合情形下的资产负债率 63.24% 高出 10 个百分点,在几近"窒息"的高杠杆下,东方园林的现金流情形仍然十分紧张,2017 年全年现金净增加额为 0.21 亿元,2018 年上半年现金净增加额为 −12.19 亿元。

三年前,东方园林正确拟定了转型战略;三年后,华丽转身的东方园林又一次走到命运的十字路口。

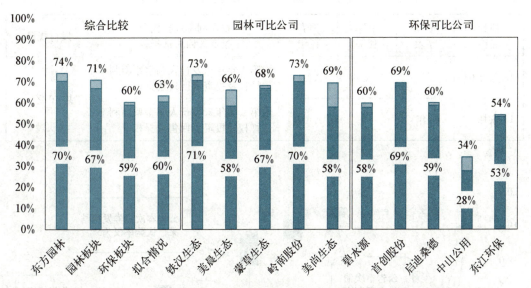

图 6-24　整体资产负债率与上市公司资产负债率情况(截至 2018 年 6 月 30 日)

资料来源:Wind。

四、纾困基金与风险缓解

(一) 股价崩盘

上市公司股价崩盘,是指资本市场上基于某些事件出现卖盘远多于买盘而导致个股价格或市场指数大幅下跌的情况,股价崩盘不仅为投资者带来极大的损失,往往也会引发整体市场环境的巨大震荡。

从东方园林的日 K 线来看,在公司首次向公告债券发行时并未掀起波澜,5 月 17 日发行票面利率的公告引发了市场的不安,公司股价开始下挫:原因之一是远高于市场水平的中标利率,本次债券的中标利率为 7.00%,而同期中证 3 年期公司债(AA+级)的到期收益率约为 5.32%;其二是公告本次债券品种 2 无实际发行规模,也即无人认购附有第 2 年票面利率选择权及投资者回售选择权的债券产品,意味着没有投资者愿意长期持有东方园林的公司债。可以确定的是,本次债券发行并不理想,公司股价也在第二天继续下跌。5 月 21 日,东方园林公告债券发行结果坐实了市场的猜疑,最终的认购比例仅为 0.5 亿元,为预计规模的 5%,当日东方园林股价大跌,最低成交价几近跌停板。虽有部分投资者强势接盘,但最终难以抗衡蔓延开的抛售情绪,东方园林的换手率不断上升而收盘价不断下跌,公司迫不得已在 5 月 25 日以重大资产重组为理由公告停牌。

表 6-24 东方园林 2018 年私募公司债券(第一期)概况

债券名称	债券年限	中标利率	债券评级	票面利率选择权及投资者回售选择权	发行规模
18 东林 01	3 年	7.00%	AA+	附第 1 年年末发行人调整票面利率选择权及投资者回售选择权	共 10 亿元
18 东林 02	3 年	—	AA+	附第 2 年年末发行人调整票面利率选择权及投资者回售选择权	

资料来源:Wind。

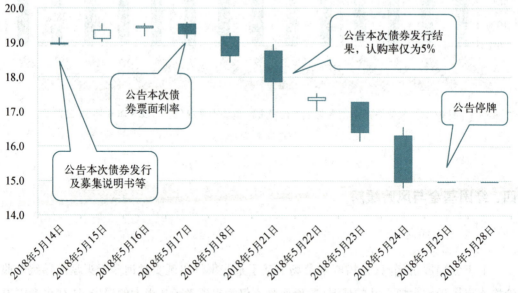

图 6-25 东方园林股价 K 线图(2018 年 5 月 14 日—2018 年 5 月 24 日)

资料来源:Wind。

在学术研究中,股价崩盘风险的含义并不仅是崩盘的实际发生,而是描述当某风险因素确立后,公司的股价和风险因素构成相互促进的恶性发展循环,最终表现为股票价格的

案例六　东方园林：控股股东股权质押与股权崩盘风险

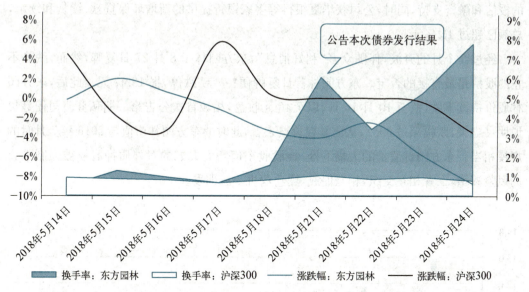

图6-26　东方园林、沪深300指数涨跌幅与换手率（2018年5月14日—2018年5月24日）
资料来源：Wind。

大幅下跌。针对股价崩盘风险带来的影响，邹萍（2013）的分析结果显示股价崩盘风险会加剧资本结构偏离度的提高，同时，资本结构调整的速度也会因股价崩盘风险的提高而加快；杨锦之等（2015）发现股价崩盘风险会导致权益资本成本随之提升，民营企业比国有企业在权益资本成本上更容易被股价崩盘风险影响；刘圣尧等（2016）发现在牛市中投资者对股价崩盘风险不敏感，而在熊市中，投资者会对市场崩盘这种系统性风险要求更高的收益率。

与之对应地，在东方园林的股价崩盘风险中，最重要的风险因素便是公司控股股东高比例质押的公司股权，这些股权一旦被强制平仓，将会对上市公司的经营环境造成难以预计的破坏。

（二）质押告危

东方园林为了向市场证明"偿贷能力良好"，使出了浑身解数。

在公告停牌后，东方园林便针对媒体质疑发表说明公告，以历史回款情况说明公司对即将到期的债务有充分的偿付能力；8月20日，东方园林超短期融资券18东方园林SCP002成功发行，融资12亿元；8月23日，东方园林与中国农业银行旗下的农银金融资产投资有限公司签署了《市场化债转股战略合作协议》，农银投资拟现金注入不超过人民币30亿元，持有东方园林全资子公司东方园林集团环保有限公司不超过49%的股权；此外，东方园林还先后与民生银行、兴业银行、广发银行签订合作协议，获得总额约40亿元的授信和融资支持,同时,公司获华夏银行等多家银行提供的新增环保贷款、续贷和续承,总额已超过 15 亿元。

经过 3 个月的奔波,伴随众多"利好消息",东方园林于 8 月 27 日复牌,然而,跌势不止的股价是最直接的否定。东方园林首日复牌便"一字"跌停,报 13.47 元。此后,东方园林股价持续下跌,截至 10 月 16 日,以 7.46 元收盘,相较首次公告第一期私募公司债募集说明书当天,跌幅超过 60%,从前复权价格来看,此时的东方园林市值与 2016 年 7 月时的规模相当。东方园林股价的大幅下挫,控股股东何巧女夫妇的对外质押股权被强制平仓的风险骤增,二者相互交织,相互促成,爆仓危机一触即发。

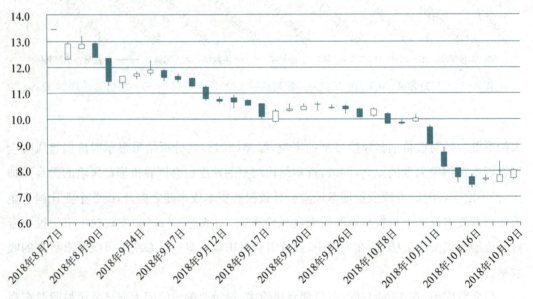

图 6-27　东方园林股价 K 线图(2018 年 8 月 27 日—2018 年 10 月 19 日)

资料来源:Wind。

控股股东的股权质押与上市公司股价崩盘之所以能形成恶性循环,其根源在于股权质押的质押品的价值与股票价格直接相关,股价的下跌也即质押物贬值,当投资者预期控股股东存在流动性不足的风险时,会选择提前抛售,股价的进一步下跌得以实现。在公司股价触及预警线或平仓线时,如果控股股东未能及时填补,被强制平仓的股票一方面会大幅增加市场上的卖盘;另一方面,会引发投资者对上市公司经营管理的负面预期,从而导致恐慌性抛售。此外,金融机构面临的信息不对称风险将促使金融机构尽早地选择强制平仓,金融机构难以充分了解控股股东的信用情况与融资能力,现实中也曾出现过控股股东通过股权质押违约变相实现高位减持的案例。对于金融机构来说,与其等待不确定的补仓承诺,尽早平仓及时止损是更优的选择。

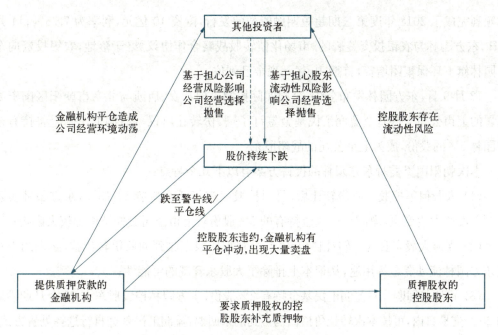

图 6-28 股价崩盘与股票质押风险演化示意图

资料来源:公开资料。

(三) 纾困驰援

2018年10月18日,东方园林发布澄清公告称,截至2018年10月17日,公司控股股东何巧女及其一致行动人唐凯共质押股份11.13亿股,占其持股比例的82.88%,目前,整体质押风险可控,控股股东拟采取多种有效措施保障质押安全。这里的"风险可控"与"多种措施保障"更多来自政府部门的及时相助。

10月16日,中国证券监督管理委员会北京监管局召集第一创业证券、华创证券、五矿证券等23家债权人参加集体会议,建议债权人从大局考虑,给予公司股东化解风险的时间,暂不采取强制平仓、司法冻结等措施,避免债务风险恶化为经营风险。北京监管局表示,这既是为了避免股票质押风险传导至上市公司,严重影响东方园林的经营稳定,也是维护债权人的整体利益。东方园林控股股东何巧女在会上表达了积极还款的意愿,拟定了具体的偿债计划,绝大多数债权人也表达了支持公司的意愿,表示会审慎处置手中拥有的公司股份。

北京证监局的干预起到力挽狂澜的作用,10月17日,东方园林股价高开,以7.71元收盘,涨幅3.35%,这次会议也拉开了东方园林自救行动的下半场,国资在其中发挥了无可比拟的积极作用。

10月23日,东方园林与三峡集团签订了《共抓长江大保护战略合作框架协议》;11月2日,中债信用增进公司、民生银行、中关村融资担保公司与东方园林签署《民营企业债券融资支持工具意向合作协议》,各方将为东方园林债券融资提供支持;11月5日,东方园林顺利完成了2018年度第三期超短期融资券的发行,融资10亿元,利率为7.76%;11月6日,东方园林与农银投资签署的《市场化债转股战略合作协议》终于落地,农银投资向东方园林旗下环保集团增资,首期10亿元现金已到位。

12月9日,东方园林发布公告,公司实际控制人何巧女、唐凯与北京市朝阳区国资委下属的上市公司支持基金盈润汇民基金签订了《股份转让协议》,盈润汇民基金将持有东方园林5%的股份,成为上市公司的战略股东。

本次朝阳国资委对东方园林的援持方案有以下几个特点:

(1) 入股但不控股。股份转让后,公司控股股东何巧女持股44.13%,东方园林实际控制人没有发生变更,盈润汇民基金持有的5%股份对上市公司股权结构无较大影响;

(2) 规避大股东套现。转让协议约定,公司控股股东收到的股份转让款,必须用于补充东方园林流动资金等用途,从根本上排除了大股东套现的可能性;

(3) 可原价回购。对盈润汇民基金持有2%股份,东方园林控股股东在22个月期满后的20个交易日内,可按本次转让价格回购。到期未回购,盈润汇民基金自行选择处置方式,处置均价若高于本次转让价格,高出部分归控股股东所有;低于本次转让价格,由控股股东差额补足。也即这2%股份对应的资金,是朝阳区国资对东方园林提供的无偿的现金支持。

(4) 提振市场信心。本次交易从签署意向协议到正式落地不过一月有余,朝阳国资支持东方园林的执行决心与推进速度非常市场化。2018年下半年来,从中央到地方都在发声支持民营企业渡过难关,盈润汇民基金战略性帮扶东方园林,可以说是北京市支持优质民营企业的关键一步,对缓解在京民营企业的信心危机有极大帮助。

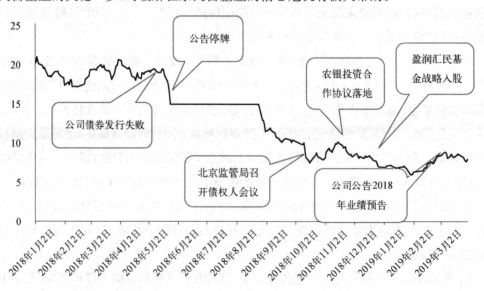

图6-29 2018年以来东方园林股价走势(前复权)

资料来源:Wind。

五、尾声：降速换挡再出发

2019年2月27日，东方园林发布2018年度业绩预告：公司实现营业收入131.90亿元，同比下降13.37%，归属上市公司股东的净利润17.67亿元，同比下降18.87%。公告对此解释称："2018年，公司根据国家政策及行业政策的导向，主动、及时地调整生产经营计划，根据项目的融资进展合理地调整施工进度，控制投资节奏。"不论背后的原因是管理层主动调整还是客观上的难以持续，东方园林增速的放缓总归对公司是利大于弊，从市场表现上看，东方园林似乎也已走出至暗时刻，公司股价在2019年年初筑底完成，并迎来一段上涨行情。

表 6-25 东方园林 2018 年业绩预告摘要

项 目	本报告期（亿元）	上年同期（亿元）	增减变动幅度（%）
营业总收入	131.90	152.26	−13.37%
营业利润	20.32	26.17	−22.35%
利润总额	20.37	26.15	−22.09%
归属母公司净利润	17.67	21.78	−18.87%

资料来源：Wind。

但东方园林的经营风险依然较高，2018年的业绩公告披露了公司期末总资产与归属母公司所有者权益的数据，未披露公司总债务的数据，若假定少数股东权益不变，则可以估计截至2018年年底东方园林的总负债约为294.19亿元，同比2017年增速达到23.91%，2018年上市公司的资产负债率为69.36%，2017年为67.62%，杠杆水平并未改善。

表 6-26 东方园林 2018 年业绩预告摘要与总负债测算

项 目	本报告期（亿元）	上年同期（亿元）	增减变动幅度（%）
总资产	424.18	351.14	20.80%
归属母公司所有者权益	129.43	113.15	14.39%
少数股东权益	0.56	0.56	0.00%
总负债	294.19	237.43	23.91%

资料来源：Wind。

因此，营业收入和利润的放缓仅是东方园林做出调整的第一步。对于公司资本结构的调整，最好的途径是扩充所有者权益，但以当前低迷的股价进行股份增发或配售都不是理想的方案,公司拟进行的优先股融资是较好的选择,此外,还可以通过协定合理的执行价值对内部员工进行期权融资。

追根溯源,公司对外融资是基于自身的经营需求,所以,从根本上说,东方园林一方面需要放缓 PPP 订单的执行,减少新设 SPV 对应的资金流出;另一方面,需要提高已建成工程的结算效率,也需要强化现金结算与回款,以调整投资活动现金流与经营活动现金流的综合情况,顾全业绩增长与稳健经营。

思 考 题

1. PPP 模式运行的基本逻辑是什么?与传统的 BT、BOT 模式有何区别?
2. PPP 模式下各参与方的现金流如何变化?对工程承包方的建筑公司现金流影响与以往相比有何不同?
3. 东方园林是如何一步步发展成为大型的综合性生态集团?最重要的影响因素有哪些?
4. 如何对工程建设型公司的经营状态进行考察?在 PPP 模式下又有何不同?
5. 为何能判断东方园林存在过度经营的问题?这与以往行业龙头的规模经营有何差别?
6. 东方园林最终出现股价崩盘有哪些原因?最主要原因是什么?
7. 东方园林的股权质押危机是如何发生的?公司在此过程中又是如何应对的?
8. 东方园林能得到农银投资与朝阳国资等系列官方力量的援助说明了什么?这与 A 股其他遭受质押危机的民营企业有何不同?
9. 近年来愈演愈烈的大股东股权质押风险背后的逻辑是什么?
10. 大股东股权质押平仓风险将带来有哪些不利影响?
11. 应对上市公司股权质押危机有哪些化解办法?

 分析思路

这里提供的案例分析主要是根据案例的推进过程和思考题的顺序进行。

1. PPP 的基本运行逻辑如下：由社会资本、政府合资成立 SPV 项目公司；SPV 公司承接政府 PPP 项目并获得特许经营权，再将工程承包给建设公司；建设期内，SPV 公司利用自身的资本金与银行贷款支付工程费用；在建设完成的运营期，政府每年向 SPV 公司支付租赁费用，向银行还贷，并将剩余的钱对政府公司与社会资本进行利润分配；运营期结束，SPV 公司将项目移交给政府。与传统的 BT、BOT 模式相比，PPP 负债主体是项目公司，政府只需要按照协议支付租赁费用，并无实际负债，而且政府用少量资本金即可撬动上亿元的环保工程，实现政绩目标。对工程建设方来说，传统模式下的政府还款不一定有明确的资金安排，而 PPP 模式下还款主体是项目公司，资本金、银行贷款以及未来的政府预算，还款资金明确且有保障。

2. 对于政府资本方，现金流出包括对 SPV 的初始资金注入和运营期的协议租赁费用支付，现金流入主要是 SPV 偿付贷款后剩余利润的分配；对于社会资本方，现金流出为 SPV 的初始资金注入，现金流入为 SPV 剩余利润的分配；对于工程建设公司，由 SPV 在建设期内分批支付工程款项，在实务操作中，部分工程款需要在考察期合格后才会发放；对于银行等贷款金融机构，现金流出即对 SPV 的初始贷款注入，现金流入即 SPV 在运营期对贷款的持续偿付。

3. 东方园林最初从事高端酒店植物租摆业务，并逐步扩展至房地产园林工程与市政园林业务。2003 年，公司专注于景观领域，并逐渐发展成为园林环境景观领域的龙头。2015 年，确定了水环境综合治理与危险废弃物两大发展方向，完成"环境＋环保"布局；2016 年，开展全域旅游业务。东方园林的崛起是正确地选择了发展方向，其一，符合宏观政策取向与客观市场需求，空间前景广阔；其二，公司以往在园林工程上的丰富经验得以发挥，转型不显突兀；其三，拥抱 PPP 模式，作为平衡地方债务困局与基础建设需求的新模式，PPP 模式为社会资本进入公共设施领域提供了全新的机遇，东方园林则是其中佼佼者；其四，东方园林的技术优势与优秀品控为其赢得了市场美誉，东方园林多个项目入选 PPP 示范性工程，在财政部对 PPP 项目的清理过程中，东方园林无一入库项目受影响，彰显了公司实力。

4. 观察工程建设类公司，由于实际回款是普遍存在的难题，这不仅影响公司的日常经营，更会束缚公司业务的进一步开展，由此产生对外融资的需求，在动态上，对工程建设行业的公司需要着重观察其现金流的结构与变化；在静态上，要观察公司的资产负债率，并与行业水平作相应比较。在工程建设类公司的资产结构中，存货主要包括已完工未结算资产，而应收账款则反映已结算未实收收入，通过观察存货与应收账款也能有效地分析工程建设类公司的经营状态。PPP 模式与传统模式不同之处在于需要由建设公司出资设立 SPV，因而在现金流考察上还应该考虑在会计处理上计入"投资活动现金流出"的变化，如此才能完整而准确地认识经营 PPP 工程的公司主体现金流情况。

5. 过度经营是指伴随着公司规模的迅速扩张而经营效率的严重下降,这往往还表现出经营缺乏弹性,解数使尽而见效寥寥。最典型的即东方园林不论是上市公司本体或是考虑大股东股权质押后的整体杠杆水平都高于上市可比公司,处于行业极端水平,而其现金流依然十分紧张,公司的经营模式难以为继;另外,东方园林重要的经营性资产(存货和应收账款)同比行业增长显著,却没有表现规模经营所有的效率提升,其经营效率反而远远低于行业水平,由此可以判断,东方园林存在过度经营问题。

6. 东方园林股价崩盘根本原因是过度负债经营使得公司基本面十分脆弱,外部的环境原因主要有:(1) 去杠杆下的融资收紧,伴随资管新规落地,2018年上半年曾出现多起债券违约与发行失败,后来,东方园林管理层也反思过本次发行债券存在择时上的问题;(2) 时逢财政部对PPP入库项目进行审查清理,市场担忧PPP前景会受影响,实际上则是为了更好地规范PPP模式的发展,是利非弊。

7. 东方园林的股权质押危机由其股价崩盘发展而来,至东方园林开盘当天公司股价已跌超60%,公司控股股东何巧女所质押的公司股票严重逼近安全线与平仓线,当时,何巧女及一致行动人质押的股份超过公司总股份的30%,若所有债权人都选择在二级市场抛售,将对东方园林的股东结构造成毁灭性打击。对于此,虽有官方力量出手干预,但关键还是需要公司控股股东对不予宽容的债权人及时偿付,对给予宽容的贷款在筹集资金以外,提振公司股价也是一个解决方式,这要求公司改善公司状态,提振市场信心。自股价危机发生以来,短期融资券、银行授信流贷、子公司定增、战略入股等都是控股股东何巧女与东方园林对筹措资金所做的不懈努力。

8. 东方园林在获得北京监管局声援之外,还获得了国有资本的有力支持。民营经济作为中国经济中最具活力的一环,政府对民营企业进行帮助首先是对其去杠杆政策的一种纠偏。东方园林陷入此景固然有自身失误,但其PPP项目多是关乎地方政府的基础设施建设,因而官方力量的介入也有或多或少的体谅与补偿考虑,最关键的是,虽然东方园林的经营节奏过于激进,但不改其本身依旧是优质民企的事实,其专注于环保与环境等国家重点扶持领域,同比其他许多民营公司的质押危机是源自短贷长投、资本炒作的恶果,支援东方园林也是官方力量的理性选择。

9. 股权质押拥有诸多优势,手续简单,无须监管审批,不仅不会稀释对公司的控股比例,而且限售股也可用于质押;在资金用途上,在2018年3月出台股权质押新规之前,质押融入的资金无用途限制,可用于资金周转、实业投资、参与定增等。在股价上涨周期,大股东通过股权质押,将更多的资金投入到企业,企业经营业绩与企业市值双双上升,从而又能获得进行新的股权质押;当股价进入下跌周期时,一旦跌破平仓线,众多被质押的股权将同时面临需要集体补仓或被集体强制平仓的重大风险。

10. 对公司股东,励精图治的公司股东通过股权质押为公司发展拓宽融资渠道,强制平仓将使公司股权结果剧烈变动,大股东可能失去对公司的控制地位;而仅为资本运作的无良企业家甚至期待通过平仓变向实现减持,公司价值早被掏空,最终损害的还是中小股东的利益。对金融中介,质押贷款难以收获,被动获得公司股权,若在二级市场抛售或损失更大。对公司本身,可能陷入公用品悲剧;对资本市场,无良企业家获益,用心的企业家受损,劣币驱逐良币;同时,大股东操盘、股价剧烈波动、信息披露失真等都是对资本市场的伤害。

11. 对股权质押适当展期;成立纾困基金为优质企业提供融资扶持;加强金融监管,设置质押上限等,但根本上还是需要进行市场化改革,改善民营企业在融资方面的劣势地位,实施更灵活的政策安排或政策组合。

附 件

附件1　东方园林前十大股东明细(截至2018年6月30日)

序 号	股 东 名 称	持股数量(股)	持股比例(%)
1	何巧女	1 113 789 413	41.52
2	唐凯	205 349 530	7.65
3	中泰创展资管	100 621 920	3.75
4	员工持股计划信托	92 474 622	3.45
5	建设银行—博时基金(LOF)	61 400 000	2.29
6	全国社保基金一零四组合	52 488 840	1.96
7	云南国际信托有限公司	46 047 584	1.72
8	山东省国际信托股份有限公司	42 181 368	1.57
9	全国社保基金一零组合	33 638 974	1.25
10	何国杰	17 227 080	0.64
	合　计	1 765 219 331	65.80

资料来源:Wind。

附件2　东方园林合并资产负债表（单位：亿元）

	2015A	2016A	2017A	2018H1
货币资金	26.55	27.89	34.03	20.34
应收票据及应收账款	41.62	52.04	75.97	91.20
应收票据	3.73	0.80	1.27	0.09
应收账款	37.89	51.24	74.71	91.11
预付款项	0.69	0.46	0.77	1.07
其他应收款（合计）	4.76	3.89	3.50	4.56
应收股利			0.02	0.24
应收利息	0.03	0.01		
其他应收款	4.73	3.88	3.48	4.32
存货	70.40	87.83	124.33	140.91
一年内到期的非流动资产	0.14	0.15	0.24	0.23
其他流动资产	0.16	0.78	1.27	1.59
流动资产合计	**144.33**	**173.03**	**240.11**	**259.90**
可供出售金融资产	1.43	1.35	4.69	5.63
长期应收款		0.29	0.31	0.71
长期股权投资	0.45	1.68	1.34	2.64
固定资产（合计）	8.52	8.83	9.30	18.37
固定资产	8.52	8.83	9.30	18.37
在建工程（合计）	0.01	0.41	1.68	3.05
在建工程	0.01	0.41	1.68	3.05
无形资产	0.82	5.39	5.92	7.53
开发支出			0.02	
商誉	14.90	21.18	16.72	23.23
长期待摊费用	0.31	0.19	0.17	0.43
递延所得税资产	0.94	1.27	1.81	2.03
其他非流动资产	5.24	26.43	69.08	78.01
非流动资产合计	**32.63**	**67.03**	**111.04**	**141.63**

续 表

	2015A	2016A	2017A	2018H1
资产总计	176.96	240.06	351.14	401.53
短期借款	20.06	12.36	22.31	33.95
应付票据及应付账款	42.04	62.05	112.71	124.38
应付票据	7.43	12.91	26.61	18.13
应付账款	34.62	49.14	86.10	106.25
预收款项	2.97	10.48	25.98	36.18
应付职工薪酬	0.35	0.40	0.85	1.22
应交税费	4.49	3.34	3.98	2.17
其他应付款（合计）	9.79	6.76	6.27	12.63
应付利息	0.69	0.94	1.45	1.69
应付股利	0.09			1.74
其他应付款	9.01	5.83	4.82	9.20
一年内到期的非流动负债	5.67	11.97	5.89	0.66
其他流动负债	11.50	1.69	34.94	42.47
流动负债合计	96.87	109.06	212.93	253.66
长期借款	0.68	8.53	2.00	5.07
应付债券	14.94	27.36	21.86	22.37
递延所得税负债	0.40	0.55	0.33	0.32
递延收益—非流动负债	0.06	0.18	0.32	0.51
非流动负债合计	16.08	36.62	24.51	28.28
负债合计	112.95	145.68	237.44	281.94
实收资本（或股本）	10.09	26.77	26.83	26.83
资本公积金	17.26	17.58	17.84	17.83
专项储备				0.04
盈余公积金	3.54	4.34	6.01	6.01
未分配利润	31.61	43.16	62.47	67.37
归属于母公司所有者权益合计	62.50	91.85	113.15	118.08
少数股东权益	1.50	2.53	0.56	1.51
所有者权益合计	64.01	94.38	113.70	119.60
负债和所有者权益总计	176.96	240.06	351.14	401.53

资料来源：Wind。

附件3 东方园林控股股东及其一致行动人股权质押一览
（截至 2018 年 6 月 30 日）

证券代码	公司名称	股东名称	质押股数（万股）	质押起始日期
002310.SZ	东方园林	何巧女/唐凯	38 226.05	＜2015/06/30
002310.SZ	东方园林	何巧女/唐凯	53 503.916 2	2015/07/01—2015/12/31
002310.SZ	东方园林	何巧女/唐凯	50 461.114 7	2016/01/01—2016/06/30
002310.SZ	东方园林	何巧女/唐凯	49 548.50	2016/07/01—2016/12/31
002310.SZ	东方园林	何巧女/唐凯	34 403.00	2017/01/01—2017/06/30
002310.SZ	东方园林	何巧女/唐凯	41 387.66	2017/07/01—2017/12/31
002310.SZ	东方园林	何巧女/唐凯	32 548.28	2018/01/01—2018/06/30

资料来源：Wind。

案例七

利亚德董事长的兜底式增持

案例摘要

作为LED显示屏行业的龙头企业,2018年,利亚德在营业收入和利润持续增长的情况下,却遭遇了股价的"大腿斩",董事长李军不禁疾呼:"市场规律何在?天理何在?",并在两个多月时间里,倡导了两次兜底式增持,承诺只赚不赔,在A股市场上实属罕见,可见其对于公司未来发展的信心。然而,股价没有无缘无故的狂跌,利亚德漂亮财报的背后其实隐藏着诸多问题,兜底式增持并不能成为维稳股价的灵丹妙药,本案例通过分析利亚德兜底式增持事件的始末,剖析其股价狂跌的原因、选择兜底式增持的动机、最终的效应和其中隐含的风险,来帮助投资者全面了解兜底式增持,谨防"兜底式"变成"忽悠式",为投资者提供借鉴。

理论分析:股票增持及其市场时机

一、有效市场假说

有效市场假说最早由Fama在1970年提出,该假说认为,在一个有效的市场中,投资者都足够的理性并且追求利益最大化,所有会对股价造成影响的信息都能够轻易地被每个投资者获得并有效利用,因此,股票价格反映的是所有已发生和未发生但市场预期会发生的事情或信息。

根据股价对信息的反应程度,有效市场可以分为三种形式:弱式有效市场、半强式有效市场和强式有效市场。在弱式有效市场中,股票价格已经充分地反映了过去所有的信息,在这种市场中,股票价格可以进行有效地预测,投资者则可以根据对相关历史信息的分析获得超额收益。在半强式有效市场中,股票价格反映了所有公开披露的有关公司发展前景的信息,投资者能够迅速获得这些信息并及时有效地作出反应,此时,对公司的历史基本分析已经无法预测股价,拥有信息优势的内部人可以利用这一优势获取超额收益。在强式有效市场中,所有能够影响股价的信息都能够被轻易获得,不论是已公开的还是未公开的,且这些信息都能够被理性的投资者及时地利用并反应在股价中,在这样的市场中,所有股价分析都会失效,任何投资者都不能通过预测股价而获得超额收益。对于我国证券市场有效性的分析和探讨也有许多,目前多数观点认为我国证券市场的有效性还较弱,存在信息披露不及时、不充分,股价存在可预测性等现象,这些现象正是弱式有效市场的基本特征。

二、信号传递假说

信号传递模型最早由经济学家迈克尔·斯宾塞(A. Michael Spence)提出,其原理是基于信息不对称这一前提,信息拥有者为了使信息的接受者能够接收到相关信息,而通过一些手段发出信号,信息接受者收到信息后作出反应。信号传递理论从20世纪70年代开始被广泛应用于经济学的研究中,人们发现在信息不对称时,效率就会受到影响。

自身实际价值高的企业渴望被投资者了解,这时他们就会通过一些手段传递有关公司价值的信息,而这些手段没有办法被价值低的企业利用,这样投资者就可以通过相关信号区分企业的价值,从而提高市场效率。公司进行信号传递的手段通常包括宣告利润、宣告股利和宣告融资。在对上市公司进行股票回购和增持的动机研究中,信号传递是最被认可的一个。Dann在1981年最早利用信号传递假说对要约回购进行研究。

Dittmar对股票回购动机的各种假说进行验证,最终发现拥有最强解释力的是信号传递假说,而非自由现金流假说、反收购假说等。同时,公司回购股票所传递的信号,也可以看作公司拥有多余的现金流,而没有更有价值的投资项目。根据信号传递假说,大股东增持和员工持股计划的动机和市场反应原理是:上市公司通过大股东增持股票和员工持股计划的增持行为,向外部投资者传递大股东或员工等公司内部人对公司发展充满信心这一信号,投资者通过相关公告信息,了解到该企业价值被低估的情况,从而作出反应,愿意付出更高的价格买入该公司股票。而兜底式增持也是公司内部员工增持的公告,并且还连带着大股东的最低本金保障,足以表明拥有信息优势的公司内部人对企业发展前景的信心。

三、激励相容原则

激励相容的机制设计理论最早由 Hurwiez 提出,该理论指出,在市场经济中,每个理性的经济人都是自利的,并且其行为选择也总是追求个人利益最大化的原则;如果能有一种制度安排,使行为人追求个人利益的行为,正好与企业实现集体价值最大化的目标相吻合,这一制度安排,就是激励相容。在现实的市场经济中,许多企业都存在着激励不相容的问题,企业抱怨员工没有集体意识、个人得失心太重,员工抱怨企业没有对自己的劳动付出对等的报酬、机制不合理,出现这样相互抱怨的最根本原因就是企业和个人的利益目标不一致,而又没有设置合理的激励相容制度。在现代经济的实践中,委托人和代理人由于目标函数不同,就很有可能发生上述相互抱怨和对立的情况,这时代理人就很可能背离委托人的意志而自利地追求个人利益最大化,这样做的结果是产生逆向选择和道德风险,不利于企业长远健康发展,因此,委托人想要解决这个问题,最好的办法就是统一企业和个人的利益目标。根据激励相容原则,把员工个人利益与企业集体利益进行捆绑,使员工在追求个人利益的同时也符合集体利益最大化的目标,这样才能实现个人和企业的双赢。在对员工持股计划的研究中,不少学者认为其可以作为一种很好的激励相容制度,因为员工持有公司股票后,就与企业集体进行了捆绑,追求企业利益最大化对员工个人利益最大化也有增益,员工在努力服务于企业的同时实现个人追求。与此相同的是,兜底式增持也是由员工增持公司股票,同样会产生利益捆绑的效果。

案例研究:利亚德的增持计划

在你惊叹于北京奥运会巨型 LED 地屏画卷的恢宏壮美或者从休斯敦火箭队主场丰田中心的大屏幕看到慢动作回放时,恐怕很难想到,这些产品都来自北京的一家创业板公司——利亚德。公司的名字来源于董事长李军的座右铭"利益亚于品德",从中关村一家不知名的小企业到 LED 显示屏世界级的领军者,这一切的发展都是源于创始人李军,正是这位真性情的"儒商",用光创造价值,实现一个又一个奇迹,创造了照明行业的"中关村速度"。

李军,男,1964 年出生于湖南怀化市。1980 年高中毕业考入中专,但放弃就读,复读一年,以全班第一的成绩考入华中科技大学;1990 年在中国人民大学获得博士学位,后来任教于中央财经大学；如果走一条传统的路，现在的李军可能是一位受人尊重的"教书先生"，桃李满天下。但是，不安分的他却选择了另一条充满变数的路——创业。在第一次创业时，李军与交大几位老师合作共同成立了蓝通新技术产业（集团）有限公司——这是一家校办公司，实际上是民营企业，只是因为体制的问题，需要一个"公家身份"。26 岁的李军找到了商机，那就是证券交易大厅的行情走势显示屏。当时，显示屏市场处于市场发展初期，显示屏也只有单纯的信息显示功能。在这个没有形成规模的细分市场，蓝通集团迅速站稳了脚跟。1994 年，公司的年销售额已经过亿，在中关村综合产能排第七，综合实力排十二名。后来，由于产权问题，李军不得不离开这个校办公司，为他的第一次创业画上句号。但是李军的事业并没有就此而止。1995 年年初，李军继续深造，考取博士学位，并且开始自己的第二次创业之路，着手创立北京利亚德科技有限公司，依然是做 LED。1995 年 8 月，利亚德光电股份有限公司成立，3 年后，利亚德已经成为全国显示屏行业的老大，到 2001 年，利亚德的年销售额超过两亿元。但是李军并没有因此而获得满足，他看到了 LED 行业中潜在的危机，为了使利亚德走向国际市场，做行业的强者和高端布局者，李军开启了他第三次创业的大门，2003 年 3 月 17 日，利亚德通过全资子公司理想世纪与比利时巴可合资设立北京巴可利亚德电子科技有限公司，在将巴可公司技术、流程、设备等精华转化为自身的能力之后，2006 年，李军控股的理想世纪公司退出了巴可利亚德，将剩余的 20％的股权转让给巴可公司。回归后，利亚德已经获得了进入高端市场的门票。与此同时，市场对高端显示屏的需求也进入成熟期，李军毫不迟疑地开始了他的第四次创业。

  因为蓬勃增长的中国消费能力，新兴的大型购物中心、机场车站等都对利亚德的高端 LED 感兴趣，而更重要的契机是 2008 年的奥运会开幕式，壮观的搭建背景也拉开了中国高清 LED 屏的市场增长序幕。在行业进入高速发展时期，高端产品的规模生产成为李军第四次创业的主题。规模性需求犹如推力，将利亚德推到产业舞台中央。2012 年 3 月 15 日，凭借稳健高增长的业绩，李军带领利亚德成功登陆深交所，成为 LED 显示领域的首批上市公司，从此利亚德开始实现腾飞，利润增长十几倍，收入增长十几倍，在 2017 年实现收入 65 亿元、净利 12 亿元，实现了 LED 显示全球市均占有率第一，但这个高速增长的行业明星公司，却在近期遭遇了股价的"大腿斩"，从 2018 年 4 月起，在 6 个月间从 17 元跌至 6 元多，看到自己含辛茹苦一手创立的公司遭遇这般不公平的境况，2018 年 10 月 16 日，李军不禁在朋友圈里发长文"呐喊"：市场规律何在？天理何在？相信刘士余主席——股市离春天不远了的预言，再次倡导兜底式增持，而此前第一次倡导是在同年的 8 月 7 日，在两个多月的时间里，李军倡导了两次兜底式增持，在 A 股市场上实属罕见，可见其对公司未来发展的信心，李军为何选择兜底式增持来提振公司股价？利亚德凭什么保证只赚不赔？上市公司选择兜底式增持能否起到应有的效果？兜底式增持背后又蕴含了怎样的风险？本文将对利亚德兜底式增持事件进行具体分析，并对上述问题进行解答。

一、利亚德：全球视听科技的领创者

（一）LED显示屏行业简介

LED显示屏是一种平板显示器，由红、绿、蓝三基色LED灯珠和LED PC面板组成，通过红色、蓝色、白色、绿色LED灯的亮灭来显示文字、图像、视频、录像信号等各种信息，其各部分组件都是模块化的结构。LED显示屏产业在中国的发展已超过20年，随着LED技术规范和产业标准等工作受到普遍的重视，LED显示屏主流产品基本形成，产业集中度不断提升，市场逐渐步入稳定发展阶段。LED显示屏的分类多种多样，按照使用环境、显示颜色、显示性能以及显示器件的不同，可以分为以下几种，如图7-1所示。

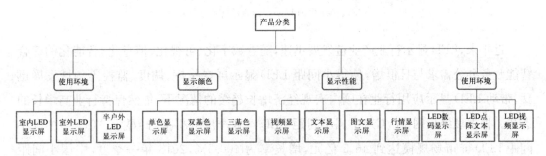

图7-1 LED显示屏分类

资料来源：Wind。

LED显示屏的应用场景非常广泛，常见的应用场景主要有证券/金融信息显示、机场航班动态信息显示、港口、车站旅客引导信息显示、道路交通信息显示以及广告媒体新产品等诸多领域，其中，证券交易/金融信息显示领域对LED的需求量达到50%以上，数据显示，在中国目前的LED显示屏应用市场中，室外LED显示屏应用市场占比达到58.6%，室外显示屏占比为41.4%。同时，中国LED显示屏行业内的专业化分工逐渐形成，随着专注于显示屏生产的制造商、市场渠道销售商、工程安装售后服务运营商等各类专门企业的出现，分工明确、密切合作、发展共赢的局面逐渐形成，对推动整个产业的健康发展有着积极的意义。城镇化建设加速，智慧城市的逐步发展，LED显示屏加速渗透。伴随着我国LED显示屏企业在深耕国内市场的同时，拓展海外市场的力度不断增加，2007—2017年，显示屏行业经历了黄金发展的十年，总体规模增长约5倍。2017年的总产值达到367亿元，与2016年相比年增长32亿元，全行业增长率达到9.5%，LED显示屏行业产值规模变化情况如图7-2所示。

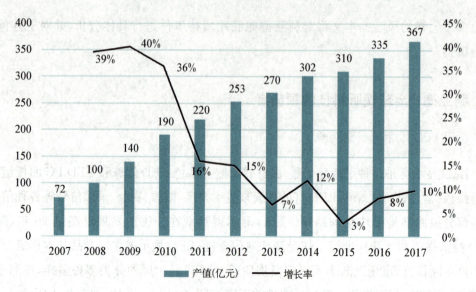

图 7-2　2007—2017 年 LED 显示屏行业总体规模变化及增长率

资料来源：中国 LED 显示应用行业协会。

近年来，LED 显示行业产业链发展迅速，随着数字化、可视化、信息化、智能化的综合智能政务办公需求与日俱增，使得小间距 LED 显示屏在指挥、调度、监控等领域发展迅猛，带动 LED 显示应用行业在国内宏观经济增长趋缓的情况下，依然保持行业高增长的态势。根据奥维云网（AVC）《中国小间距 LED 产业季度分析报告》显示，2017 年中国小间距 LED 屏市场规模达到 46.5 亿元，增长率为 100.5%，2018 年一季度，中国小间距 LED 屏销售额 12.7 亿元，同比增长 65.6%，一季度虽然历经中美"贸易战""337 调查"等事件影响，但在上游厂商的助力下，小间距 LED 厂商从容应对，大力开辟国内市场，使得产业迎来稳健增长。而相比于传统 LED 显示，小间距 LED 壁垒较高，终端厂商主要为中国企业利亚德、洲明科技、艾比森等，规模和增长速度均全球领先。因此，国内小间距封装企业利亚德、艾比森等配套优势显著，未来有望伴随国内小间距终端厂商的高速增长而成长。

（二）利亚德公司简介

趁着行业发展的东风，成立于 1995 年的利亚德集团一跃成为 LED 显示屏行业的龙头企业，经过 23 年发展，集团旗下共有 23 家国内控股企业、8 家国外企业、两千余家经销伙伴、九大生产基地及七大国际营销中心遍布全球，员工总数超过 4 300 余人，2018 年订单超过 100 亿元（境外订单超过三成）。利亚德的业务布局主要覆盖智能显示、景观亮化、文旅新业态以及虚拟现实四大领域。其中，智能显示业务是利亚德公司的主要收入来源，占比为 66.45%，以多种显示产品（主要立足于小间距 LED）为核心形成适用于各种行业的智能显示解决方案，显示产品包括 LED 小间距电视、LED 显示屏、LCD 大屏拼墙等；其次是 LED 产品销售业务,占比 19.89%;在文化旅游方面,由于 2015 年开始呈现的以政府主导的城市景观亮化需求大增,利亚德的该业务板块规模处于行业龙头,2018 年的收入为 69 436 万元,占比为 9.02%,较 2017 年增长 13.5%;在 VR 业务板块方面,2017 年 1 月,公司收购拥有全球领先的 3D 光学动作捕捉技术的 NATURAL POINT 公司 100%的股权,VR 体验业务板块开始启动运营。利亚德目前拥有全球领先的光学动作捕捉技术,并投资了 VR 从产品到内容多个领域,2018 年的收入占比为 4.38%,呈现快速增长的趋势。

表 7-1 利亚德 LED 显示产品种类及地位

显示种类	技术指标	经营模式	应用领域	行业现状及发展趋势	行业地位
LED 小间距电视	像素间距 2.5 mm(含)以下的 LED 显示产品	高端产品直销、中端产品经销	监控、调度、指挥、会议、传媒、广告、交通等	2016 年进入行业爆发期,目前爆发主要来源于境内,境外的行业爆发尚在培育中	公司的技术、产品处于全球领先地位,全球市场占有率 50%以上
LED 显示屏	像素间距 3 mm(含)以上的 LED 显示产品	直销、租赁	室内外广告、信息发布	较为成熟的产品和市场	公司的产品、技术和品牌位于全球前列
LCD 大屏拼墙	多台 LCD 液晶显示拼接成的显示墙	经销	目前公司产品集中国外销售,未来将搭配 LED 小间距应用于国内外监控、调度、指挥、会议等	较为成熟的产品和市场,大部分市场将被 LED 小间距电视替代	在北美和欧洲知名度较高,北美市场占有率 8%

资料来源:Wind。

2018 年 7 月,全球显示行业具有权威地位的国际市场调查机构 Futuresource 发布了基于 2017 年全年度行业数据的市场调查报告,LED 显示市场占有率利亚德排名全球第一,其中,LED 小间距电视市场占有率利亚德排名全球第一。公司参与的经典案例有:2018 年上合青岛峰会灯光焰火艺术表演、国庆六十周年天安门阅兵、香港回归 20 周年阅兵、庆祝中国人民解放军建军 90 周年朱日和大阅兵、美国 CNN 电视演播厅 LED 显示屏项目、NASA 卫星操作中心显示屏、2008 年北京奥运会开幕式巨型 LED 屏画卷。如今,利亚德的产品已经融入我们生活中的点点滴滴,夜游经济的迅速发展使得承办国家政治活动的城市夜景照明成为展现国家风貌的

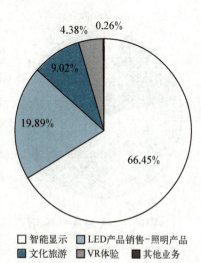

图 7-3 利亚德 2018 年主营业务构成

资料来源:wind。

重要组成。

观察利亚德的股权结构不难发现,公司董事长李军在公司中拥有绝对的话语权,截至 2018 年年底,李军的持股比例达到 30.22%,较 2017 年年底减少 1.23%,主要的减持发生在 2018 年 1 月,第二大股东持股仅占 2.88%,利亚德光电股份有限公司——第一期员工持股计划为第三大股东,持股比例为 2.65%,较 2017 年年底减少 0.11%。李军对自己一手创建的利亚德可谓雄心满满,在 2017 年的年报中,作出"去年峥嵘创伟绩,八成增长太不易;景观亮化井喷至,智能显示我第一"的豪情诗句,立志将利亚德变成第二个海康威视,从三百多亿的市值发展到数千亿元的市值,然而,现实往往是不随人愿的,投资者似乎并没有受到董事长的感染,并用自己手中的资金对利亚德市值的发展作出了选择。

二、风起云涌:资本市场进入寒冬

(一) 内外交困,民营企业危机四伏

2018 年新年伊始,上证指数一改往日缓慢攀升的态势,元旦之后,迎来了 11 连阳的开局,股市一片红火,股民们的脸上洋溢着幸福,仿佛嗅到了一丝牛市的气味,上证指数乘胜追击,一举拿下 3500 点,创业板指似乎也止住下跌态势,有向上反弹的趋势,然而,幸福的日子并没有持续太久,A 股市场的剧情往往转变得太快,让投资者们猝不及防。一月末,美国贸易战的乌云开始笼罩着整个市场,一场狂风暴雨将要来临,没有人知道其将会持续多久。受"中美贸易战"的影响,上证综指与创业板指在两周内跌幅超过 12%,部分个股的跌幅更是惨不忍睹,此后,A 股市场开始持续低迷,一跌再跌,跌破各种市场底、政策底。同时,中国经济增速放缓,经济面临下行压力,不少民营企业的经营陷入困境,现金流断流,许多大股东通过质押股票来缓解流动性危机,截至 2018 年 6 月底,有 138 家公司的股票质押占总股本的比例超过 50%;A 股质押比例最高的个股前十名均超过 70%。股票质押是一把双刃剑,市场的下行使得股价持续下跌,不少公司大股东的股权质押将会有跌破平仓线的风险。假如股权质押爆仓,金融机构为了保护自己的资金,极大可能抛售公司股票,这里就相当于形成"下跌—平仓—暴跌—爆仓—下跌"的恶性循环,直接抹杀股票于有形之中。导致爆仓的原因各式各样:或高比例质押爆仓风险,如银亿股份、贵

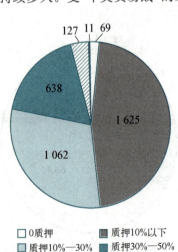

图 7-4 A 股公司股票质押情况

资料来源:Wind。

人鸟等;或前十大流通股东较多信托计划引发爆仓风险,如誉衡药业、广汽集团等;或业绩严重亏损引发爆仓,如上海莱士、金龙机电等;或违规被监管调查引发爆仓,如多喜爱、欢瑞世纪等。面临外部经济的不景气与中美贸易战的危机,以及内部股价持续下跌,流动性不足与股权质押、大股东爆仓危机,民营企业陷入内外交困的境地。

(二)未能幸免于难的利亚德

伴随着创业板指的小幅反弹,利亚德的股价走出了历史新高,似乎并未受到贸易战以及经济增速放缓的影响,在2018年4月2日达到17.38元,总市值超过400亿元,这一天的李军应该是意气风发的,离他"千亿帝国"的目标似乎又更近了一步。但是覆巢之下,安有完卵?从那一天起,利亚德的股价掉头向下,截至2018年6月底,股价跌去最高点时的四分之一。与股价下跌形成鲜明对比的,是公司业绩的持续增长。根据利亚德2018年6月底发布的半年度业绩预告,公司业绩保持同向上升的趋势,净利润比上年同期增长45%—60%,盈利53 781.54万元—59 345.15万元,与去年同期相比,销售规模扩大,订单增加,营业收入继续保持快速增长。报告发布之后,利亚德的股价迎来一小波反弹,然而,好景不长,仅持续一个月后,股价再次直线掉头向下,并在2018年8月7日击破2016年10月底以来的低点,5个交易日内跌去大约20个点,犹如开闸的洪水,难以止住奔流向下的趋势,7月的涨幅化作泡影。董事长李军也傻眼了,自己含辛茹苦培养出的行业领头羊,为什么会遭遇这样不公平的境遇?LED行业的巨鳄利亚德在这场资本市场的寒冬中,似乎并没能幸免于难。

(三)谁在卖出利亚德的股票?

利亚德是资本市场公认的成长型高科技白马股,从2014年一直到2018年3月,四年股价上涨17倍,是名副其实的大牛股,为投资者带来极其丰厚的回报。从基本面上看,利亚德LED小间距、夜游经济、文旅新业态及VR体验四大支柱业务均处于行业领先地位,2014—2017年扣非净利润增幅均在100%左右,2018年上半年,增幅虽然下降,但是在外部环境不佳的情况下,能交出这样一份答卷也算差强人意。是谁在卖出利亚德的股票?又是基于怎样的考虑而放弃这只未来的"海康威视"第二?

根据同花顺ifind数据整理,可以发现,8月初机构在股价急速下跌背后起到推波助澜的作用,虽然也有机构买入,但是卖出的力量明显占了上风。从Wind数据库中可以看到,在第三季度中,机构持股比例从22.69%降到10.44%,在短短的三个月间基本上斩了半仓,很明显,利亚德的股票遭遇了机构的大规模减持,那么,这些资金为什么要仓皇出逃?

表 7-2　利亚德股票成交情况(2018 年 8 月 1—7 日)

时间	涨幅	交易股数(万股)	金额(亿元)	机构买入(万股)	机构卖出(万股)	占比	净卖出(万股)	占总成交比例
2018.8.1	−2.17%	1 367	1.76	310	520	38%	220	15.80%
2018.8.2	−4.75%	2 095	2.52	670	810	39%	140	6.70%
2018.8.3	−5.57%	2 345	2.69	640	1 040	44%	410	17.40%
2018.8.6	−3.17%	1 892	2.12	550	720	38%	170	8.90%
2018.8.7	−4.64%	4 019	4.2	1 620	1 620	40%	0	0.00%
合计	−20.30%	11 718	13.29	3 790	4 710	40%	940	8%

资料来源：同花顺 ifind 数据库。

1. 成长性遭遇瓶颈，增速放缓

目前，利亚德的整体业务构成是：智能显示占 2/3 以上，其余 1/3 是文旅和亮化。公司拥有全球首发的小间距电视技术，该技术处于全球领先地位，全球市场占有率在 50% 以上，根据 2018 年半年报，小间距电视销售收入占利亚德整个智能显示业务营业收入的半壁江山，即总收入的三分之一，且份额有逐步提高的趋势，比重比去年同期增长约 3 个百分点，但是小间距 LED 显示屏随着点间距的不断缩小，也面临着诸多挑战，由于其自身存在问题，导致技术工艺成本可能走向瓶颈。不仅如此，在小间距 LED 显示屏不断地攻城掠地，开疆拓土之际，Mini LED 就像半路杀出来的程咬金，等利亚德回过神来的时候，它已经悄然地迎来了"量产"的消息，而该产品可能会对其小间距电视构成替代效应，这无疑将会带来公司小间距市场份额降低的风险，公司的营业收入也会因此受到较大的影响。所谓 Mini LED，就是 100 微米或者以下颗粒尺寸的 LED 晶体的应用，这种更小的晶体颗粒，几乎是传统 300 微米尺寸 LED 晶体颗粒原料耗费的"十分之一"。更小颗粒的 Mini LED 即意味着更低的上游成本，更小的"下游终端像素间距指标"，也同时意味着"更高难度的中游封装技术"，就二者的差别而言，Mini LED 是用倒装芯片，而小间距还是用正装常规芯片。这个差异使得 mini 有往下发展的趋势，但二者显示效果实际相差无几。可以想象，一旦该产品实现大规模的量产，无疑会对利亚德目前占有的市场形成较大的打击。

这种成长性受限的隐患，在财务数据上也有所显示，根据 Wind 提供的数据，利亚德在 2017 年一季度报时，营业收入已经出现了明显的放缓，到 2018 年中报增速继续回落，盈利指标也出现放缓趋势。净利润增速在 2017 年 3 季度报出现明显放缓后，持续三个季度增速持续下降，到 2018 年中报时，增速已从 107% 降至 58%。根据企业生命周期理论，公司收入以及利润出现见顶回落前，通常都会出现收入或者利润增速放缓的迹象，而利亚德已经连续出现超过三个季度的增速放缓，成长性遭遇瓶颈，机构投资者担心即将到来的三季度数据可能出现业绩见顶回落,从而导致"戴维斯双杀"局面的出现,股价因此大幅度下挫,因而必须赶快采取清仓动作。

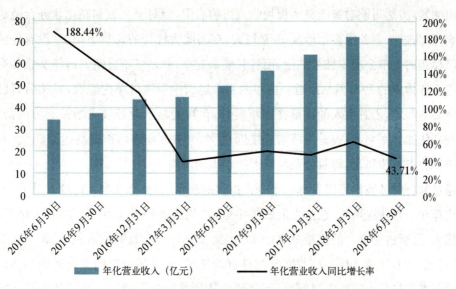

图 7-5　利亚德年化营业收入变化情况

资料来源:Wind。

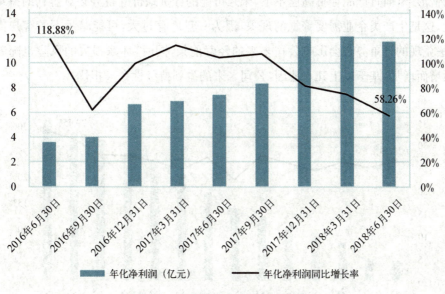

图 7-6　利亚德年化净利润变化情况

资料来源:Wind。

2. 外部环境不佳,盈利持续性堪忧

在"中美贸易战"加剧并且国内经济环境变差的情况下,利亚德的业务势必会受到一定的影响。在境外业务方面,由于利亚德的部分显示产品在 2 000 亿元收取关税清单中,所以，贸易战会影响其出口美国形成的收入，近几年，公司出口美国形成的营业收入占总收入的比重均在5%左右，总收入也会因此受到影响。在境内业务方面，由于国内政府财政支出缩紧，虽然可能对智能显示板块收入影响有限，但对于文旅和亮化业务会造成较大的影响，因为这些业务很多都涉及PPP模式，在当前去杠杆的背景下，几乎没有任何一家涉及该模式的上市公司未被杀估值，而且只要杀起来，便是惨不忍睹。即使文旅和亮化业务只占业务构成的1/3，但从最近一两年的实际运营中所涉订单内容看，显然后者已经成为更重要的阵地，占总收入的比重在逐年提升，在智能显示业务收入增长乏力的情况下，文旅和亮化如异军突起，夜游经济增速接近60%，文旅新业态增速提高达130%。若国内外经济形势进一步恶化，将对公司经营产生较大的风险。

通过分析财务数据可以看到一个令人担忧的现象，利亚德在收入持续上升的同时，存货占比却在一直快速增加，在过去的三年半里，存货从4.49亿元增长到36.27亿元，增长了8倍多，存货占总资产的比重从23.39%达到29.45%，应收账款也从5.38亿元增长到20.95亿元，增长了近4倍。应收账款与存货的激增，无疑显示出销售渠道的不畅。尤其对于近年来主打的小间距电视而言，其经销出货情况颇为不透明。公司董事长在回应这一问题时，只是以"渠道产品销售很分散，一般是to B的"来搪塞。在当下收入增速明显放缓的情形下，而且产品存货高居不下，未来可能的存货跌价准备势必对盈利的持续性带来困扰，这是生产类企业需要警觉的现象，因为一旦库存过大，可能暗示下游客户需求萎缩，无法兑现的订单势必会影响公司未来的经营前景，同时，坏账损失的风险也随着应收账款激增而增加，基于以上几点原因，公司未来的盈利持续性令人担忧。

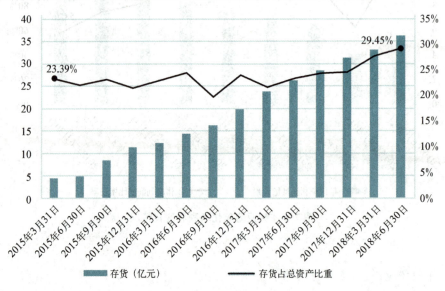

图7-7　利亚德存货变化情况

资料来源：Wind。

3. 急速扩张引发的商誉隐患,财务报表暗藏玄机

利亚德在前几年疯狂地扩张自己的规模,兼并收购了一系列公司,截止 2018 年 6 月底,利亚德境内外直接控股的子公司有 16 家,间接控股的公司有 33 家,参股公司有 17 家,分公司有 53 家,这些兼并收购之举虽然在表面上使得公司负债表更加好看,为外界强化其高速发展的成长性印象,每一宗并购说来都充满良好愿景,但也使利亚德背负了高达 26.46 亿元的商誉,并且并购的实现均非依靠自有资金,而是借助市场融资杠杆:从 2014 年开始,利亚德一共向二级市场圈钱 6 次,金额分别为 1.5 亿元、0.7 亿元、7 亿元、2.3 亿元、15 亿元及 12 亿元,累计高达 38.5 亿元。巨大的商誉隐患以及持续性的高强度融资,这些过去数年埋下的伏笔,将来一定都是要作为债进行偿还的。

迄今,在去杠杆的宏观背景下,一旦并购式带来的高成长型难以为继,这些此前欠下的债就显得格外触目惊心。尤其如前文所述,利亚德的主营业务并未展现出足够的确定性,反而是成长性拐点更为直观地反映在各项主要财务指标上。

仔细分析利亚德的财务报表,也是暗藏玄机,为了向外界显示业绩依旧向好,利亚德私下也是做足了财务功课:自 2016 年起,利亚德就开始将 PPP 模式的业务项目并表处理。因此,在短短两年半的时间内,长期股权投资从 2016 年年初的 0.85 亿元增长到 1.88 亿元,增长 2 倍多。也是因此,2016 年至 2018 年 1—6 月,公司无形资产及在建工程逐渐上升,分别为 14.79 亿元、22.59 亿元、30.33 亿元。如是使得资产项目在这两年半的飞跃式增加。同时,因为并表期间内收到了工程款,也使经营活动产生的现金流入显得增多起来。这样做并没有不合法,只是如此并表只不过是让短期数据显得好看些,很容易让不懂

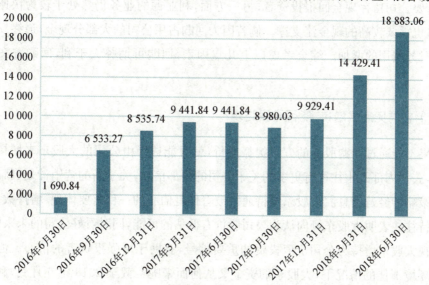

图 7-8 利亚德长期股权投资变化情况

资料来源:Wind。

财务的投资者受到迷惑。至于未来会否出现坏账、工程难以为继等这样或那样的问题,则全然不顾了。

国内外经济形势不佳,未来业务预期的不明朗,以及过去一个时期财务数据反映出的销售渠道、盈利持续性、商誉等所共同构成的不确定,使得机构选择斩仓,仓皇而逃,公司股价大跌。只能说这个世界没有无缘无故的爱,也没有无缘无故的恨。曾经的利亚德让机构赚得盆满钵满,当公司出现问题时,"移情别恋"才是理性人的选择。

三、两难的抉择:回购 or 增持?

(一) 现金流充裕,但回购弊大于利

看到自己含辛茹苦培养长大的孩子,并没有受到市场的认可,曾经的追求者、拥护者都绝情地离去,可谓"门前冷落鞍马稀","父亲"李军的心底真不是滋味。怎样才能挽回股价并不让明珠蒙尘?李军不由得陷入了深思。究竟是回购还是增持呢?李军陷入了两难的境地,截至2018年6月底,利亚德的资产负债率为41.42%,同时,银行批准授信金额为42.72亿元,使用银行授信金额14.46亿元,未使用银行授信额度为28.26亿元,且2017年经营性现金流为7.8亿元,可以说现金流是非常充裕的,如果采用股份回购的方式,不仅不会占用李军的资金,同时,公司的每股收益质量也会增加,股价将会得到提升。但回购同样也会导致两大问题:一方面,按照创业板相关规定,单一年度内以现金方式分配的利润不少于当年度实现的可供分配利润的15%。这意味着,利亚德每年的分红额度达数亿元,这需要公司留存现金回报投资者;另一方面,利亚德的业务仍然处于较为快速发展的状态,这也需要较高的现金流支撑。倘若因为回购占用公司的大部分现金,最终反而会导致公司财务费用的增加。综合考虑以上几点因素,回购可谓弊大于利,回购方案被李军否决。

(二) 转向兜底式增持,能否峰回路转?

如果不能通过回购股份的方式提振股价,就只能选择由公司的大股东来增持吗?一般认为,公司内部人士往往有更多的关于公司的内部信息,关于新的营销计划、新产品、降低成本策略的经营消息。大股东增持通常被看作是信心的一种重要体现,增持数量大,且不断增持往往表明大股东倾向认为公司股价有低估的可能,同时看好公司的未来发展,市场一般视大股东增持为公司价值投资的重要信号,有助于增强投资者的信心。但是在当前经济环境不佳的情况下,大股东的资金又从何而来呢?截至2018年6月底,利亚德控股股东的质押率仅为16%,可以说相当低了,通过质押融入资金来增持股票是否可行?很遗憾,答案是否定的。因为在2018年1月《股票质押式回购交易及登记结算业务办法》

正式发布,明确融入资金应当用于实体经济生产经营并专户管理。按照新规,股权质押融入的资金只能投资实业,但现在实体经济这么难,实业机会并不多,在当前民营企业现金流紧绷之下,质押融资用来偿还借款、用来增持股票都不可行,这相当于堵住了民营企业解决流动性危机的一条重要路径。从另一方面来看,却有助于引导金融回归本源。

考虑到从年初开始,利亚德控股股东及其一致行动人已经累计增持超过1亿元,所以,李军只能号召员工增持自家的股票,并由李军来兜底。2018年8月7日晚上,公司控股股东、实控人李军向公司员工发出增持公司股票倡议书。李军承诺,公司及全资、控股子公司全体员工经其本人事先确认拟购买数量,并在8月8—20日期间完成净买入利亚德股票,连续持有12个月以上,且持有期间连续在利亚德履职的,该等利亚德股票的收益归员工个人所有,若该等股票产生亏损,由其本人予以补偿。这份兜底式回购倡议书能否使利亚德股价走出持续下跌的颓势并峰回路转?

(三)未能挽回的股价,董事长呐喊天理何在

在兜底式回购倡议书发布的第二天,8月8日,利亚德股价上涨0.2%,当日创业板指下跌2.14%,看来这次兜底式增持倡议书似乎并没有吸引到大多数投资者的目光,市场反应并不热烈。据统计,自2018年8月8—20日(即增持期间),公司及全资子公司、控股子公司全体员工中,共有290位员工通过二级市场增持公司股票,累计增持股票367万股,增持均价10.69元/股,增持总金额为3 922万元,但是公司的股价依然在原地踏步,短期看来,兜底式增持的效果似乎并不明显,但董事长李军对长期效果充满信心,他用"雄关漫道真如铁,如今漫步从头越"来表达自己的心境,但随着时间的流逝,市场的反应再一次让他傻眼了。

截至10月16日晚,利亚德股价收报6.64元,相比8月7日的10.94元下跌近39%,相比于4月份17元的股价简直就是"大腿斩",李军的心头有苦难言,不禁疾呼:"市场规律何在?天理何在?"但是当天证监会主席刘士余"春天已经不远了"的公开表示使这个创业能人再一次对资本市场充满渴望和期待。当天晚上,李军发布《股利员工增持,我的兜底申明》一文,并向董事会再次提交《关于鼓励内部员工增持公司股票的倡议书》,鼓励利亚德员工增持公司股票,承担兜底并保证只赚不赔。在短短的两个多月时间内,李军发布了两次兜底式增持的倡议书,在A股市场上,实属罕见。而这一次,董事长的热血呐喊与刘主席"春天已经不远了"论调,似乎驱散了一点股票市场的寒气,10月17日,利亚德股票开盘即大涨5.87%,此后盘中股价持续上涨并一度涨停,截至当日收盘,股价上涨9.94%,每股股价为7.3元。这一次员工增持金额虽比上一次少,经统计,自2018年10月17—26日(即增持期间),公司及全资子公司、控股子公司全体员工中,共有99位员工通过二级市场增持公司股票,累计增持股票约179万股,增持均价8.01元/股,增持总金额

约为1 431万元,市场反应变得热烈起来,在此期间,利亚德的股价开始向上走高。但好景不长,不足一个月,股价又继续掉头向下,与增持期间的股价相距越来越远,此时,萦绕在李军心头的不仅有股价下跌的痛,也有兜底式增持引发的又一重损失。对于员工而言,股价的大幅下跌也使得兜底式增持暗藏风险。

四、兜底式增持的效应与风险

兜底式增持首次出现于2015年"股灾"时,为了维稳股价,腾邦国际、暴风科技、奋达科技、科陆电子等多家公司的实际控制人或董事长向员工发出兜底式增持倡议,在早期实施兜底式增持的公司并不多,2015年仅12家,兜底式增持行为真正的爆发期是2017年6月后,根据调查发现,2017年下半年,发布兜底式增持声明的上市公司就有31家。在这31家上市公司中,多数上市公司是创业板股票。2018年兜底式增持倡议潮再度掀起,截至9月17日,共有31家公司共发起兜底式倡议32次。

(一) 短期效果明显,长期效果不佳

实际控制人发布兜底式增持公告,响应的职工虽然可能只占很小比例,但是这一利好消息短期带来的股价维持效应巨大,绝大多数上市公司在发布这一消息后的首个交易日涨停。利亚德也不例外,在第二次兜底式增持说明发布之后,股价在四天之内上涨近27%,但从长期市场反应的角度,兜底式增持并没有带来良好效果,并不能从根本上改变股票的走势,宏观环境、公司自身的经营与财务状况等多种因素在主导着股价的走势。截至2018年年底,利亚德的股价低于增持均价。根据对市场数据的统计,在2017年发布公告的31只股票中,在12个月的锁定期满之后,股票价格相比于公告价高的股票仅有5只股票,不到六分之一,这表明绝大多数兜底式增持的股票均需要董事长或者大股东予以兜底赔偿,截至2018年年底,仅有罗牛山一只股票相比于公告日的股价上涨。兜底式增持公告的效果从长期看来并不明显。总而言之,兜底式增持公告在很大程度上会给公司个股带来短期超额收益,但是长期市场效应并不佳,在兜底式增持的锁定期内,对股价影响更为深刻的因素有宏观市场因素、中观行业因素和微观的公司经营状况等。

(二) 兜底式增持暗藏风险

上市公司通过增持等方式进行价值管理、价值维护是值得推广的,也是对公司前景有信心的表现。前提是要避免私心,避免风险转嫁,避免不公平竞争。上市公司是公众公司,是面对全体股东,而不是部分股东,如果公司只对部分股东负责,就会失去上市公司的公平性,就很难实现公司的公允价值。对公司的价值管理和维护,更多地应当体现在日

常,而不是发生在股价持续下跌,尤其是实际控制人或董事长出现危机的情况下,一旦鼓励员工增持的行为发生风险,还可能带来社会不稳定因素。

虽然相关上市公司的董事长豪气万丈地作出了兜底承诺,但能否兑现需要打一个问号。近几年来,上市公司控股股东不履行承诺的案例太多了。从实际操作来看,实际控制人或董事长的承诺能否兑现,并没有法律保证或约束手段。兜底式倡议的承诺锁定期多为 12 个月,这意味着大部分公司目前已经过了承诺兑现期,然而,"兑现"的公告却很少,截至 2018 年 9 月,在 2017 年 6 月承诺兜底式增持的那一批公司中,仅有一家公司——安居宝公告了兜底补偿情况。除此之外,暴风科技(现暴风集团)从兜底式增持到现在,股价下跌了 70% 左右,有没有给增持的员工"兜底"呢?"兜"了多少底呢?没有谁去关心,员工也不敢多言。承诺也就只能是一种空头支票。只要股价继续下跌,实际控制人或董事长的承诺就只能用时间来兑现,而不是用现金兑现。至于时间是多长,那要看股价在多长时间内复原。因此,虽然有兜底增持承诺,背后却存在承诺不被履行的风险。由于控股股东、实际控制人等掌控着上市公司,一旦到时候员工增持出现亏损,他们也有可能借助"市场的力量",通过发布利好等方式提振股价,承诺者无须付出任何代价,而市场中的广大中小投资者却为其埋单。显然,这是兜底式增持隐藏的另一种风险。

利亚德在 2018 年 8 月 7 日发出兜底式增持的倡议后,股价一路下跌,逼得董事长李军时隔两个月后,再次发出兜底式增持的倡议,但是此后股价仍然下跌不止,截至 2019 年 1 月底,利亚德收盘价为 5.82 元,比第二次增持均价跌去 27%,这不禁打脸李军倡议时所称的"用不了多少时日,怎么跌下去,再怎么涨回来,并涨得比原来更高"的言论,李军在这其中不禁有反复炒作兜底式增持概念的嫌疑,反而与其期望的股价上涨背道而驰,更容易使得外部投资者看空公司的未来行情。因为兜底式增持只属于一项承诺,一来不是优秀业绩指标,不能成为股价上涨的驱动力;二来没有真实的资本运作该行为,市场对兜底的热情终会回归理性思考;三来与其他有保底收益率的兜底式增持相比,利亚德的保本兜底式增持并不吸引人;四来近两年利亚德增速放缓,盈利持续能力堪忧,外部环境不佳,即使利用兜底式增持博投资者好感,可以获得短暂的上涨,股价还是会迅速回归,甚至跌破兜底式增持时价位。

五、结语:打铁还需自身硬

2018 年,在市场大幅调整之际,兜底式增持潮再起,然而,兜底式增持并非维稳股价的灵丹妙药,浪潮过去,股价还是会回到应有的轨迹运行。打铁还需自身硬,只有专心将企业做大做强,拿数据和实力说话,金子才会发光,股价才会"屹立不倒"。

兜底式增持中隐藏着风险,不仅是对大股东,同样也是对投资者,要谨防"兜底式"变成"忽悠式",上市公司应珍爱自己的形象与名声。特别是在 A 股未来整体大环境预期不太明朗的情况下,即使有大股东承诺对员工兜底,公司应坚持"股市有风险,入市需谨慎"的态度,权衡大股东行为对上市公司的影响,而非对股东行为听之任之,塑造负责任的上市公司形象。

思考题

1. LED 显示屏行业的发展情况如何?行业的竞争格局又是怎样的?
2. 利亚德在行业中所处的位置如何?利亚德的主营业务是什么?近年来业绩情况如何?
3. 为什么利亚德在保持营业收入和利润同步高增长的同时,股价会遭遇大幅下跌?
4. 在公司现金流充足的情况下,为什么李军不选择股票回购方式来维稳股价?
5. 《股票质押式回购交易及登记结算业务办法》正式发布后,会对民营企业造成怎样的影响?
6. 我国兜底式增持是如何发展起来的?
7. 兜底式增持是否能对股价起到支撑作用?
8. 实际控制人或大股东的兜底承诺是否具有法律效应?2017 年 6 月以来,上市公司的兜底式增持承诺陆续到期,兑现情况如何?
9. 兜底式增持中暗藏的风险有哪些?
10. 目前兜底式增持中存在哪些问题?
11. 为了使兜底式增持不变成"忽悠式"增持,上市公司、监管层等可以采取哪些措施?

分析思路

这里提供的案例分析主要是根据案例的推进过程和思考题的顺序进行。

1. 伴随着城镇化建设加速、智慧城市的逐步发展,LED 显示屏加速渗透,2007—2017 年,我国显示屏行业经历了黄金发展的十年,总体规模增长约 5 倍。2017 年的总产值达到 367 亿元,与 2016 年相比年增长 32 亿元,全行业增长率达到 9.5%。LED 显示屏行业竞争与日俱增，根据中国光学电子行业协会的统计数据，目前全国各类从事LED显示应用业务的企业数量估计在800—1 000家，其中具有一定规模且具备一定的技术研发、生产和工程实施能力的企业数量在500家左右，但该行业头部效应明显，小间距仍然是主力军，相比于传统LED显示，小间距LED壁垒较高，终端厂商主要为中国企业利亚德、洲明科技、艾比森等，规模和增长速度均全球领先。最近几年来，市场上也出现Micro LED、COB封装、Mini LED等多种新技术的较量，虽然进展较慢，但是对小间距市场的冲击不可忽视。

2. 利亚德是LED显示屏行业的龙头企业，据Futuresource的调查数据，LED显示市场占有率利亚德排名全球第一，其中，LED小间距电视市场占有率全球第一，达50%以上。业务布局主要覆盖智能显示、景观亮化、文旅新业态和虚拟现实四大领域。智能显示业务是利亚德公司的主要收入来源，占比为66.45%，其次是LED产品销售业务，占比19.89%；文化旅游业务收入占比9.02%，虚拟现实业务板块收入占比4.38%，近年来公司营业收入和净利润实现同步高速增长。

3. 根据Wind数据显示，利亚德的股票遭遇了机构的大规模减持，减持的原因主要基于三点：第一，利亚德的成长性遭遇瓶颈，收入和利润增速放缓；第二，外部环境不佳，利亚德的盈利持续性堪忧；第三，利亚德急速扩张引发的商誉隐患，财务报表暗藏玄机。

4. 回购弊大于利，主要会导致两大问题。一方面，按照创业板相关规定，单一年度内以现金方式分配的利润不少于当年度实现的可供分配利润的15%。这意味着，利亚德每年的分红额度达数亿元，这需要公司留存现金回报投资者；另一方面，利亚德公司业务仍然处于较为快速发展状态，这也需要较高的现金流支撑。倘若因为回购占用公司的大部分现金，反而会导致公司财务费用的增加。

5. 《股票质押式回购交易及登记结算业务办法》明确，融入资金应当用于实体经济生产经营并专户管理。按照新规，股权质押融入的资金只能投资实业，但现在实体经济投资机会并不多，质押融资不能用于偿还借款、增持股票，这相当于堵住了民营企业解决流动性危机的一条重要路径。但从另一方面来看，却有助于引导金融回归本源。

6. 兜底式增持首次出现于2015年"股灾"时，主要目的是为了维稳股价，在早期实施兜底式增持的公司并不多，2015年仅12家，兜底式增持行为真正的爆发期是2017年6月后，根据调查发现，2017年下半年，发布兜底式增持声明的上市公司就有31家。在这31家上市公司中，多数上市公司是创业板股票。2018年兜底式增持倡议潮再度掀起，截至9月17日，共有31家公司共发起兜底式倡议32次。

7. 根据目前的数据，兜底式增持并不能对股价起到支撑作用，兜底式增持公告在很大程度上会给公司个股带来短期超额收益，但是长期市场效应并不佳，在兜底式增持的锁定期内，对股价影响更为深刻的因素有宏观市场因素、中观行业因素和微观的公司经营状况等。

8. 实际控制人或大股东的兜底承诺具有法律效力，但是在实际实施过程中，由于信息披露等方面的问题,监管部门很难介入,很少有实控人按照承诺对损失的员工进行赔偿,并且可能存在员工亏损却不敢要求赔偿的情况,受损失的员工进行维权有一定的困难。截至 2018 年 9 月,在 2017 年 6 月承诺兜底式增持的那一批公司中,目前仅有安居宝公告了兜底补偿情况。

9. 对投资者来说,面临的风险主要有兜底承诺到期不被履行的风险,同时,由于控股股东、实际控制人等掌控着上市公司,一旦到时候员工增持出现亏损,他们也有可能借助"市场的力量",通过发布利好等方式提振股价,承诺者无须付出任何代价,而市场中的广大中小投资者却为其埋单。另外,不断的兜底式倡议不禁产生反复炒作该概念的嫌疑,反而使得外部投资者看空公司的未来行情。对于实控人或大股东而言,面临着未来股价大幅下跌而需要进行高额兜底赔偿的风险。

10. 目前上市公司兜底式增持存在的问题主要有:第一,缺乏赔偿机制,可能出现员工亏损却不敢要求赔偿的情况。仅靠自觉性维持的承诺很难使人完全放心,兜底式增持的发起仅仅出于自愿,只有一份资源性信息披露文件,并无法律监管和相关合同。第二,无会计处理标准,虽然兜底式增持在一定程度上与股份支付有相似之处,但综合来看,上市公司认为该项交易是大股东和员工之间的行为,公司和员工之间并未发生交易,公司不需要进行会计处理。目前对于兜底式增持的会计处理存在很大争议,表面上看并没有导致公司利益流出,不应作为公司费用。但兜底式增持是员工报酬的一种形式,如果不将其产生的薪酬费用从利润中扣除,企业会计利润将会虚增大量泡沫。第三,存在内幕交易、操纵股价的空间,虽然上市公司已经明确规定了持股期的兜底方式增持,但无法保证上市公司的员工按照要求执行,若员工在参与兜底式增持方案的同时又大规模做短线操作,这很容易导致股东提出的"连续持股期"的要求误导了二级市场投资者。实际上,这变成了二级市场上的大股东与公司员工合作对二级市场投资者的欺骗。同时,实控人可能在兜底式增持到期日通过除权、除息等事项来操纵公司的股价,避免赔偿金额。第四,干扰市场正常运作。

11. 建议采取以下措施:第一,上市公司实施兜底式增持应在增持成立时设立专项组,专门负责兜底式增持方案的设计与实施,制定完整的兜底式增持方案。第二,明确会计处理制度,在政策上对于兜底式增持并没有相应的会计准则规范,上市公司是否进行会计处理、怎样处理完全自由。应当对兜底式增持的会计处理制度进行明确。第三,加强中小投资者保护机制,监管机构可以对实施兜底式增持的上市公司实施严格监控,要求其对监管部门披露具体的员工增持名单及金额,并且推出员工抛售股票的绿色通道,控制上市公司大股东的及时补偿。第四,完善上市公司兜底式增持信息披露制度,确定上市公司自愿披露的内容,标准和格式;对实施兜底式增持的上市公司,将其后续实施方案列为强制性披露项目,并对上市公司关于兜底式增持误导性披露给予惩罚。要加强兜底式增持方面法律法规的制定,完善相关信息披露机制,增强监督监管制度。第五,对兜底承诺加强法律监控。要求作出兜底式增持的上市公司大股东出具具体的合同条款和赔偿准则,规定具体的赔偿执行方案,并且对实施兜底式增持的上市公司员工做出相关保护。

 附 件

附件1　利亚德前十大股东明细(截至2018年12月31日)

排名	股东名称	持股数量(股)	占总股本比例(%)	股本性质
1	李 军	768 354 900	30.220 0	限售流通A股,A股流通股
2	周利鹤	73 203 912	2.880 0	A股流通股
3	利亚德光电股份有限公司—第一期员工持股计划	67 370 529	2.650 0	限售流通A股
4	国寿安保基金	56 280 587	2.210 0	限售流通A股
5	谭连起	54 144 000	2.130 0	限售流通A股,A股流通股
6	建信基金	40 783 033	1.600 0	限售流通A股
7	云南国际信托有限公司	40 425 421	1.590 0	A股流通股
8	中国工商银行股份有限公司	32 528 497	1.280 0	A股流通股
9	张志清	32 211 000	1.270 0	A股流通股
10	朱晓励	24 340 653	0.960 0	A股流通股
	合　计	1 189 642 532	46.790 0	

数据来源:Wind。

附件2　利亚德合并资产负债表

(单位:万元)

	2014-12-31	2015-12-31	2016-12-31	2017-12-31	2018-12-31
流动资产:					
货币资金	26 147.32	64 072.05	96 729.66	151 276.96	261 874.30

续 表

	2014-12-31	2015-12-31	2016-12-31	2017-12-31	2018-12-31
交易性金融资产	1 961.06	556.59	5 738.54	395.14	375.01
应收票据	1 262.10	1 263.88	1 632.69	3 613.22	10 190.54
应收账款	57 034.84	114 967.25	176 707.20	203 102.15	253 548.52
预付款项	4 239.97	6 220.36	8 199.98	12 183.25	13 596.46
其他应收款(合计)	4 327.44	7 187.35	13 264.88	17 086.26	15 734.96
应收股利			1 734.86	1 734.86	1 384.86
应收利息				1 851.67	
其他应收款	4 327.44	7 187.35	11 530.02	13 499.74	14 350.10
存货	38 938.81	113 846.21	197 632.19	313 484.69	410 487.72
一年内到期的非流动资产	11.27		909.01	816.38	
其他流动资产	15 860.82	5 618.52	12 069.64	107 227.52	8 834.26
流动资产合计	149 783.62	313 732.21	512 883.79	809 185.57	974 641.76
非流动资产：					
可供出售金融资产	305.00	2 555.70	8 589.87	10 469.13	10 333.45
长期应收款			1 206.18		
长期股权投资		125.84	8 535.74	9 929.41	18 544.21
投资性房地产	2 162.45	2 596.33	3 051.82	3 463.33	3 870.54
固定资产(合计)	6 185.20	59 562.88	64 251.11	80 911.25	93 566.67
在建工程(合计)	11 687.61	454.85	2 916.82	2 735.14	2 673.14
无形资产	3 225.39	43 853.86	42 949.23	60 985.50	63 678.91
商誉	18 400.23	97 106.47	170 172.08	264 578.25	268 938.62
长期待摊费用	114.62	1 661.60	1 524.68	1 629.96	2 971.10
递延所得税资产	1 191.75	3 094.92	4 478.88	17 495.82	19 049.42
其他非流动资产	2 528.15	2 231.69	2 226.85	4 391.40	1 104.44
非流动资产合计	45 800.39	214 450.34	308 697.07	456 589.19	484 730.49
资产总计	195 584.02	528 182.54	821 580.86	1 265 774.76	1 459 372.26
流动负债：					
短期借款	17 967.58	59 021.03	57 910.16	191 672.92	181 611.73
应付票据及应付账款	26 805.39	62 972.01	109 976.72	172 556.29	254 916.55

续 表

	2014-12-31	2015-12-31	2016-12-31	2017-12-31	2018-12-31
应付票据	5 506.93	7 710.84	23 484.93	31 799.97	52 752.36
应付账款	21 298.45	55 261.17	86 491.79	140 756.32	202 164.19
预收款项	9 888.28	16 335.05	25 028.70	46 594.37	58 567.22
应付职工薪酬	463.33	3 410.10	4 470.28	7 253.56	8 579.79
应交税费	5 806.34	16 044.14	11 934.97	24 598.56	25 981.24
其他应付款(合计)	1 525.55	13 110.22	26 503.66	127 480.32	11 374.44
应付利息	836.99	116.03	335.38	1 503.56	354.63
应付股利		1 514.26	2.58	2.58	
其他应付款	688.56	11 479.93	26 165.70	125 974.19	11 019.81
一年内到期的非流动负债	1 900.00	677.19	507.88	331.41	288.37
其他流动负债			10 910.53	11 763.91	21 644.88
流动负债合计	64 356.46	171 569.73	247 242.91	582 251.35	562 964.22
非流动负债:					
长期借款		106 099.28	11 322.19	1 842.45	1 522.78
应付债券	17 889.67		90 387.00	90 495.00	90 603.04
长期应付款(合计)	224.31		65.09		
长期应付款	224.31		65.09		
预计负债		2 170.02	2 552.23	2 953.21	3 266.23
递延所得税负债			14 159.09	13 364.09	13 722.78
递延收益—非流动负债	2 663.13	6 188.99	8 026.76	9 410.38	9 226.37
其他非流动负债		1 525.60	943.42	2 025.82	889.04
非流动负债合计	20 777.12	115 983.89	127 455.78	120 090.95	119 230.24
负债合计	85 133.58	287 553.62	374 698.69	702 342.29	682 194.47
所有者权益(或股东权益):					
实收资本(或股本)	32 278.72	75 557.84	81 445.53	162 891.07	254 287.66
资本公积金	45 535.69	97 842.69	241 152.61	159 707.08	188 321.89
减:库存股					12 994.07
其他综合收益	−137.89	1 173.62	−1 088.79	5 082.22	4 179.97
专项储备					

续 表

	2014-12-31	2015-12-31	2016-12-31	2017-12-31	2018-12-31
盈余公积金	1 735.95	2 240.37	4 191.09	5 284.76	6 310.05
一般风险准备					
未分配利润	30 743.41	60 059.37	119 702.55	229 023.55	335 778.82
归属于母公司所有者权益合计	110 155.89	236 873.90	445 403.00	561 988.68	775 884.32
少数股东权益	294.55	3 755.02	1 479.17	1 443.79	1 293.47
所有者权益合计	110 450.44	240 628.92	446 882.18	563 432.47	777 177.79
负债和所有者权益总计	195 584.02	528 182.54	821 580.86	1 265 774.76	1 459 372.26

资料来源：Wind。

附件3 利亚德合并利润表

（单位：万元）

	2014-12-31	2015-12-31	2016-12-31	2017-12-31	2018-12-31
营业总收入	117 992.36	202 262.51	437 793.52	647 080.33	770 062.15
营业收入	117 992.36	202 262.51	437 793.52	647 080.33	770 062.15
营业总成本	103 689.68	171 427.18	372 990.07	532 344.31	630 147.01
营业成本	71 502.39	117 813.79	269 560.07	385 110.72	471 655.47
税金及附加	1 346.16	2 542.04	1 928.38	2 833.51	2 242.85
销售费用	14 634.93	20 365.63	39 476.00	49 388.71	59 817.38
管理费用	12 147.29	23 783.77	45 581.48	61 819.81	40 253.52
研发费用					31 670.07
财务费用	1 504.57	3 848.88	10 898.28	23 027.68	7 544.82
其中：利息费用					9 641.42
减：利息收入					1 195.11
资产减值损失	2 554.33	3 073.07	5 545.86	10 163.89	16 962.91
加：其他收益				5 129.01	7 883.90
投资净收益	1 039.82	−53.51	4 383.89	731.38	−92.92
其中：对联营企业和合营企业的投资收益				−24.52	−573.50

续 表

	2014-12-31	2015-12-31	2016-12-31	2017-12-31	2018-12-31
公允价值变动净收益	858.00	−1.57	1 002.56	33.16	−38.28
资产处置收益				22.74	239.39
营业利润	16 200.49	30 780.24	70 189.91	120 652.32	147 907.24
加：营业外收入	3 731.35	8 642.97	6 545.49	1 378.65	921.91
减：营业外支出	453.77	347.59	753.37	897.43	542.40
其中：非流动资产处置净损失	33.58	136.37	467.56		
利润总额	19 478.07	39 075.61	75 982.02	121 133.54	148 286.75
减：所得税	3 098.65	5 871.34	9 355.17	44.83	21 901.55
净利润	16 379.42	33 204.27	66 626.85	121 088.71	126 385.20
持续经营净利润				121 088.71	126 385.20
减：少数股东损益	247.35	125.36	−256.10	110.56	−67.56
归属于母公司所有者的净利润	16 132.07	33 078.91	66 882.95	120 978.15	126 452.76
加：其他综合收益	−166.44	1 334.98	−2 265.30	6 285.84	−901.35
综合收益总额	16 212.98	34 539.25	64 361.55	127 374.55	125 483.85
减：归属于少数股东的综合收益总额	218.80	148.82	−258.99	225.40	−66.66
归属于母公司普通股东综合收益总额	15 994.18	34 390.42	64 620.54	127 149.16	125 550.51
每股收益：					
基本每股收益	0.520 0	0.480 0	0.870 0	0.740 0	0.500 0
稀释每股收益	0.520 0	0.480 0	0.870 0	0.740 0	0.500 0

资料来源：Wind。

附件4 利亚德合并现金流量表

（单位：万元）

	2014-12-31	2015-12-31	2016-12-31	2017-12-31	2018-12-31
经营活动产生的现金流量：					
销售商品、提供劳务收到的现金	102 701.72	177 701.62	408 645.31	611 177.65	696 055.01

续 表

	2014-12-31	2015-12-31	2016-12-31	2017-12-31	2018-12-31
收到的税费返还	4 297.79	6 351.54	5 566.76	12 340.13	8 582.21
收到其他与经营活动有关的现金	17 464.42	37 032.25	45 155.79	36 672.80	52 892.06
经营活动现金流入小计	124 463.93	221 085.41	459 367.87	660 190.58	757 529.28
购买商品、接受劳务支付的现金	64 646.71	124 363.67	284 683.45	370 634.17	420 996.31
支付给职工以及为职工支付的现金	14 270.63	23 206.25	68 179.38	69 541.21	88 053.73
支付的各项税费	6 202.15	14 601.10	26 078.25	41 532.72	42 402.50
支付其他与经营活动有关的现金	30 939.50	47 343.69	79 049.84	100 590.96	124 022.86
经营活动现金流出小计	116 058.99	209 514.71	457 990.92	582 299.06	675 475.41
经营活动产生的现金流量净额	8 404.94	11 570.70	1 376.95	77 891.52	82 053.87
投资活动产生的现金流量：					
收回投资收到的现金	1 245.16	12 581.78	294 702.09	84 179.34	297 407.02
取得投资收益收到的现金		174.26	631.95	165.95	1 009.73
处置固定资产、无形资产和其他长期资产收回的现金净额	7.30	269.08	291.86	151.59	3 174.31
处置子公司及其他营业单位收到的现金净额			6 297.73		
收到其他与投资活动有关的现金	5 913.00	3 551.66	3 263.56	49 903.79	109 565.75
投资活动现金流入小计	7 165.46	16 576.78	305 187.20	134 400.67	411 156.81
购建固定资产、无形资产和其他长期资产支付的现金	9 217.10	8 146.32	16 819.01	14 024.18	23 574.29
投资支付的现金	9 069.91	16 502.79	313 019.32	89 325.30	313 755.61
取得子公司及其他营业单位支付的现金净额	6 027.13	107 650.69	77 272.69	110 881.29	1 731.29
支付其他与投资活动有关的现金	6 265.00	231.07	969.00	148 287.87	16 737.35
投资活动现金流出小计	30 579.14	132 530.87	408 080.02	362 518.64	355 798.54

续 表

	2014-12-31	2015-12-31	2016-12-31	2017-12-31	2018-12-31
投资活动产生的现金流量净额	−23 413.69	−115 954.09	−102 892.82	−228 117.96	55 358.28
筹资活动产生的现金流量:					
吸收投资收到的现金	7 222.88	33 881.38	149 190.47		120 944.00
其中：子公司吸收少数股东投资收到的现金					938.00
取得借款收到的现金	10 300.00	159 520.95	128 678.88	176 774.40	188 346.21
收到其他与筹资活动有关的现金	1 296.99	7 284.66	66 034.12	110 264.22	852.79
发行债券收到的现金	17 892.00		89 460.00		
筹资活动现金流入小计	36 711.86	200 686.99	433 363.48	287 038.62	310 143.00
偿还债务支付的现金	19 264.63	50 530.69	242 834.23	52 192.63	201 551.01
分配股利、利润或偿付利息支付的现金	2 912.49	6 295.93	16 242.61	21 280.60	29 048.14
支付其他与筹资活动有关的现金	155.43	3 072.47	48 413.84	15 646.64	129 063.82
筹资活动现金流出小计	22 332.55	59 899.09	307 490.68	89 119.86	359 662.97
筹资活动产生的现金流量净额	14 379.31	140 787.90	125 872.79	197 918.76	−49 519.98
汇率变动对现金的影响	−241.21	522.19	2 384.63	1 616.80	2 535.33
现金及现金等价物净增加额	−870.65	36 926.70	26 741.55	49 309.12	90 427.49
期初现金及现金等价物余额	25 127.39	24 256.74	61 183.44	87 924.99	137 234.11
期末现金及现金等价物余额	24 256.74	61 183.44	87 924.99	137 234.11	227 661.61

资料来源：Wind。

参考文献

[1] 马立雄.格力电器面临空调经营的"高位陷阱"分析[J].中国商论,2015(10)：1-5.

[2] 罗箫娜、江海澈、庄婉婷.我国上市家电制造企业股权结构与股利政策研究[J].中国乡镇企业会计,2017(5)：32-33.

[3] 张敦力、张今、江新峰.企业营运资金管理问题研究——以格力电器为例[J].财会通讯,2018(8)：67-71.

[4] 鞠龙.基于企业战略的财务报表分析——以格力电器为例[J].财会学习,2018(13)：224.

[5] 余言、刘中华.管理层自利与多元化扩张的绩效研究——以格力电器为例[J].国际商务财会,2018(1)：31-33.

[6] 周科竞.格力该不该撕掉"现金奶牛"标签[N].北京商报,2018-04-26(006).

[7] 金莞尔.格力电器背后的控制权博弈[J].中国商论,2017(29)：4-5.

[8] 张海报、李明.高现金分红对企业价值的提升及其影响途径研究——以格力电器公司为例[J].财会通讯,2017(19)：57-61.

[9] 罗琳.管理者偏好对多元化战略与企业价值的影响[J].会计师,2017(10)：3-5.

[10] 张向阳.我国传统零售企业转型网上零售模式的问题与对策研究[J].电子商务,2012(6)：29-31.

[11] 黄琳."'互联网+'下传统零售商业模式创新路径与对策"[J].新商务周刊,2017(16)：247-248.

[12] 章佳元.传统零售企业线上线下协同发展的商业模式研究[D].浙江工业大学,2013.

[13] 艾大力、王斌.论大股东股权质押与上市公司财务：影响机理与市场反应[J].北京工商大学学报(社会科学版),2012(4)：72-76.

[14] 陈志敏、张明、司丹.中国的PPP实践：发展、模式、困境与出路[J].国际经济评论,

2015(4)：68-89.

[15] 龚俊琼.我国上市公司大股东股权质押的动机及后果[J].当代经济,2015(20)：12-13.

[16] 江轩宇、许年行.企业过度投资与股价崩盘风险[J].金融研究,2016(8)：141-158.

[17] 刘圣尧、李怡宗、杨云红.中国股市的崩盘系统性风险与投资者行为偏好[J].金融研究,2016(2)：55-70.

[18] 刘薇.PPP模式理论阐释及其现实例证[J].改革,2015(1)：78-89.

[19] 谢德仁、郑登津、崔宸瑜.控股股东股权质押是潜在的"地雷"吗？——基于股价崩盘风险视角的研究[J].管理世界,2016(5)：128-140.

[20] 杨棉之、谢婷婷、孙晓莉.股价崩盘风险与公司资本成本——基于中国A股上市公司的经验证据[J].现代财经(天津财经大学学报),2015(12)：41-51.

[21] 周正祥、张秀芳、张平.新常态下PPP模式应用存在的问题及对策[J].中国软科学,2015(9)：82-95.

[22] 邹萍.股价崩盘风险与资本结构动态调整——来自我国上市公司的经验证据[J].投资研究,2013(12)：119-135.

[23] 郭雪婧.上市公司采取兜底式增持原因分析[J].经贸实践,2018(11)：181-183.

[24] 高建玲、穆林娟."兜底式增持"原因探析[J].冶金管理,2018(2)：45-47.

[25] 熊锦秋.兜底式增持或涉及更深层次法律问题[N].上海证券报,2017-06-16(008).

图书在版编目(CIP)数据

公司金融案例. 第二辑/方先丽,沈红波编著. —上海:复旦大学出版社,2020.1
(复旦博学. 经管案例库)
ISBN 978-7-309-14752-0

Ⅰ.①公… Ⅱ.①方… ②沈… Ⅲ.①公司-金融-案例 Ⅳ.①F276.6

中国版本图书馆 CIP 数据核字(2019)第 255225 号

公司金融案例. 第二辑
方先丽　沈红波　编著
责任编辑/戚雅斯

复旦大学出版社有限公司出版发行
上海市国权路 579 号　邮编:200433
网址: fupnet@ fudanpress.com　http://www.fudanpress.com
门市零售:86-21-65642857　团体订购:86-21-65118853
外埠邮购:86-21-65109143
上海四维数字图文有限公司

开本 787×1092　1/16　印张 15.75　字数 300 千
2020 年 1 月第 1 版第 1 次印刷

ISBN 978-7-309-14752-0/F·2652
定价:48.00 元

如有印装质量问题,请向复旦大学出版社有限公司发行部调换。
版权所有　侵权必究